Encarando os fatos

FUNDAÇÃO EDITORA DA UNESP

Presidente do Conselho Curador
Mário Sérgio Vasconcelos

Diretor-Presidente
Jézio Hernani Bomfim Gutierre

Editor-Executivo
Tulio Y. Kawata

Superintendente Administrativo e Financeiro
William de Souza Agostinho

Conselho Editorial Acadêmico
Carlos Magno Castelo Branco Fortaleza
Henrique Nunes de Oliveira
Jean Marcel Carvalho França
João Francisco Galera Monico
João Luís Cardoso Tápias Ceccantini
José Leonardo do Nascimento
Lourenço Chacon Jurado Filho
Paula da Cruz Landim
Rogério Rosenfeld
Rosa Maria Feiteiro Cavalari

Editores-Assistentes
Anderson Nobara
Leandro Rodrigues

STEPHEN NEALE

ENCARANDO OS FATOS

Tradução
Eduardo Coutinho Lourenço de Lima
Renato Miguel Basso

© Stephen Neale 2001
© 2014 Editora Unesp

Título original: *Facing Facts*

Publicado em inglês pela primeira vez pela
Oxford University Press, 2001.

Direitos de publicação reservados à:

Fundação Editora da Unesp (FEU)
Praça da Sé, 108
01001-900 – São Paulo – SP
Tel.: (0xx11) 3242-7171
Fax: (0xx11) 3242-7172
www.editoraunesp.com.br
www.livrariaunesp.com.br
feu@editora.unesp.br

CIP-Brasil. Catalogação na publicação
Sindicato Nacional dos Editores de Livros, RJ

N254e

Neale, Stephen
  Encarando os fatos / Stephen Neale; tradução Eduardo Coutinho Lourenço de Lima, Renato Miguel Basso. – 1.ed. – São Paulo: Editora Unesp, 2016.

  Tradução de: *Facing Facts*
  ISBN 978-85-393-0615-2

  1. Filosofia. 2. Linguagem e línguas – Filosofia. I. Lima, Eduardo Coutinho Lourenço de. II. Basso, Renato Miguel. III. Título.

15-28196   CDD: 121.68
                                            CDU: 164.02

Editora afiliada:

> Não me venha com essa de "encarar os fatos"... Ninguém para de falar disso hoje em dia; mas o fato é que é impossível encarar os fatos. Eles são como as paredes de um quarto, todas em volta de você. Se você encara uma parede, você tem que dar as costas para as outras três.
> (E. M. Forster)

> O que mais importa é a teoria da descrição.
> É a teoria das palavras para aqueles para
> Quem a palavra é o que constitui o mundo,
> O mundo do burburinho e o firmamento ceceante.
> (Wallace Stevens)

Para Haidy

Sumário

Prefácio   11

1   O fim da representação?   15
   1.1   Fatos e representações   16
   1.2   Antirrepresentacionismo   20
   1.3   Argumentos de colapso   23
   1.4   Estrutura   31

2   Davidson: verdade e correspondência   35
   2.1   Observações introdutórias   35
   2.2   Significado e verdade   38
   2.3   Referência e ontologia   55
   2.4   Contexto e outras complicações   64
   2.5   Fatos e correspondência   69
   2.6   O Grande Fato   76
   2.7   Esquema e conteúdo   86
   2.8   Realismo e objetividade   95
   2.9   Representação   105

3   Frege: verdade e composição   109
   3.1   Referência e composição   109
   3.2   Inocência abandonada   111
   3.3   A referência de uma sentença   115

4 Russell: fatos e descrições   121
  4.1 Fatos e suas partes   121
  4.2 Representando fatos russellianos   125
  4.3 A Teoria das Descrições   129
  4.4 Abreviação   133
  4.5 Escopo   143
  4.6 Quantificação e notação   153

5 Gödel: fatos e descrições   165
  5.1 Eliminação   165
  5.2 Fatos e descrições   171
  5.3 Identidades na matriz   173
  5.4 O Uno eleático   177

6 Extensionalidade   189
  6.1 Extensões e conectivos sentenciais   189
  6.2 Escopo   191
  6.3 Conectivos extensionais e não extensionais   200
  6.4 Conectivos intensionais   203

7 Princípios de inferência   207
  7.1 Observações introdutórias   207
  7.2 Um princípio de substitutibilidade para equivalentes materiais   207
  7.3 Um princípio de substitutibilidade para termos singulares   208
  7.4 Um princípio de substitutibilidade para equivalentes lógicos   211
  7.5 Um princípio de inferência envolvendo "exportação"   212
  7.6 Um princípio de substitutibilidade para descrições definidas   214

8 Equivalência lógica 225
  8.1 Observações introdutórias 225
  8.2 A estratégia quineana 227
  8.3 Uma prova incompleta com conectivos 230
  8.4 Uma prova completa com conectivos 233

9 Equivalência gödeliana 239
  9.1 Princípios de conversão para descrições 239
  9.2 A prova de Gödel no formato quineano 245
  9.3 Um estilingue mais forte? 251

10 Descrição e equivalência 255
  10.1 Observações introdutórias 255
  10.2 Hilbert e Bernays 257
  10.3 Teorias fregeanas 259
  10.4 Teorias strawsonianas 265

11 Fatos revisitados 271
  11.1 Conectivos de identidade 271
  11.2 Identidade de fatos 272
  11.3 Eventos 281
  11.4 Eventos e causas 285
  11.5 Fatos e causas 288
  11.6 Identidade de fatos novamente 293

Apêndice: símbolos incompletos 299

Referências bibliográficas 313

Glossário 339
  Princípios de inferência 339
  Adaptações de *Principia mathematica*, *14 340

Prefácio

No encontro *Lógica e Linguagem*, de 1995, na Universidade de Londres, apresentei uma comunicação a respeito de algo que havia discutido nos seminários do Birkbeck College, na primavera, e da Universidade da Califórnia, Berkeley, no ano anterior: o "argumento-estilingue" de Kurt Gödel e suas implicações filosóficas. O retorno que recebi de Herman Cappelen, William Craig, Tim Crane, Donald Davidson, Josh Dever, Eli Dresner, Marcus Giaquinto, Jim Hopkins, Martin Jones, Ariela Lazar, Jonathan Lebowitsch, Michael Martin, Benson Mates, John Searle, Hans Sluga, Barry Smith, Scott Sturgeon, Bruce Vermazen e Jamie Whyte foi tão estimulante e desafiador que não me deixou nada seguro de ser capaz de apresentar, no congresso, os pontos da minha discussão de maneira convincente durante uma hora de conferência. Inevitavelmente, minha apresentação foi condensada, mas as ideias principais parece que foram satisfatoriamente apresentadas, sobretudo porque o auditório era bastante versado no assunto em questão. O editor da *Mind* estava presente e, talvez ciente da minha constitutiva inabilidade em enviar qualquer coisa para um periódico sem encorajamento semioficial, perguntou-me se eu não consideraria terminar de redigir minha comunicação visando submetê-la, na remota possibilidade de a *Mind* decidir publicar uma seleção das atividades do congresso. Fiquei dividido, já que me sentia incapaz de, num artigo de periódico, ser justo com essas questões, além de me ver no meio do processo de escrita de um livro. Algumas semanas depois, aventei novamente as ideias principais em conferências nas Universidades de Oslo, Estocolmo e Stuttgart, onde Jens-Erik Fenstad, Olav Gjelsvik, Sören Häggkvist, Matthias Högström, Hans Kamp, Jonathan Knowles, PerMartin Löf, Jan-Tore Lønning, Paul Needham, Peter Pagin, Dag Prawitz, Bjørn Ramberg e Dag Westerståhl não deixaram de revirar um único símbolo sequer.

Pelas cinco ou seis semanas seguintes, tive o privilégio de gozar de uma bolsa de residente na Villa Serbelloni, em Bellagio, da Fundação Rockefeller, onde pude dedicar meu tempo para preparar o artigo. Tentar me fazer entender para poetas, oleiros e virologistas nem sempre foi fácil, mas a experiência como um todo foi inestimável, e o ambiente, ideal para trabalhar com concentração.

O editor da *Mind* não ficou muito contente com o tamanho do artigo de Bellagio e, com razão, me pediu que o diminuísse. Depois de muitos cortes, entreguei uma versão podada a tempo de ainda sair no número de outubro de 1995, em que meu artigo apareceu com o título prosaico de "The Philosophical Significance of Gödel's Slingshot". Sustento os pontos principais daquele artigo e de uma sequência sua, "Slingshots and Boomerangs", que Josh Dever e eu escrevemos para o número de janeiro de 1997. Mas uma troca de cartas crescente a respeito das pontas que eu tive de cortar para produzir um texto de tamanho apropriado para um periódico, o debate na *Mind*, uma réplica de W. V. Quine à minha discussão dos argumentos "estilingue" dele, discussões ulteriores com Davidson e Searle, e uma tomada de consciência crescente de que uma exposição mais detalhada da minha prova de 1995 e suas conclusões filosóficas ainda consistia num projeto considerável, levou-me a completar o livro que originalmente havia planejado – menos os capítulos sobre necessidade, analiticidade e aprioricidade, que progrediram rumo a uma sequência intitulada *Possibilities*.

Pelos últimos seis anos, fui bombardeado com questões e conselhos. Auditórios na Universidade Rutgers, Universidade da Califórnia em Berkeley, Universidade da Califórnia em San Diego, Universidade Stanford, Universidade de Oslo, Universidade de

Estocolmo, Universidade de Stuttgart, Birkbeck College, Universidade de Londres, Universidade Oxford, Universidade Cambridge, Universidade Federal de Pernambuco, Brasil, Universidade de Konstanz, Colóquio Karlovy Vary, Universidade de Delaware, Universidade de Barcelona, Universidade de Haifa e Universidade da Islândia me ajudaram a tornar mais precisos muitos pontos (e abrir mão de outros). Além daqueles que já mencionei, gostaria de agradecer a Varol Akman, Kent Bach, John Blair, Michael Brody, Liz Camp, Ramon Cirera, Alan Code, Sarah Cole, Yvette Derksen, Max Deutsch, Michael Devitt, Wayne Dodd, Dagfinn Føllesdal, Rick Gaitskell, Delia Graff, B. Gudmundsdottir, Carolin Hahnemann, Peter Hanks, Richard Hanley, Gilbert Harman, Jennifer Hornsby, Paul Horwich, Jennifer Hudin, Meleana Isaacs, David Israel, Bibi Jacob, Ruth Kempson, Philip Kitcher, Hilary Koprowski, Saul Kripke, Ernie LePore, Bernard Linsky, Brian Loar, Peter Ludlow, Trip McCrossin, Colin McGinn, Josep Macià, John Madsen, Paolo Mancosu, Genoveva Marti, Maryam Modjaz, Gary Ostertag, John Perry, Ruy de Queiroz, ao falecido W. V. Quine, à falecida Jane Rabnett, Greg Ray, François Récanati, Stephen Reed, Teresa Robertson, Mark Sainsbury, Nathan Salmon, Stephen Schiffer, Gabriel Segal, Andrew Solomon, David Sosa, Patricia Spengler, Tim Stowell, Matthew Whelpton e Zsofia Zvolenszky por várias observações úteis, sugestões ou perguntas. Agradecimentos muito especiais a Akman, Davidson, Dever, LePore, Sainsbury, Searle e Zvolenszky por comentários detalhados ao longo dos anos, muitas discussões estimulantes e conselhos excelentes. Akman, Sainsbury e Zvolenszky leram completamente o penúltimo rascunho do manuscrito inteiro e pegaram muitas coisas que tinham passado despercebidas.

Sou grato ao apoio da Universidade da Califórnia (1994-5), à Fundação Rockefeller (primavera de 1995), ao Fundo Nacional para as Humanidades (primavera de 1998), Universidade Rutgers (primavera de 2000), à British School em Atenas (1999-2001) e às Universidades de Estocolmo e Londres pelas várias bolsas de curto prazo para professores visitantes, durante as quais pude apresentar grande parte do trabalho e importunar algumas grandes mentes. Agradecimentos também são devidos a meus pacientes editores, Peter Momtchiloff e Charlotte Jenkins da Oxford University Press, a meu revisor Laurien Berkeley, a meu ex-aluno e coautor Josh Dever, e sucessivos assistentes de pesquisa de 1994 em diante: Meleana Isaacs, Liz Camp e Zsofia Zvolenszky. Sem essas pessoas, sem meus companheiros no Le Gamin, Space Untitled, Patisserie Valerie e Café Naxos, sem o apoio e encorajamento de amigos e familiares, em vez de um livro, eu teria mil páginas de anotações para mais outro livro distante.

Minha maior dívida é com minha esposa, Haidy, que é quem torna tudo possível. Para ela, este livro é dedicado com amor.

Naxos
S. R. A. N.
junho de 2001

1
O FIM DA REPRESENTAÇÃO?

A ideia de que uma coisa possa representar outra é uma pedra angular da filosofia moderna: diz-se que pensamentos, proferimentos e inscrições têm conteúdo em virtude do seu poder de representar a realidade; os que executam a tarefa com precisão são verdadeiros, eles correspondem aos fatos ou espelham a realidade (a natureza, o mundo). Não faltam críticos a essa ideia. Donald Davidson e Richard Rorty, por exemplo, rejeitaram esse papo de representação, que eles consideram amarrado a um linguajar desastroso que fala de fatos, estados de coisas, situações, circunstâncias contrafactuais e teorias da verdade como correspondência, um linguajar de um tipo que atrai filósofos para debates vazios sobre ceticismo, realismo, subjetividade, teorias representacionais e computacionais da mente, outros mundos possíveis e esquemas conceituais divergentes, que representam a realidade de maneiras diferentes para pessoas, períodos ou culturas diferentes.[1] É chegada a hora, afirmam Davidson e Rorty, de ver nada mais que insensatez por trás da ideia de representações mentais e linguísticas da realidade. Com essa tomada de consciência, a filosofia será transformada na medida em que muitos de seus principais problemas, postulados e procedimentos evaporarem; problemas filosóficos "tradicionais" sequer poderão ser coerentemente articulados, pois

---

1 Ver em especial Davidson (1984, 1989, 1990, 1996) e Rorty (1979, 1991, 1992).

pressupõem um dualismo entre *fatos* e seus *substitutos de representação* que é insustentável. Se não existem fatos nem coisas que os representem – diz-se que a legitimidade de um depende da legitimidade do outro –, então, tentativas de formular problemas a respeito de, por exemplo, realismo, relativismo, ceticismo e objetividade estão condenadas.

Quanta força há nessa linha surpreendente de pensamento? Fornecerei uma resposta precisa, embora complexa, baseada numa prova dedutiva irrefutável, que foi usada pelo próprio Davidson, numa formulação um tanto solta, para pôr em dúvida uma ontologia de fatos. O *conteúdo* da prova que vou construir deve-se em grande parte a Kurt Gödel (1944); mas a *forma* em que a apresento se origina com W. V. Quine (1953c, 1960). Ambos Gödel e Quine não foram claros em pontos cruciais, mas, com algum trabalho, pode-se construir uma prova completamente transparente e de grande importância filosófica usando as sugestões de Gödel e a estrutura de Quine. A prova demonstra de maneira conclusiva que (i) qualquer operação supostamente não verifuncional tem de satisfazer uma condição lógica exigente a fim de evitar entrar em colapso e tornar-se uma função de verdade, e que (ii) qualquer teoria de fatos, estados de coisas, situações ou proposições tem de satisfazer uma condição correspondente, para evitar que essas entidades entrem em colapso e se tornem uma unidade. Não é necessária grande perícia técnica para compreender a prova – de uma perspectiva matemática, ela é notavelmente simples. Mas muito trabalho está envolvido em buscar com exatidão as peças certas, montá-las sistematicamente, tornar transparentes e incontroversos os pressupostos lógico-semânticos da prova, resolver o problema da aplicação deles a casos concretos e entender de que maneira tirar consequências filosóficas definidas.

1.1 Fatos e representações

Um exame adequado dos argumentos apresentados por Davidson e Rorty contra as representações tem de incluir uma análise do célebre argumento de Davidson contra os *fatos*, já que a posição a que ele e Rorty aderem resume-se ao seguinte: a fim de dar qualquer substância à ideia de representações da realidade, é preciso, ao mesmo tempo, dar substância à ideia de que existem fatos que declarações e crenças verdadeiras representam. Mas não é possível fornecer a substância requerida, diz Davidson, porque, com uma quantidade modesta de lógica e semântica, pode-se mostrar que qualquer tentativa de explicitar uma teoria de fatos satisfatória leva a um colapso formal. Há dúvidas a respeito da importância que a rejeição de fatos teria para o ataque de Davidson ao representacionismo, mas tal rejeição é vital, e o próprio Davidson o confirma num trabalho recente: "minha rejeição de fatos como entidades, correspondência às quais explicaria a verdade, é central para o que penso sobre verdade e significado, para minha rejeição da distinção esquema-conteúdo, representacionismo e muito mais" (1999e, p.667).

O que está envolvido em rejeitar fatos? A resposta somente pode ser compreendida no contexto de um objetivo específico de grande parte da filosofia do século XX: caracterizar o conteúdo de nossos pensamentos, proferimentos e inscrições de uma maneira sistemática e composicional. Muitos pensaram que não é possível fazer isso sem articular teorias de fatos, estados ou proposições que sirvam como os itens a serem representados. Fatos são comumente tidos por entidades não linguísticas às quais *correspondem* representações precisas. Mas o poder representativo de crenças, proferimentos e escritos falsos não pode ser negligenciado, e, por isso, as teorias de fatos foram suplementadas (ou suplantadas) por teorias de estados de coisas e de proposições. Por fim, com o intuito de explicar o discurso modal e contrafactual, coleções máximas – ou ao menos muito grandes – de, por exemplo, estados, situações ou proposições foram consideradas por alguns filósofos como constituindo alternativas à maneira como as coisas, de fato, transcorreram, os assim chamados "mundos possíveis". Em resumo, grandes esforços foram investidos na articulação de teorias de entidades como fatos, situações, estados, proposições e mundos, e é amplamente aceito que esse esforço foi algo bom, pois questões a respeito de, por exemplo, significado, referência, verdade, causação, explicação, tempo, mudança, necessidade, ação, conhecimento, percepção e obrigação podem ser abordadas de forma mais proveitosa quando lançamos mão de teorias que contam com tais entidades.²

Mas, de acordo com Davidson, não há fatos individuais; há no máximo uma *totalidade fatual*, um mundo objetivo que, em grande medida, não é de nossa própria criação. Como Strawson (1950a), Quine (1960) e Geach (1972), Davidson sustenta que de nada adianta postular fatos; mas ele também fornece duas razões mais diretas para se resistir aos fatos: (i) nossas teorias mais plausíveis do significado não postulam fatos, não havendo, por conseguinte, uma motivação razoável para sua existência; (ii) há um argumento formal, um *argumento de colapso*, que, de fato, solapa qualquer recurso a fatos individuais, "um argumento convincente, que normalmente remonta a Frege (em uma forma) ou a Kurt Gödel (em outra), no sentido de que é possível haver, no máximo, um fato" (1996, p.266). Ora, um único "Grande Fato", como Davidson o chama em espírito zombeteiro, é insuficiente para sustentar uma filosofia representacionista.

Tendo apresentado seus argumentos contra os fatos, Davidson acredita que argumentos contra as representações – juntamente

---

2   No começo do século XX, Russell (1918), Wittgenstein (1921), C. I. Lewis (1923) e outros lançaram mão de fatos. Ontologias de fatos, estados de coisas e situações foram, mais tarde, propostas e discutidas, por exemplo, por Alston (1996), Armstrong (1993, 1997), Austin (1950, 1954), Barwise e Etchemendy (1989), Barwise e Perry (1980, 1981, 1983), Baylis (1948, 1968), Bennett e Baylis (1939), Bennett (1988), Bergmann (1960, 1992), Clark (1975), Ducasse (1940, 1942), Fine (1982), Grossman (1983, 1992), C. I. Lewis (1944), Mellor (1991, 1995), Olson (1987), Perry (1996), Pollock (1984), Prior (1948, 1967), Ramsey (1927), Reichenbach (1947), Searle (1995, 1998), Skyrms (1981), Sommers (1993), Taylor (1976, 1985), Tooley (1997), van Fraassen (1969, 1973), Vendler (1967a, b), Wells (1949) e N. L. Wilson (1959b, 1974). Mundos possíveis (em distintas variedades) foram empregados, por exemplo, por Carnap (1947), Hintikka (1963), Kanger (1957), Kripke (1963a, b, 1980), C. I. Lewis (1923, 1944), D. K. Lewis (1973, 1985) e Montague (1963).

com argumentos contra as teorias da verdade como correspondência – vêm mais ou menos de brinde:

> A objeção correta às teorias [da verdade]* como correspondência é... que essas teorias não conseguem arranjar entidades às quais os veículos da verdade (tomemo-los por afirmativas, sentenças ou proferimentos) possam corresponder. Se isso estiver certo, e estou convencido de que está, devemos também questionar a suposição popularizada de que sentenças, ou suas ocorrências faladas, ou entidades semelhantes a sentenças, ou configurações em nossos cérebros possam ser propriamente chamadas de "representações", visto que não há nada para ser representado. Se abrirmos mão dos fatos enquanto entidades que tornam verdadeiras as sentenças, devemos, ao mesmo tempo, abrir mão das representações, pois a legitimidade de cada um depende da legitimidade do outro. (1990, p.304)

Ao abrirmos mão das representações, perdemos nosso apego a um certo número de noções e problemas filosóficos tradicionais, por exemplo, aqueles em torno da discussão a respeito do relativismo conceitual:

> Crenças são verdadeiras ou falsas, mas não representam nada. É ótimo se livrar de representações e, com elas, da teoria da verdade como correspondência, pois o que provoca reflexões acerca do relativismo é acreditar que há representações (1989, p.162-3).

A inteligibilidade do relativismo pressupõe um dualismo entre "esquema conceitual" e "conteúdo empírico", entre representações e coisas representadas, que é indefensável. Como reconhece Davidson (1984, p.193-4, 1999e, p.667), uma premissa crucial em seu argumento central contra esse dualismo é que não há *fatos* (distintos) a que correspondam os proferimentos (ou pensamentos) verdadeiros. Em resumo, o sucesso dos argumentos centrais de Davidson contra a distinção esquema-conteúdo, representações e teorias da verdade como correspondência depende do sucesso prévio de seus argumentos contra *fatos*.

---

* Inserção de Neale. (N. T.)

1.2 Antirrepresentacionismo

Não sou de todo avesso à opinião de que grande parte da crítica de Rorty (1979, 1991, 1992) à filosofia da representação é bobagem. Mas um aspecto de sua crítica tem de ser levado a sério, ao menos à primeira vista: a tentativa de levar às últimas consequências a recusa da distinção esquema-conteúdo por Davidson. De acordo com Rorty, a filosofia moderna se limita a debates acerca da relação entre mente e realidade, ou entre linguagem e realidade, sendo que a expressão "problemas da filosofia" se aplica com proveito tão somente ao

> conjunto de problemas interligados apresentados por teorias representacionistas do conhecimento... problemas que dizem respeito à relação entre mente e realidade, ou entre linguagem e realidade, entendida como relação entre um meio de representação e aquilo que é supostamente representado. (1992, p.371)

Para Rorty, os problemas da filosofia pós-cartesiana equivalem aos problemas da representação. *Grosso modo*, pelos primeiros três quartos do século XX, esses problemas equivaliam aos problemas da representação linguística; durante o último quarto do século, voltaram a ser problemas da representação mental. Por arruinar a distinção esquema-conteúdo, Davidson fez com que ficasse quase impossível formular muitos dos problemas filosóficos tradicionais.

> Se deixarmos de acreditar que representações existem, restará pouco interesse na relação entre mente e mundo, ou entre linguagem e mundo. Deste modo, tanto as antigas disputas entre realistas e idealistas quanto as querelas contemporâneas no interior da filosofia analítica acerca de "realismo" e "antirrealismo" perderão interesse. Pois essas últimas querelas pressupõem que pedaços do mundo "tornam verdadeiras as sentenças", e que essas sentenças, por sua vez, representam aqueles pedaços. Sem esses pressupostos, não nos interessaria tentar distinguir entre aquelas sentenças verdadeiras que correspondem aos "fatos" e aquelas que não (distinção em torno da qual giram as controvérsias entre realistas e antirrealistas). (1992, p.372)

Uma vez que tivermos aberto mão dos *tertia*, abrimos mão das (ou trivializamos as) noções de representação e correspondência e, por conseguinte, abrimos mão da possibilidade de ceticismo epistemológico. (1991, p.139)

É uma virtude da obra de Davidson, diz Rorty, mostrar "como abrir mão de" fazedores de verdade (*truth-makers*) e representações. Davidson, tal como retratado por Rorty, é um filósofo antirrepresentacionista numa tradição que incluiria Dewey, Heidegger, Wittgenstein, Quine e Sellars. O ataque à distinção entre esquema e conteúdo "resume e sintetiza o deboche de Wittgenstein quanto ao seu próprio *Tractatus*, a crítica de Quine a Carnap e o ataque de Sellars ao 'Mito do Dado' dos empiristas" (1991, p.5). Esses filósofos, diz Rorty, estão unidos na rejeição das "relações recíprocas" do *tornar verdadeiro* e do *representar*, que são centrais ao assim chamado "representacionismo". Mas o antirrepresentacionismo não se resume a isso; é também uma "tentativa de se abster da discussão acerca do realismo, ao negar que a noção de 'representação' ou aquela de 'fato' tenha qualquer papel útil na filosofia" (1991, p.2). Davidson seria um antirrepresentacionista por estar comprometido com a tese de que "os debates entre realismo e antirrealismo não têm um propósito, pois esses debates pressupõem a ideia vazia e enganadora de crenças 'que são tornadas verdadeiras'" (1991, p.128). A Davidson é atribuída precisamente a depreciação da ideia de que sentenças são "tornadas verdadeiras" por entidades não linguísticas, isto é, *fatos*, o que conduziu à rejeição da distinção esquema-conteúdo e, por meio disso, à evaporação das controvérsias sobre, por exemplo, "realismo" e "ceticismo".

Há um tom revolucionário nas afirmações de Rorty: uma vez aceita a possibilidade de abrir mão das representações, percebemos que os problemas comuns da filosofia não mais nos defrontam. A destruição das representações torna "obsoletos" os problemas correntes e apresenta aos filósofos o desafio de encontrar um novo lugar na academia para si mesmos. Debates entre "realistas" e "antirrealistas" e entre "céticos" e "anticéticos", para citar apenas dois, são "um despropósito... o resultado de estarmos seduzidos por uma imagem, uma imagem da qual já deveríamos ter nos libertado" (1991, p.2-3).

Apesar de a retórica de Rorty ser simultaneamente suntuosa e imprecisa, é patente, a partir de algumas observações que citei, que seu ataque ao representacionismo muito se vale da rejeição de fatos e esquemas conceituais por Davidson. Ao mesmo tempo, as conclusões de Rorty parecem mais radicais. De acordo com Davidson, a destruição das representações anuncia uma era em que podemos eliminar alguns problemas filosóficos, eliminar algumas respostas populares a outras questões mais recalcitrantes, bem como fechar misericordiosamente algumas avenidas estéreis de pesquisa. Rorty vai mais longe: considera que a destruição apresenta uma oportunidade para "fazer pouco caso" das questões filosóficas tradicionais, enquanto "despropositadas" e "obsoletas", e a dar as costas àqueles que as suscitam. Os problemas tradicionais evaporam com as representações da realidade: uma vez que o termo esteja fora de moda, filósofos terão de procurar outras coisas para fazer se quiserem ganhar seu pão. É de supor também que haverá tumulto nos territórios que a filosofia compartilha com a ciência cognitiva e com a linguística, pois essas áreas são tão representacionais quanto aquelas no centro da filosofia. A ciência cognitiva é normalmente considerada o estudo da mente empreendido por meio do estudo filosófico e empírico de representações mentais – representações de várias espécies, é claro. E a linguística teórica, ao menos em sua acepção dominante, é o desenvolvimento e a investigação de sistemas de regras ou princípios que geram representações de estruturas linguísticas, cujos significados são função dos modos pelos quais seus componentes se prendem ao mundo. Se não houver representações, grande parte do que se tem por pesquisa séria em filosofia, psicologia cognitiva, linguística e mesmo em lógica filosófica será de pouco valor.

Como mencionei no início, um objetivo do presente trabalho é apurar quanto vale a crítica ao representacionismo. Aparentemente, minha estratégia é simples: vou submeter a um escrutínio severo os argumentos de Davidson contra os fatos. Contudo, são tantas e tão interconectadas as questões lógicas e semânticas suscitadas por esses argumentos, que se faz necessário, para que o exame tenha êxito, o esclarecimento de um certo número de questões basilares acerca da natureza da composicionalidade, da extensionalidade, dos princípios de inferência e da semântica das descrições definidas e abstrações de classes. Rorty tem seguramente razão de que a maioria dos problemas filosóficos não se dissolve por meio de uma crítica da linguagem. Mas – e é aqui que ele tropeça – é completamente errôneo concluir, a partir disso, que um exame cuidadoso (e talvez formal) de setores de nossa linguagem não seja filosoficamente frutífero, pois é por meio de tal exame que uma grande quantidade de contrassensos vem à luz. Não há por que estipular, antes das investigações, que afirmações feitas acerca de fatos ou representações estejam, por mágica, isentas de escrutínio crítico. Declarar de antemão que tais exames são "despropositados", "obsoletos" ou "ininteligíveis" é cometer o pior dos pecados intelectuais: declarar proibida qualquer forma de investigação que escrutine cuidadosamente uma posição predileta. Tal pecado não pode ser tolerado em medicina, ciência, operações bancárias, jardinagem ou culinária, e tampouco pode ser tolerado em filosofia. Tampouco deve-se tolerar a afirmação de que um exame cuidadoso pressupõe, ele mesmo, a viabilidade do representacionismo.

1.3 Argumentos de colapso

A crítica à distinção fato-representação constitui um desafio direto aos pressupostos de muito do que foi feito em filosofia moderna, um desafio a que se pode imediatamente resistir por meio da construção de uma teoria viável dos fatos. Entretanto, segundo Davidson, um argumento formal superficialmente simples mostra que uma tal teoria não pode ser construída.

O tipo de argumento em questão foi chamado de *Argumento de Frege* por um certo tempo porque Alonzo Church (1943a) e Kurt

Gödel (1944) afirmaram tê-lo encontrado na obra de Gottlob Frege, que defendeu que o valor de verdade de uma sentença é sua referência (*Bedeutung*). Parece que Frege chegou a essa conclusão, ao menos parcialmente, por meio da convicção de que, se sentenças têm referências, então, a fim de preservar um Princípio de Composição valioso e intuitivamente plausível, devem ser postuladas exatamente duas entidades para servirem como suas referências: uma a que se refere toda sentença verdadeira, outra a que se refere toda sentença falsa. Tendo em vista a dificuldade evidente envolvida em se atribuir precisamente a Frege a forma do argumento usado por Church e Gödel, não o chamarei mais de Argumento de Frege – contudo, tentarei estabelecer que tipo de argumento *pode ser* realmente extraído dos escritos de Frege e buscarei determinar quão perto ele chegou dos argumentos apresentados por Church e Gödel. Empregarei o rótulo introduzido por Jon Barwise e John Perry (1981, 1983): em deferência à maquinaria exígua e à pequena quantidade de pressupostos do tipo de argumento, bem como seu potencial de matar-gigantes, Barwise e Perry o batizaram de "estilingue"; mas, como veremos, a forma do estilingue usado por Gödel tem uma característica que o torna mais útil do que a forma usada por Church e aqueles por ele influenciados, existindo, na verdade, ao menos duas variantes do estilingue, como nota Davidson.[3]

---

3 Reed (1993) faz uma digressão para defender que Church foi o criador dos argumentos-estilingue – equivocadamente lendo Wallace (1969) como se afirmasse que fora Gödel – pelas razões de que (a) a resenha por Church do livro de Carnap (1942), *Introduction to Semantics*, apareceu no número de maio de 1943 da *Philosophical Review*, (b) Gödel submeteu seu artigo "Russell's Mathematical Logic" (1944) para publicação na coleção sobre Russell apenas em 17 de maio de 1943, e (c) Gödel, no final de seu artigo, agradece a Church por ajudá-lo a exprimir-se em inglês. É preciso tomar cuidado aqui. Em primeiro lugar, sabe-se que as datas que enfeitam os periódicos não são confiáveis; atesta isso a data espúria de publicação do próprio artigo de Reed: o volume da *Logique et Analyse* em que ele aparece tem a data de setembro-dezembro de 1993, mas Reed menciona em seu artigo um manuscrito meu, datado de 2 de maio de 1994, sendo que o prefácio editorial de Diderik Batens diz que o artigo de Reed *foi* apresentado na tarde de 16 de dezembro de 1994, sexta-feira, num

Um estilingue é um *argumento de colapso*, um argumento que pretende mostrar que há menos itens de um dado gênero do que antes se poderia supor. Tais argumentos foram usados por Church, Quine e Davidson em tentativas de minar uma porção de teses filosóficas e linguísticas firmemente conectadas, sendo as mais notáveis (i) a tese de que há *fatos* individuais que correspondem a sentenças verdadeiras, (ii) a tese intimamente relacionada de que sentenças declarativas – relativas a proferimentos ou escritos particulares – referem-se a *proposições, estados de coisas* ou *situações*, (iii) a tese aparentemente não relacionada de que expressões tais como "necessariamente", "possivelmente", "provavelmente", "demonstravelmente", "antes", "depois" e "porque" são (ao menos em alguns de seus usos) semanticamente equivalentes a conectivos sentenciais não extensionais, e (iv) a tese de que linguagens podem unir de maneira mecânica, porém proveitosa, quantificadores e operadores modais. Em cada um desses casos, considera-se ocorrer algum tipo de colapso: (i) a classe dos fatos se desfaz numa classe unária, o "Grande Fato"; (ii) a classe de itens capazes de servir de referências para sentenças se desfaz numa classe de apenas duas entidades que, seguindo Frege, faríamos bem em tomar por Verdade e Falsidade (ou Verdadeiro e Falso); (iii) a classe dos conectivos sentenciais que satisfazem uma condição lógica elementar se desfaz numa classe monótona de conectivos verifuncionais; além disso, (iv) em linguagens que tentam unir modalidade e quantificação, distinções modais se desfazem – isto é, $\phi \equiv \Box\phi$ é válido.

Tais colapsos, se pudessem ser demonstrados de maneira conclusiva, certamente estorvariam abordagens da semântica da lin-

---

congresso de lógica filosófica que aconteceu na Universidade de Ghent, e que o volume faz parte dos anais *post factum* do congresso. (Na verdade, o volume de "setembro-dezembro de 1993" da *Logique et Analyse* foi publicado em 1995.) Em segundo lugar, não está claro por quanto tempo Gödel trabalhou em sua longa contribuição à coleção sobre Russell, ou por quanto tempo Church trabalhou na sua breve resenha do livro de Carnap de 1942 (ver n.6). Como observo no Capítulo 9, há indícios de que um protoestilingue também estivesse se formando na cabeça de Quine por volta de 1941.

guagem natural que procurassem tirar proveito de fatos, situações, estados de coisas, proposições ou conectivos sentenciais não verifuncionais. Mas, por razões já aludidas, isso parece ser apenas o começo. Se não houver fatos a que sentenças verdadeiras correspondam, não fica nem um pouco evidente de que maneira os fatos podem funcionar como "fazedores de verdade", *relata* causais ou objetos de conhecimento; se sentenças não representarem estados de coisas ou situações, então não fica claro como tais entidades podem ser caracterizadas de maneira a serem o tipo de coisa que pode ser percebida, desejada, lamentada, realizada ou evitada por nossas ações (e omissões); e se palavras como "necessariamente", "possivelmente", "provavelmente", "demonstravelmente", "antes", "depois" e "porque" não puderem ser tratadas como conectivos sentenciais não verifuncionais, e se não houver a menor possibilidade de unir modalidade e quantificação, então as lógicas não verifuncionais favoritas da filosofia de nada valem quando o assunto é tratar de problemas da metafísica, teoria da ação, ética e filosofia da mente. Por fim, como já deixei claro, se Davidson e Rorty tiverem razão, então, se não há fatos, não há representações; e, se não há representações, parece haver pouquíssima chance de formular muitos dos "problemas da filosofia" tradicionais.

A literatura sobre argumentos-estilingue é extensa, mas, na minha opinião, quase sempre é confusa e inconclusiva: amigos e inimigos parecem igualmente se comprometer com teses desnecessariamente fortes, muitas vezes não motivadas e também estranhas, que dizem respeito à boa formação, ligação de variáveis, transparência, extensionalidade, substitutibilidade, identidade, rigidez, referência direta, inocência semântica, intencionalidade (*aboutness*), analiticidade, causação, entidades intensionais, purificação de domínios, filiação a classes, distinção entre semântica-pragmática, semântica das descrições definidas e abstrações de classe, equivalência lógica, consequência lógica, verdade lógica e constantes lógicas. Proponho responder a questões lógicas importantes que são suscitadas pelos argumentos-estilingue, ao refletir cuidadosamente sobre (i) as propriedades inferenciais de conectivos sentenciais que foram sugeridas, (ii) os tratamentos semânticos de descrições e abstrações que forem mais plausíveis e (iii) o elegante estilingue que foi sugerido por Gödel (1944) e que, até recentemente, recebeu muito menos atenção do que os apresentados por Church, Quine e Davidson.[4] De acordo com Gödel, para evitar a conclusão "eleática" de que todas as sentenças verdadeiras representam o mesmo fato, qualquer teoria que postule que sentenças verdadeiras correspondem a fatos deverá abrir mão seja do intuitivo Princípio da Composição de Frege, seja da ideia fregeana intuitiva de que descrições definidas são dispositivos referenciais. (Como observa Gödel, Russell abre mão dessa ideia em sua Teoria das Descrições.) Numa curta nota de rodapé, Gödel fornece suposições por meio das quais acredita que isso possa ser "provado rigorosamente". Ganha-se muito ao reconstruirmos o argumento que Gödel deve ter tido em mente. Em primeiro lugar, uma vez polidas, as suposições de Gödel são

---

4   Entre as discussões acerca dos argumentos-estilingue de Church, Quine e Davidson encontram-se as seguintes: Altman et al. (1979), Anscombe (1969), Barwise e Perry (1980, 1981, 1983), Bennett (1988), Burge (1986a), Cummins e Gottlieb (1972), Dale (1978), Davies (1978, 1981), Evnine (1991), Føllesdal (1965, 1966, 1983), Gottlieb e Davis (1974), Harré e Madden (1975), Hochberg (1978, 1984), Horgan (1978, 1982), Kaplan (1964), Levin (1976), Lindström (1991), B. Linsky (1992a), Lycan (1974), McGinn (1976), Mackie (1974), Manning (1998), Mellor (1991, 1995), Morton (1969), Neale (1993b, 1995), Neale e Dever (1997), Oliver (1998), Olson (1987), Perry (1996), Quesada (1993), Reed (1993), Rodriguez-Pereyra (1998a), Rosenberg e Martin (1979), Sainsbury (1990), Searle (1995), Sharvy (1970, 1972, 1973), Sleigh (1966), Taylor (1976, 1985), Travis (1973), Trenholme (1975), Wagner (1986), Wallace (1969), Wedberg (1966, 1984), Widerker (1973, 1985), Williamson (1976), N. L. Wilson (1974) e Yourgrau (1987).

Existem menos discussões do estilingue de Gödel, cujas premissas – e isso é importante – são mais fracas. Ele é discutido explicitamente por Bernays (1946), Donaho (1998), Neale (1995, 2000a), Neale e Dever (1997), Olson (1987), Oppy (1997), Parsons (1990), Omelyanchyk (no prelo), Perry (1996), Quine (2000), Wallace (1969), e Wedberg (1966, 1984). Aspectos do argumento são observados por Burge (1986a), B. Linsky (1992a) e Parsons (1990) e mencionados de passagem por Anscombe (1969), Davidson (1996, 1999e, 2000), Morton (1969), Quesada (1993), Salmon (1981), Widerker (1983) e Yourgrau (1987).

mais fracas do que as de Church, Quine e Davidson. Em segundo lugar, Gödel percebe muito claramente que a utilidade filosófica de qualquer estilingue depende, de modo crucial, da semântica que qualquer mata-gigantes confere a dispositivos de descrição (ou abstração).[5] Em terceiro lugar, o argumento pode ser convertido numa prova dedutiva que demonstre que qualquer um que queira postular fatos, situações, estados de coisas ou proposições – *seja ou não o caso de que tais itens sirvam como referências de sentenças* – ou que queira postular conectivos sentenciais não extensionais deve tomar partido quanto à semântica das descrições definidas. Em quarto lugar, um exame cuidadoso da prova proporciona praticamente tudo o que é preciso para resolver um certo número de questões muito debatidas na lógica filosófica, e expor muito do contrassenso presente em discussões de linguagens não verifuncionais. Por fim, a prova pode ser convertida num teste elegante para examinar certas afirmações filosóficas e propriedades lógicas de contextos linguísticos filosoficamente importantes.

Apesar do estoque de questões técnicas que tangem a princípios de inferência, referência, descrição, identidade, equivalência lógica e ligação de variáveis ser aparentemente ilimitado, ao fim deste livro, estaremos à altura de responder à maioria das questões de natureza técnica suscitadas pelos argumentos-estilingue, bem como de persuadir filósofos da necessidade de encarar as questões genuinamente filosóficas que a variante de Gödel suscita: (i) Quais regras de inferência podem ser aplicadas com validade tanto a sentenças que ocorrem em contextos extensionais quanto a sentenças que ocorrem em contextos, por exemplo, modais, causais e naqueles que chamarei de contextos *fatuais*? (ii) É possível haver ontologias úteis de proposições, estados de coisas, situações ou fatos, e, sendo isso possível, que condições as teorias sobre essas entidades devem satisfazer? (iii) Quais são as consequências para teorias de fatos, estados, situações, proposições e modalidade de se aceitar ou rejeitar

---

5   Church (1943a, 1956) também parece ter percebido isso, mas a imagem é muito mais nítida na discussão de Gödel.

a Teoria das Descrições de Russell? (iv) Quais as chances de sucesso de uma filosofia "representacional"? As respostas que forneço são entrelaçadas e complexas, mas são claras. A filosofia representacional sobrevive à investida agressiva de Davidson e Rorty, porque as lógicas não verifuncionais e as ontologias de fatos, estados de coisas, situações e proposições sobrevivem não só aos argumentos *efetivamente* utilizados contra elas, mas também aos argumentos-estilingue mais precisos e poderosos que *possam* ser construídos. O que não quer dizer que esteja tudo bem. Os argumentos-estilingue mais precisos e poderosos demonstram, de maneira conclusiva, que as teorias lógicas e ontológicas, que originariamente foram alvo do ataque, têm de satisfazer condições não triviais para evitar um colapso lógico ou ontológico. Além disso, mostrar que qualquer teoria *tomada individualmente* satisfaz as condições pertinentes envolve articular a teoria de acordo com escolhas semânticas não triviais que devem ser feitas, principalmente escolhas a respeito da semântica das descrições. Em resumo, uma prova dedutiva e irrefutável, baseada no estilingue de Gödel, proporciona uma exigência formal, severa e não trivial — a *Exigência Descritiva* — que deve ser satisfeita por *qualquer* teoria dos fatos, situações, estados, circunstâncias ou proposições e por *qualquer* lógica, conectivo ou operador não verifuncional.

Há muito trabalho pela frente antes que tudo isso fique claro. Em primeiro lugar, um certo número de questões em filosofia da linguagem deve ser examinado. Na medida em que fatos, estados, situações e proposições devam ser associados a *sentenças* (relativizadas a proferimentos ou ocasiões de uso), e na medida em que a natureza de tal associação deva ter algo a ver com o *significado* da sentença (e, por meio disso, com os significados de suas partes), algum trabalho semântico tem de ser feito, sobretudo esclarecimentos em composicionalidade, inocência semântica, referência direta, verdade, definição contextual, descrição, abstração, substituição, ligação de variáveis, escopo e extensionalidade. Infelizmente, ainda reina grande confusão a respeito dessas noções na literatura, sendo necessário eliminá-la antes de nos aproximarmos das questões mais complexas. Uma vez que o terreno lógico estiver limpo, toda a força de uma simples prova poderá ser apreciada, uma prova que, por impor inicialmente uma restrição ao discurso não verifuncional, delimita o território onde devem ficar as teorias de fatos, estados, situações e proposições – se é que tais coisas existem – se essas teorias forem realmente desempenhar o tipo de tarefa que muitos filósofos normalmente esperam delas. A Exigência Descritiva é basicamente um filtro de teorias, através do qual nem toda teoria existente consegue passar. Gödel tinha razão quanto a isto: escolhas feitas acerca da semântica das descrições e da metafísica dos fatos impõem, entre si, exigências não triviais.

É importante observar que a Exigência Descritiva pode ser derivada como um resultado formal seguro, sem pressupor que uma teoria semântica deva tratar sentenças como tendo referências, sem tampouco pressupor inocência (ou culpa) semântica, referência direta (ou indireta) ou qualquer coisa controversa a propósito da semântica de termos singulares, e sem pressupor, de forma alguma, muito do que diga respeito à semântica de descrições definidas. Mas, ao mesmo tempo, exige de alguém que postule fatos, estados, situações, proposições, mundos possíveis ou conectivos sentenciais não verifuncionais, que diga algo muito mais preciso (ainda que de maneira disjuntiva) acerca da semântica das descrições definidas. (Parece também apoiar indiretamente a Teoria das Descrições de Russell ou, ao menos, sua encarnação contemporânea no interior de uma explicação geral da quantificação na linguagem natural.)

Em sua maior parte, a discussão formal será conduzida num plano abstrato, pois estarei menos preocupado com a mecânica dessa ou daquela teoria, digamos, dos fatos, do que com uma exigência precisa que *qualquer* teoria de tais entidades deva satisfazer para evitar um embaraçoso colapso. No entanto, a maior parte da discussão preliminar se concentrou em fatos e, haja vista as afirmações de Davidson e Rorty sobre a necessidade de fatos para sustentar muito daquilo que se intitula filosofia moderna, é em conexão com fatos que as teses principais deste trabalho têm mais apelo. Finalizado o trabalho lógico-semântico principal, examino algumas teorias típicas de fatos, mostrando suas vulnerabilidades.

1.4 Estrutura

Algumas palavras sobre a estrutura do livro são necessárias, pois a ordem (não cronológica) da apresentação pode confundir leitores que não estejam imersos na filosofia da linguagem. No Capítulo 2, examino o programa semântico de Davidson, a relação entre semântica e ontologia que ele advoga, seus argumentos contra fatos e a distinção esquema-conteúdo, assim como as maneiras pelas quais ele e Rorty atacam a noção de representação. Os capítulos 3 e 4 nos levam de volta, respectivamente, a Frege e Russell. São necessárias investigações acerca da ideia de Frege de que uma sentença se refere a um valor de verdade, acerca de seu Princípio de Composição, bem como acerca de seu abandono daquilo que Davidson denomina "inocência semântica". Essa investigação deve ser feita antes do exame da ideia de Russell de que sentenças verdadeiras representam fatos (em vez de valores de verdade) e dos detalhes filosóficos e formais de sua Teoria dos Fatos e Teoria das Descrições (que até hoje são pouco compreendidas). Com essas cartas na mesa, procedo à exposição, no Capítulo 5, do argumento-estilingue de Gödel. O argumento original – ou, ao menos, as premissas do argumento que atribuo à Gödel – pode ser encontrado numa ligeira nota de rodapé ligada à discussão da relação entre a Teoria das Descrições e a Teoria dos Fatos. Cada uma dessas teorias é comumente considerada totalmente independente da outra. Gödel defende o contrário, que a viabilidade da última depende da viabilidade da primeira (ou, ao menos, da viabilidade de *alguma* teoria não referencial das descrições). Essa afirmação foi uma novidade, e parece não haver registros da reação de Russell a ela.[6]

Nos capítulos 6 e 7, exponho e limpo cuidadosamente as ferramentas formais necessárias aos capítulos remanescentes, esclarecendo o que querem dizer termos como "extensional" e "escopo" e

---

6 Como menciono na n.3, parece que Gödel submeteu seu artigo em maio de 1943. Numa nota anexada a sua "Reply to Criticisms", datada de julho de 1943, Russell (1944, p.741) declara que "o interessantíssimo artigo do Dr. Gödel acerca de minha lógica matemática chegou-me às mãos depois de concluídas minhas réplicas, num período em que não tinha tempo livre para trabalhar nele".

isolando vários princípios de inferência. Tomando emprestada uma estratégia usada pela primeira vez por Quine (1953e), converto, nos capítulos 8 e 9, as duas formas básicas dos argumentos-estilingue – uma usada por Church, Quine e Davidson, e a outra, por Gödel – em provas dedutivas decisivas que são agnósticas acerca de questões semânticas cruciais. Mais precisamente, *as provas não assumem uma explicação particular da referência e nem mesmo assumem que sentenças tenham referências.* Usando esse procedimento, mostro, no Capítulo 8, que variantes purificadas dos estilingues empregadas por Davidson e Quine demonstram teses mais fracas do que aquelas buscadas por seus autores – a impossibilidade de fatos e conectivos não verifuncionais (por exemplo, modais e causais). A razão disso é que, antes de mais nada, os argumentos dependem de (a) equivalências lógicas e (b) teorias de descrições definidas (ou abstrações de classe) que precisam satisfazer certas condições semânticas, se as equivalências lógicas mencionadas anteriormente valerem.

Usando o mesmo procedimento, mostro, no Capítulo 9, que um estilingue produzido pelas sugestões de Gödel pode ser convertido numa prova que impõe uma exigência severa sobre o discurso não extensional – a Exigência Descritiva – sendo mais geral do que qualquer coisa que Gödel parece ter tido em mente. É importante observar que a prova dessa exigência é construída sem recurso a equivalências lógicas, sem pressupor que uma teoria semântica deva tratar sentenças como tendo referências, sem pressupor nada de controverso a respeito da semântica de termos singulares, e sem se comprometer com qualquer semântica particular de descrições definidas. A exigência sobre fatos, situações, estados de coisas e proposições – na verdade, sobre qualquer coisa que é expressa ou representada em sentenças – destaca-se como consequência trivial de uma exigência sobre o discurso não extensional.

O tópico em torno do qual gira o Capítulo 10 é averiguar se estariam acessíveis os resultados mais fortes que Quine e Davidson tentaram derivar dos argumentos-estilingue, caso fossem assumidas outras teorias das descrições. Isso também possibilita avaliar várias teorias como rivais em potencial da teoria de Russell.

Com a Exigência Descritiva à mão, examino, no Capítulo 11, diversas teorias de fatos tendo em vista estabelecer a viabilidade delas, para depois me dirigir a afirmações que, concernentes à semântica de asserções causais, foram usadas para motivar ontologias de fatos e eventos. Há muita confusão na literatura sobre se asserções causais são extensionais; uma vez aplicados os esclarecimentos efetuados em capítulos anteriores, quase toda a confusão pode ser erradicada, e resultados decisivos, alcançados. Certamente, há algumas asserções causais extensionais que podem ser delimitadas a partir de suas formas gramaticais superficiais; mas há outras asserções causais relativas às quais, até onde posso verificar, ainda permanece aberta a questão de quais tratamentos preferir, extensionais ou não extensionais, em que muito depende da posição tomada no formato global da teoria semântica. Se tratamentos não extensionais se mostrarem atraentes, as teorias resultantes terão de satisfazer os limites impostos pela Exigência Descritiva.

Em meu livro anterior, *Descriptions* (1990), defendi detalhadamente que a Teoria das Descrições de Russell é uma teoria muito mais poderosa e plausível do que as pessoas tendem a acreditar, e ocupei-me de uma série de objeções formais e filosóficas à teoria. Várias objeções novas à teoria – ou, ao menos, velhas objeções sob novas roupagens – apareceram nesse ínterim, acompanhadas por objeções a certos aspectos da minha defesa, implementação ou expansão da teoria. Não encontrei razões para abrandar minha posição à luz das objeções. Na verdade, a maioria delas parece se basear no descuido ou no fracasso em levar em conta características da teoria semântica independentes entre si (quantificação, ligação de variáveis, escopo, estrutura composicional e assim por diante). Trato das objeções que parecem ter gerado mais preocupação na segunda edição de *Descriptions*, que estou preparando para a Oxford University Press. Talvez a lição semântica mais importante da presente obra é que alguém que proponha manobras formais ou argumentativas no interior de contextos não verifuncionais deve encarar questões acerca do comportamento lógico de descrições definidas suscitadas pela Exigência Descritiva. Por isso, Russell seguramente tinha razão ao afirmar, há quase um século, que, sem uma explicação apropriada de como funcionam as descrições, falta um sentido claro a muitas teses que se pretendem filosóficas.

2
DAVIDSON:
VERDADE E CORRESPONDÊNCIA

2.1 Observações introdutórias

Os filósofos gostam muito de utilizar argumentos formais ou semiformais que giram em torno da substituição de um trecho de linguagem por outro tido por "equivalente" em algum aspecto semântico importante. Equivalência referencial (correferência), equivalência material (equivalência de valor de verdade), equivalência necessária (equivalência de valor de verdade entre mundos possíveis) e equivalência lógica (equivalência de valor de verdade entre modelos) são algumas das formas de equivalência de que nos ocuparemos aqui, noções que estão no cerne de uma linhagem de argumentos por substituição que foram levemente esboçados e intensamente utilizados por Church (1943a, 1956), Gödel (1944), Quine (1953c,e, 1960) e Davidson (1980, 1984, 1990, 1996, 2000), argumentos que parecem ter origem no dito de Frege (1892) de que uma sentença tem, como referente, um valor de verdade.

Enquanto Frege considerava que todas as sentenças verdadeiras representam o Verdadeiro (ver o Capítulo 3), Russell (1918) e Wittgenstein (1921) consideravam que elas representam *fatos* individuais (ver o Capítulo 4); e é em relação a essa ideia que Gödel (1944) alude a uma prova (ver o Capítulo 5) que, relativamente a certas suposições não de todo insensatas, parece demonstrar que, se uma teoria semântica composicional trata sentenças verdadeiras como representando fatos, então todas as sentenças verdadeiras devem representar o mesmo fato, o "Uno" eleático (Gödel) ou o "Grande Fato" (Davidson).

Um argumento de estrutura similar ao que Gödel fez alusão foi exposto por Church (1943a), que, questionando a afirmação feita por Carnap (1942) de que as sentenças representam *proposições*, esboçou uma prova que, relativamente a certas suposições que Carnap provavelmente concederia, mostrou que, caso uma teoria semântica composicional trate sentenças como representando entidades, então ela tem de tratar todas as sentenças verdadeiras como representando a mesma entidade (por exemplo, o Verdadeiro) e todas as falsas como representando uma única entidade diferente (por exemplo, o Falso).

Da perspectiva de alguém que está tentando construir uma teoria semântica sistemática e abrangente para uma língua natural, a exigência de que essa teoria, na sua forma definitiva, tenha de recorrer à ideia de que as sentenças tenham *referências* não tem nada de intuitiva ou de óbvia. Os usos que a gente faz comumente de 'referir', 'referência' e outras dão a entender que não seria natural considerar que as sentenças (ou mesmo sentenças-relativas-a-contextos) se refiram a coisas (a não ser que seja no sentido em que nós, examinando um texto, às vezes dizemos que uma determinada sentença ou verso se refere, digamos, à Guerra do Vietnã ou ao desespero humano). Mas é claro que o autor de uma teoria semântica que recorra à ideia de que as sentenças tenham referências não precisa ficar inteiramente acorrentado ao uso comum. Não há dúvida de que fazemos bem em começar pelo uso comum e nos afastar dele com relutância. Porém, está comprovado que, embora (muitos dos) termos teóricos (tanto nas ciências naturais quanto nas humanidades) derivem do uso comum, é lícito que, na medida em que a teorização se torne mais complexa, o significado desses termos comece a divergir de seus correlatos na linguagem comum, um padrão normal de desenvolvimento linguístico em qualquer disciplina que esteja em avanço.

É natural se perguntar se não daria para construir uma teoria semântica adequada que não tenha por base a ideia de que as sentenças representam coisas. Em que momentos da teorização semântica nós nos vemos fortemente pressionados a associar entidades a expressões como seus significados? Uma abordagem teórica do significado por meio de entidades, que esteja plenamente desenvolvida, procede pela atribuição de uma entidade a cada expressão que possua significação própria, começando por palavras individuais (ou, mais plausivelmente, morfemas) e progredindo de maneira composicional através dos sintagmas até chegar nas sentenças. As teorias de Frege (Capítulo 3) e Russell (Capítulo 4) fazem isso. Mas há outras maneiras de proceder. Digna de nota é a abordagem por meio da teoria da verdade, que foi apresentada pela primeira vez por Davidson (1984, 1990, 2000). De acordo com essa abordagem, o ponto de partida de uma teoria semântica é a *verdade*, considerada não uma entidade, mas "um conceito... atribuído inteligivelmente a coisas como sentenças, proferimentos, crenças e proposições, entidades que tenham conteúdo proposicional" (2000, p.65). Questões ontológicas surgem apenas na medida em que certas entidades devem ser postuladas na elaboração dessa teoria. Uma pergunta interessante é se existem expressões que, de acordo com o autor de uma teoria, devam ser consideradas como representando entidades, uma pergunta que só se pode responder tentando construir teorias semânticas.

Davidson (1980, 1984, 1990) afirma (i) que é possível levarmos adiante a construção de teorias do significado que não atribuam entidades a nada além de dispositivos referenciais normais (termos singulares, incluindo variáveis sob atribuição); (ii) que, para essas teorias, *objetos* e *eventos*, entendidos como entidades particulares, são os tipos de coisa a que termos singulares se referem; (iii) que, no tocante à teoria do significado, é possível nos libertarmos da ideia de que os predicados se refiram a *propriedades* (ou a qualquer outra coisa) e da ideia de que as sentenças individuais se refiram a, representem, correspondam a ou sejam tornadas verdadeiras por *fatos* particulares (ou por *estados de coisas, situações* ou *circunstâncias* particulares que vigorem); (iv) que, por mais que se queira que os fatos sirvam de referência das sentenças verdadeiras, não se conseguiria isso deles, haja em vista um argumento-estilingue que demonstra que essas entidades entrariam em colapso e se desfariam num único Grande Fato; (v) que, se os fatos não existem, então não é possível decifrar o que é que as teorias da verdade "como correspondência" querem dizer, já que essas teorias estão construídas em cima da ideia de que uma sentença é verdadeira se e somente se houver um fato a que ela corresponda; e (vi) que, se não existem fatos a que as sentenças verdadeiras correspondam, não é possível decifrar o que é que uma distinção entre "esquema conceitual" e "conteúdo empírico" quer dizer, fazendo-se necessário abrir mão, portanto, de quaisquer tentativas de tornar inteligíveis discussões sobre esquemas conceituais alternativos, representações da realidade, relativismo e ceticismo. Por lhes faltar um assunto legítimo, os problemas filosóficos tradicionais que estão em volta dessas noções simplesmente evaporam.

2.2 Significado e verdade

A abordagem do significado pela teoria da verdade constitui a base de um programa de pesquisa em semântica da linguagem natural respeitado e é, até hoje, o melhor exemplo de uma abordagem sistemática do significado que procura desempenhar a tarefa que lhe cabe sem recorrer a universais, propriedades, funções ou mesmo classes como o valor semântico dos predicados, tampouco a proposições, situações, estados de coisas ou fatos como o valor semântico das sentenças. Gostaria de apresentar essa abordagem pelo seu ângulo mais favorável, numa forma isenta de certas imperfeições que comentadores dizem encontrar nela – a teoria é difamada frequentemente por ignorância, o que não quer dizer que ela esteja desprovida de problemas interessantes.[1] Devo frisar de saída que boa parte deste capítulo envolve exegese e, por isso, é possível que irrite leitores que sejam avessos ao programa davidsoniano. Não preciso endossar o programa para fazer qualquer uma das princi-

---

1 Considere-se que esta discussão substitui as discussões breves demais que fiz em "On Representing" (1999a) e "From Semantics to Ontology" (1999b), que hoje vejo como problemáticas em vários aspectos, sobretudo dialeticamente.

pais observações deste livro – tampouco preciso rejeitá-lo ou endossar os princípios de uma teoria concorrente – mas o que eu realmente preciso é que as cartas de Davidson estejam *dialeticamente* postas na mesa. Em primeiro lugar, entender os argumentos dele contra as representações requer que se entendam os argumentos dele contra os fatos; compreender os argumentos dele contra os fatos exige que se entenda o que ele pensa de referência e substituição; entender o que ele pensa de referência e substituição necessita que se entenda a maneira pela qual os axiomas de referência se destinam a fazer parte de uma teoria da verdade; saber em que consiste uma teoria aceitável da verdade requer que se entenda o que se quer dizer quando se diz que uma teoria "faz as vezes de" uma teoria do significado. Buscando uma compreensão do que se espera que uma teoria da verdade faça e seja para ser aceitável, faremos a exposição de toda a maquinaria de que precisamos para entender o funcionamento esperado do argumento formal de Davidson contra os fatos e o lugar que sua teoria do significado ocupa no seu esquema filosófico mais amplo, esquema que repudia [a existência dos] fatos e tira conclusões poderosas do abandono deles. Em segundo lugar, um estudo cuidadoso da teoria de Davidson nos força a amadurecer uma série de questões que vêm sendo negligenciadas ou omitidas em teoria semântica, questões sobre a natureza dos teoremas e dos axiomas – em especial aqueles relacionados a referência e descrição – sobre a delimitação das assim chamadas constantes lógicas e sobre a distinção entre semântica e análise.

Costuma-se dizer que uma teoria semântica para uma língua deve especificar o que quer dizer cada uma de suas sentenças. Às vezes se acrescenta que, a fim de alcançar esse objetivo, uma teoria semântica tem de fornecer *teoremas*, um para cada sentença, especificando o que a sentença quer dizer. E comumente se diz (erroneamente, acredito; mas deixemos passar) que tal se resume ao seguinte: deixando de lado as complicações suscitadas pela existência de indexicais, demonstrativos e outras expressões sensíveis a contexto, uma teoria do significado para uma língua L é uma teoria que fornece, para cada sentença S de L, um teorema com a seguinte forma:

(M) S* quer dizer (em L) que p,

em que as ocorrências de (M) são sentenças numa metalinguagem L* rica o suficiente para falar sobre as sentenças da linguagem-objeto L, em que a expressão que substitui "S*" é uma expressão de L* que descreve unicamente S em termos de sua estrutura – a assim chamada descrição estrutural de S – e a sentença que substitui "p" é uma sentença de L*.[2] Segundo essa definição, uma teoria do significado para o francês (L), formulada em português (L*), deve fornecer (1) – ou algo muito próximo a (1) – como teorema:

(1) "La neige est blanche" quer dizer (em francês) que a neve é branca.

A descrição estrutural que funciona como o sujeito de 'quer dizer' em (1) é uma expressão em português criada colocando-se uma sentença em francês entre aspas. Numa formulação mais precisa, algo de semelhante à seguinte descrição estrutural poderia ser usado para descrever a sentença em questão que está em francês:

(2) $[_S [_{NP} [_D la][_N neige]][_{VP} [_V est][_A blanche]]]$.

Uma definição do significado em termos de teoremas de forma (M) *não* é o ponto de partida de Davidson. Tampouco é dele um ponto de partida que mobilize abertamente o conceito de *verdade*. É possível expor as ideias principais de Davidson numa série de seis definições e teses. A primeira delas é a definição que ele oferece em vez da definição popularizada que foi dada anteriormente:

(i) Uma teoria do *significado* para uma língua L é uma teoria com a seguinte característica: ter o conhecimento do que a teoria afirma bastaria para entender (proferimentos das sentenças de) L.

Não se fala abertamente de teoremas que satisfaçam o esquema (M); a bem da verdade, não se fala abertamente de teoremas em absoluto. É claro que nada impede alguém de dizer que o caminho

---

2 Existem, creio, sérias dificuldades que as ocorrências de (M) trazem; como não são pertinentes a meu tema principal, não as discutirei aqui.

para se *construir* uma teoria do significado na acepção de Davidson é construir uma teoria que resulte em teoremas que satisfaçam o esquema (M). Mas não é isso o que Davidson faz. Ele começa por um tópico aparentemente novo: *verdade*. Inspirando-se na célebre definição da verdade, dada por Tarski (1956), para linguagens formais bem-comportadas, Davidson nos oferece uma segunda definição:

(ii) Ignorando, por ora, complicações decorrentes da existência de indexicais e demais expressões sensíveis a contexto, uma teoria da *verdade* para uma língua L é qualquer teoria que produza, para cada sentença S de L, um teorema com a forma:

(T) S^* é verdadeira (em L) $\equiv p$,

em que as ocorrências de (T) são sentenças numa metalinguagem L^* usada para falar sobre as sentenças da linguagem-objeto L, "S^*" é uma descrição estrutural (em L^*) de S, "p" é uma sentença de L^*, e $\equiv$ (leia-se "se e somente se") é o bicondicional material.

Por exemplo, se a linguagem-objeto (L) fosse o francês, e a metalinguagem (L^*) fosse o português, então ambos os teoremas abaixo seriam ocorrências do esquema (T):

(3)   "La neige est blanche" é verdadeira (em francês) $\equiv$ a neve é branca.
(4)   "La neige est rouge" é verdadeira (em francês) $\equiv$ a neve é vermelha.

Davidson chama as ocorrências do esquema (T) de *sentenças-T* ou *teoremas-T*. À semelhança de qualquer outra teoria, uma teoria da verdade será julgada, em primeira instância, quanto à verdade dos seus teoremas. Para que uma ocorrência de (T) seja verdadeira, basta que "p" e as sentenças que substituírem "S^* é verdadeira (em L)" tenham o mesmo valor de verdade (e, por conseguinte, dado o entendimento que temos de "é verdadeira (em L)", basta que a sentença de L exposta pela descrição estrutural que substituir "S^*" tenha o mesmo valor de verdade que a sentença que substituir "p"). Não se faz necessária uma conexão mais forte porque $\equiv$ é (tão somente) o bicondicional material.³ Assim, (3) e (4) são ambas verdadeiras: naquela, ≡ está entre duas sentenças verdadeiras; nesta, entre duas sentenças falsas.

Repare que nenhuma conexão direta entre uma teoria da *verdade* e uma teoria do *significado* é firmada por (i) ou (ii). No entanto, (i) nos diz quais condições uma teoria – *qualquer* teoria – deve satisfazer para ser uma teoria do significado; e, já que uma teoria da verdade é uma *teoria*, pode-se inferir:

(iii) Uma teoria da verdade (de agora em diante, uma *teoria-T*) ϑ para uma língua L seria (preencheria os requisitos para, serviria de, faria as vezes de) uma teoria do significado para L se o conhecimento do que ϑ afirma for suficiente para entender L.

Com a seguinte declaração um tanto audaciosa, Davidson impetuosamente se lança para além das definições:

(iv) Para qualquer língua natural L, existe no mínimo uma teoria-T para L que preenche os requisitos para uma teoria do significado de L.

E ele vai ainda mais além com as seguintes declarações:

(v) Empiricamente, qualquer teoria-T para L que preencha os requisitos para uma teoria do significado de L tem a seguinte propriedade: o conhecimento do que é dito *exclusivamente pelos teoremas-T* é suficiente para entender L (o conhecimento do que dizem os *axiomas* não é necessário).[4]

(vi) A lógica de fundo que se usa para derivar teoremas-T a partir dos axiomas de uma teoria-T é a lógica-padrão de primeira ordem, extensional, mais identidade.

---

3 Tarski pressupõe a noção semântica e não definida de *tradução* (logo, de *significado*) e faz uso dela para impor restrições ao que vale como uma definição adequada da *verdade* para uma linguagem. Ao invés, Davidson usa uma noção primitiva de *verdade* para caracterizar o que ele considera ser a maneira mais plausível de se construir uma teoria do significado. Para maiores discussões, ver Davidson (1990) e Soames (1994, 1999).

4 Davidson (1999b) afirma isso explicitamente em resposta a Segal (1999). Ainda mais recentemente, ele defendeu, em conversa reservada, que até mesmo o conhecimento do que é expresso pelos teoremas pode estar além do que é estritamente necessário.

Há uma série de questões, sabidamente difíceis, que estão envolvidas na tentativa de determinar se o otimismo expresso em (iv), (v) e (vi) é bem-fundamentado.[5] O fim a que me propus não é resolver a disputa de um jeito ou de outro, mas indicar claramente a natureza de certas dificuldades apontadas que sejam pertinentes aos temas principais de que trato.

Digamos que uma teoria-T para L seja *aceitável* se o conhecimento do que é dito pelos teoremas-T dela for suficiente para entender L. O desafio para o davidsoniano é explicar como uma teoria-T aceitável pode ser construída.

(a) Normalmente, concorda-se que *nem toda* teoria-T é aceitável. Suponha que exista uma teoria-T ϑ_1 para o francês que forneça o seguinte teorema-T para a sentença "La neige est blanche":

(5)   "La neige est blanche" é verdadeira (em francês) $\equiv$ JFK foi assassinado.[6]

Uma vez que os lados esquerdo e direito desse bicondicional material são ambos verdadeiros, trata-se de uma ocorrência do esquema (T) verdadeira. Contudo, o conhecimento do que é dito por *esse* teorema-T não seria suficiente para entender "la neige est blanche". E, desse fato concreto, seria possível fazer a inferência de que

---

5 Elas foram examinadas por Davidson (1984, 1990, 1999b), Evans e McDowell (1976), Fodor e LePore (1992), Foster (1976), Higginbotham (1992), Larson e Segal (1995), LePore e Loewer (1990), Loar (1976), Quine (1977), Segal (1999) e Soames (1992, 1994). Ao fazer o esboço de possíveis objeções e réplicas, aproveito-me fartamente do trabalho desses autores e das discussões que tive com Davidson ao longo dos anos. Apresento as observações principais em ordem dialética em vez de cronológica.

6 Se a lógica de fundo for a lógica de primeira ordem, extensional, irrestrita, mais identidade, então ϑ_1 não fornecerá apenas (5) para "la neige est blanche": ela fornecerá, para essa sentença, uma coleção de sentenças-T cujos lados direitos sejam logicamente equivalentes ao lado direito de (5). Em princípio, a exigência de que a derivação de teoremas-T se ponha em conformidade com os cânones de um procedimento de prova canônico fará com que a coleção fique mais enxuta. Ver a seguir.

o conhecimento do que é dito por *todos* os teoremas-T de ϑ_1 não seria suficiente para entender "la neige est blanche" (ou, muito provavelmente, para entender muitas outras sentenças do francês, especialmente as que contenham as palavras "neige" ou "blanche"). As suposições adicionais que são necessárias para tirar a conclusão geral estão longe de ser óbvias – na verdade, a conclusão geral pode muito bem ser falsa – mas vamos supor que elas sejam concludentes: ainda assim, por mais que ela forneça, para todas as sentenças do francês (inclusive a sentença "la neige est blanche"), um teorema de forma (T) verdadeiro, ϑ_1 não pode fazer as vezes de uma teoria do significado para o francês – ela é impecável como teoria da *verdade* para o francês, mas inadequada como teoria do *significado*. Parece que algo está faltando. Ou então é possível defender que algo está faltando.

(b) Caso ϑ_1 não seja aceitável (isto é, caso ela não preencha os requisitos para uma teoria do significado para o francês), então o semanticista davidsoniano tem diante de si a tarefa de especificar condições que uma teoria-T deve satisfazer para ser aceitável, condições que não mobilizem o conceito de entendimento ou conceitos semânticos afins, como significado, sinonímia ou tradução. Seria possível sugerir que considerações gerais que regulam ou, ao menos, dão forma à interpretação de teorias empíricas devem ser postas em prática: uma teoria do significado para o francês é uma teoria empírica; portanto, seus teoremas devem se comportar como leis e dar conta de contrafactuais.[7] Como prova do fracasso de (5) – e, com ele, de ϑ_1 – em dar conta de contrafactuais, seria possível contrastar a falsidade aparente de (5') com a verdade aparente de (3'):

(5')   Se JFK não tivesse sido assassinado, "la neige est blanche" não seria verdadeira (em francês).
(3')   Se a neve não fosse branca, "la neige est blanche" não seria verdadeira (em francês).

---

7   Ver Davidson (1984, p.xiv, xviii, 26 n.11 e 174).

Quem quiser se manifestar sobre a utilidade desse contraste aparente tem de encarar algumas questões bem intrincadas. Será que é por meio de suas características semânticas que as sentenças devem, em parte, ser individualizadas? Ou será que isso ameaçaria todo o projeto? Será que o "em francês", um aditamento entre parênteses que ocorre nos teoremas-T que venho usando, revela uma disposição favorável a aceitar que uma mesma descrição estrutural possa existir e ter significação em mais de uma língua? Será que (5′) e (3′) exibem ambiguidades de escopo que estão interferindo nos juízos de verdade ou falsidade, ambiguidades que se podem atribuir ao fato de que as descrições estruturais são descrições definidas russellianas? (Por exemplo, não seria possível ler-se (2) anterior "a sentença formada pela concatenação do sintagma nominal formado pela concatenação de..."?) Em todo caso, quais as condições de verdade dos contrafactuais?

Não tenho estômago para enfrentar essas questões aqui. Para seguir adiante, vamos simplesmente estipular (i) que, de fato, descrições estruturais sejam descrições russellianas (em vez de nomes), (ii) que descrições estruturais sejam relativas a línguas e (iii) que (5′) seja falsa e que (3′) seja verdadeira, seja lá qual for o escopo das descrições estruturais nelas contidas. A primeira estipulação tem, certamente, alguma plausibilidade independente (ver o Capítulo 4). A segunda e a terceira são controversas mas não desempenharão nenhum papel crucial quando tivermos deixado os contrafactuais para trás; elas só simplificam a exposição. A segunda estipulação (que provavelmente seria necessária para justificar a terceira) nos permite tirar o incômodo aditamento "(em francês)" dos teoremas-T para sentenças em francês, que, de agora em diante, podem ser lidas como exemplificações da forma (T′):

(T′)   a sentença S^* de L é verdadeira $\equiv p$.

(Prefixos como "a sentença em francês" serão omitidos quando isso não gerar confusão.)

Pela terceira estipulação, é possível descartar ϑ_1 pela razão de que os teoremas dela não se comportam como leis. Mas seria possível defender que ϑ_2, uma teoria-T que fornece (6), não é eliminada, haja vista a suposta verdade de (6'):

(6) "La neige est blanche" é verdadeira ≡ a neve é uma forma de água congelada.

(6') Se a neve não fosse uma forma de água congelada, então "la neige est blanche" não seria verdadeira.[8]

Se isso estiver certo, um critério que vá além do nomológico se faz necessário para nos desviarmos de teorias-T inaceitáveis.

(c) Poderia parecer óbvio *o que* está faltando a ϑ_1 e ϑ_2: as sentenças "JFK foi assassinado" e "a neve é uma forma de água congelada" em português (metalinguagem) não *querem dizer* a mesma coisa que a sentença "la neige est blanche" em francês (linguagem-objeto). E, portanto, seria possível supor que uma teoria-T ϑ_3 para o francês que tivesse a seguinte propriedade seria aceitável: em todo teorema de forma (T), a sentença da metalinguagem que substitui "*p*" *quer dizer o mesmo que* (ou *traduz*) a sentença em francês descrita pela expressão que substitui "*S*". Tomando um rótulo emprestado da literatura, a fim de ser aceitável como teoria do significado, ϑ_3 tem de ser *interpretativa*: uma teoria-T é interpretativa caso todos os teoremas-T dela forem interpretativos; um teorema-T é interpretativo caso a sentença da metalinguagem que substitui "*p*" no lado direito de (T) queira dizer o mesmo que (ou traduza) a sentença da linguagem-objeto descrita pela expressão que substitui "*S*" no lado esquerdo.

Uma teoria-T interpretativa para L equivaleria ao que Tarski (1956) chamou de uma *definição da verdade* (materialmente adequada) para L (uma definição de "verdadeiro-em-L"). Tarski podia se servir livremente de noções como sinonímia ou tradução: o objetivo dele era definir (isto é, caracterizar) *verdade* (em L), não

---

8 Este par, que devo a Segal (1999), talvez fique melhor:
  (i) "O cobre conduz calor" é verdadeira (em português) ≡ o cobre conduz eletricidade.
  (i') Se o cobre não conduzisse eletricidade, "o cobre conduz calor" não seria verdadeira (em português).

significado. Mas, a Davidson, não cabem recursos a sinonímia ou tradução, nem ele diz que caibam: o desafio, que Davidson e outros aceitaram, é especificar um conjunto de condições que valem somente para teorias-T interpretativas mas que não mobilizem conceitos semânticos ameaçadores.[9]

---

9 Ver, por exemplo, Larson e Segal (1995) e Segal (1999). Às vezes, afirma-se – mas não Davidson, Larson ou Segal – que, para ser aceitável, uma teoria-T tem de produzir, "no final das contas", teoremas de forma (M):

(M)   S* quer dizer (em L) que p.

Quem insistir nisso dirá, então, que uma teoria-T é aceitável somente se cada um dos seus teoremas-T puder ser "interpretado como", "associado a" ou "convertido num" teorema-M correspondente. Um teorema-M, dirão, é "mais informativo" que o teorema-T correspondente a ele: aquele (que é não extensional) acarreta este (que é extensional), mas não vice-versa. De vez em quando, Davidson (1984, p.60 e 175) deixa que afirmativas de forma (M) passem sem contestação, mas em parte alguma ele afirma que elas formam a coluna vertebral de uma teoria do significado.

Por vezes se diz que Davidson está propondo uma teoria "verifuncional" do significado, que identifica o significado de uma sentença com suas condições de verdade – comentários informais em alguns dos artigos de Davidson seguramente incentivaram essas afirmações; no entanto, duas acusações de confusão recaem sobre elas. Em primeiro lugar, a especificação das condições de verdade de uma sentença é uma especificação das condições necessárias e suficientes da verdade dela. Considerando que o conectivo ≡ num teorema-T é o bicondicional *material*, não consta, de modo algum, do que venha a ser uma teoria-T que a sentença que substituir '*p*' num teorema de forma (T) verdadeiro especifique as condições de verdade da sentença descrita pela expressão que substituir '*S**'. O conectivo teria de ser no mínimo tão forte quanto o bicondicional *estrito* –3 (modal) para assegurar a especificação das condições de verdade.

Em segundo lugar, a tese que diz, sem maiores qualificações, que o significado de uma sentença é idêntico às suas condições de verdade é refutada com facilidade: (a) especificar as condições de verdade de uma sentença é especificar as condições necessárias e suficientes da verdade dela; (b) uma verdade necessária é verdadeira sob todas as condições; (c) portanto, todas as verdades necessárias têm as mesmas condições de verdade; (d) portanto, (i) e (ii) têm as mesmas condições de verdade:

(i)   a neve é branca

(d) Uma maneira de evitar o recurso a noções semânticas seria mobilizar apenas condições *formais*. Conseguiríamos descartar algumas teorias-T não interpretativas prestando atenção somente nas que produzam teoremas de maneira *composicional e sistemática*, com base nas partes estruturalmente significativas das sentenças. Seria possível considerar que qualquer teoria-T que forneça

(7)   "Santorin est volcanique" é verdadeira ≡ Santorini é vulcânica

por intermédio dos seguintes axiomas para "Santorin" e "est volcanique" satisfaz essa exigência (ao menos no tocante a "Santorin est volcanique"):

(Ax. 1) o referente de "Santorin" = Santorini
(Ax. 2) ($\forall \alpha$) (⌜α est volcanique⌝ é verdadeira ≡ o referente de α é vulcânico).

Notas: (i) "α" assume nomes próprios como valores. (ii) Não se procura quantificar para dentro da citação no (Ax. 2). A expressão

(8)   ⌜α est volcanique⌝

é tão só uma abreviação da descrição definida.

(ii)   a neve é branca e 2 + 2 = 4;
(e)   se as condições de verdade de uma sentença são idênticas ao significado dela, então, ter o conhecimento de suas condições de verdade é o mesmo que ter o conhecimento de seu significado (ao que parece, este seria o lugar de lançar um desafio ao argumento); (f) mas ter o conhecimento do significado de (i) não é a mesma coisa que ter o conhecimento do significado de (ii); (g) portanto, o significado de uma sentença não é a mesma coisa que suas condições de verdade. Um problema a mais que a tese sem maiores qualificações enfrenta é trazido pelas expressões que ocasionam o que Frege chama de *colorido*, e Grice, de *implicaturas convencionais*. Exemplos incluem "mas", "embora", "contudo", "além disso" e "não obstante", que parecem contribuir para o significado sem contribuir para as condições de verdade. Para a discussão, ver Neale (1999c).

(9)   α ∩ "est volcanique"

que se lê "a expressão produzida pela concatenação de α e 'est volcanique'". (iii) Por simplicidade, ignorei a estrutura interna do predicado na linguagem-objeto.

Usando a lógica de primeira ordem, extensional, mais identidade, consegue-se derivar (isto é, *provar*) o teorema (7) a partir dos axiomas anteriores fazendo uso do Princípio da Instanciação Universal (IU) e do Princípio de Substitutibilidade para Termos Singulares (PSTS).[10]

[1]   "Santorin est volcanique" é verdadeira ≡ o referente de "Santorin" é vulcânico

        (de (Ax. 2), usando IU)

---

10 Lancei mão da simplificação – por ora, inofensiva – de que (i) seja um termo singular:

(i)   o referente de "Santorin".

Existem bons motivos para achar que isso esteja errado; que, na verdade, (i) seja um sintagma nominal quantificado em virtude de ser uma descrição definida russelliana (ver o Capítulo 4). Desse ponto de vista, a regra de inferência pertinente não será PSTS, mas sim a proposição *14.15 de Whitehead e Russell, uma regra de inferência para contextos extensionais derivada (ver os capítulos 4 e 7). A questão ganha em importância quando se pede para considerarmos teorias-T destinadas a produzir teoremas para sentenças de uma linguagem-objeto que contenha operadores modais e quando se discute certos tipos de afirmações contrafactuais sobre referência. Há uma leitura de (ii) que é falsa,

(ii)   o referente de "Santorin" poderia não ter sido Santorini,

o que se consegue ver lendo a descrição com escopo amplo. Na medida em que exista outra leitura verdadeira – há quem queira questionar isso –, esta é prontamente apreendida lendo a descrição com escopo menor do que o do operador modal. As coisas se complicam ainda mais pelo fato de que a descrição que funciona como o sintagma nominal sujeito em (ii) conter uma descrição estrutural como parte dela, o que lhe rende a mesma forma geral que (iii):

(iii)   o recipiente da subvenção poderia não ter sido Santorini,

que é ambígua de múltiplas maneiras.

[2] "Santorin est volcanique" é verdadeira ≡ Santorini é vulcânica

(de [1] e (Ax. 1), usando PSTS)

(Para uma discussão detalhada dos princípios de inferência, ver Capítulo 7.)

A ideia, então, é prestar atenção somente em teorias-T que respeitem a estrutura sintática das sentenças. É possível que os axiomas para termos singulares se pareçam com o (Ax. 1), os axiomas para predicados de um lugar, com o (Ax. 2), os para predicados de dois lugares, com o (Ax. 3), os para conectivos de dois lugares, com o (Ax. 4) e assim por diante:

(Ax. 3) $(\forall \alpha)(\forall \beta)(\ulcorner \alpha$ aime $\beta \urcorner$ é verdadeira ≡ o referente de α ama o referente de β)
(Ax. 4) $(\forall \phi)(\forall \psi)$ $(\ulcorner \phi$ et $\psi \urcorner$ é verdadeira ≡ ϕ é verdadeira e ψ é verdadeira).[11]

(Aqui, "α" e "β" assumem nomes como valores, e "ϕ" e "ψ", sentenças). Cada axioma de uma teoria-T que for construída assim exercerá impacto sobre uma quantidade infinita de teoremas-T, inclusive teoremas para sentenças que contenham elementos demonstrativos e indexicais, fazendo que fique bem mais difícil que as teorias que forneçam teoremas-T não interpretativos produzam apenas teoremas-T *verdadeiros*. Com efeito, pois, a restrição de composicionalidade sistemática diminui a classe de teorias-T rumo à convergência com a classe das que são interpretativas. Ao menos é essa a ideia.

---

11 Tal como se encontra, o (Ax. 3) na realidade não respeita a estrutura sintática. A teoria sintática nos diz que "Pierre aime Claire" tem, mais ou menos, a seguinte estrutura sintática [s [NP Pierre][VP aime[NP Claire]]]. Para teorias-T que respeitam a estrutura sintática, ver Larson e Segal (1995). A fim de produzir axiomas da forma exigida, Larson e Segal atribuem entidades como valor semântico de verbos e sintagmas verbais, o que envolve um afastamento interessante da linha austera de Davidson.

Mas a questão das teorias-T potencialmente não interpretativas ainda não ficou para trás, como se pode ver examinando o trabalho feito pelos axiomas referenciais. A ilha grega de Santorini tem outro nome: 'Tira' (o nome 'Thira', em grego, é "mais oficial" que 'Santoríni' e é (embora não invariavelmente) o nome tipicamente usado em documentos legais e administrativos). Os nomes 'Santorini' e 'Tira' são ambos usados em português (isto é, por falantes do português em sentenças em português), e os nomes 'Santorin' e 'Thira' são ambos usados em francês (isto é, por falantes do francês em sentenças em francês). Considere agora a teoria-T que se obtém pela substituição do axioma referencial (Ax. 1) para "Santorin" por (Ax. 1*):

(Ax. 1*) o referente de "Santorin" = Tira.

A teoria-T resultante forneceria, no lugar de (7), o seguinte teorema-T:

(10)   "Santorin est volcanique" é verdadeira ≡ Tira é vulcânica.

(10) é tão verdadeira (e comporta-se tanto como lei) quanto (7); mas será que ela é interpretativa? A resposta que se der a essa pergunta quase certamente estará vinculada ao que se pensa que acontece quando "Santorin est volcanique" e outras sentenças estejam encaixadas em construções que deram ensejo a diálogos sobre *opacidade* (a falha do PSTS); por exemplo, sentenças que contenham verbos de atitude proposicional, tais como "croire" ("acreditar"). A natureza dos axiomas que seriam apropriados para esses verbos e a maneira pela qual as teorias-T deveriam produzir teoremas-T para essas sentenças ainda são tema de debate; mas é de supor que, quando tudo estiver dito e feito, uma teoria-T que contenha o (Ax. 1) para "Santorin" forneceria (11), ao passo que uma teoria-T que contenha o (Ax. 1*) forneceria (12):

(11)   "Pierre croit que Santorin est volcanique" é verdadeira ≡
        Pierre acredita que Santorini é vulcânica
(12)   "Pierre croit que Santorin est volcanique" é verdadeira ≡
        Pierre acredita que Tira é vulcânica.

A exemplo de Frege, é amplamente aceito que os lados direitos de (11) e (12) não são sinônimos, que há circunstâncias em que eles podem diferir quanto a valor de verdade. Dadas as relações concretas que existem entre (i) "Santorini" em português e "Santorin" em francês e (ii) entre "Tira" em português e "Thira" em francês, seria possível defender com plausibilidade que (12) não é interpretativo e que, por conseguinte, qualquer teoria-T que o produza, por mais que ela seja sistemática e composicional, não é aceitável.[12]

(e) Os axiomas para predicados também dão margem a teorias-T não interpretativas. Caso a lógica de fundo seja a lógica-padrão de primeira ordem, irrestrita, mais identidade, então é possível produzir teorias-T que sejam não interpretativas em virtude de fornecerem teoremas-T tais como:

(13)   "Santorin est volcanique" é verdadeira ≡ Santorini é vulcânica e tudo o que é físico é físico.

Conseguiríamos excluir algumas dessas teorias-T exigindo que o procedimento pelo qual os teoremas-T são derivados esteja em conformidade com os cânones de um procedimento de prova estreitamente circunscrito.[13] Nós teríamos, porém, de tomar o maior cuidado em não restringir demais o procedimento de prova a ponto

---

12 Surgem problemas similares no tocante a conectivos sentenciais como "et" ("e") e "mais" ("mas"). O (Ax. i) é interpretativo; mas o que dizer do (Ax. i*)?

(Ax. i) $(\forall \sigma)(\forall \tau)(\ulcorner \sigma$ mais $\tau \urcorner$ é verdadeira ≡ σ é verdadeira, mas τ é verdadeira)
(Ax. i*) $(\forall \sigma)(\forall \tau)(\ulcorner \sigma$ mais $\tau \urcorner$ é verdadeira ≡ σ é verdadeira, e τ é verdadeira).

Para um fregeano de carteirinha, há uma diferença importante entre, por um lado, "Santorin" e "Thira" e, por outro lado, "et" e "mais": aqueles diferem entre si apenas quanto ao *sentido*, enquanto estes têm o mesmo sentido e diferem entre si apenas quanto ao *colorido*. Portanto, ainda que seja possível se valer do sentido para emitir um juízo final sobre os (Ax. 1) e (Ax. 1*) acima – ver McDowell (1977) – o sentido de nada vale para distinguir o (Ax. i) do (Ax. i*), já que, para Frege, esses axiomas expressam o mesmo *pensamento*. Para discussão, ver o Capítulo 3 e Neale (1999c).

13 Ver Davidson (1984, p.61 e 138).

de nos privar de recursos necessários para produzir teoremas-T que fossem, não obstante, interpretativos – por exemplo, a gente não ia querer deixar nenhum entulho sintático, lógico ou da teoria dos conjuntos no lado direito de teoremas-T derivados para sentenças em francês que contenham sintagmas nominais quantificados ("chaque homme", "quelques hommes"), advérbios de quantificação ("toujours", "jamais" etc.), indexicais e demonstrativos ("je", "ici", "maintenant", "cet homme"), verbos de atitude proposicional ("croire", "savoir") ou verbos que evidenciem quantificação sobre eventos ("sortir", "se tomber"). Mas a exigência de que uma teoria-T para o francês produza teoremas-T em conformidade com um procedimento de prova canônico não eliminará *todas* as teorias sistemáticas e composicionais que fornecem (13). Com a substituição do axioma (Ax. 2) acima pelo (Ax. 2*), já nos vemos em apuros antes mesmo de o procedimento de prova canônico entrar em ação:

(Ax. 2*) $(\forall \alpha)(\ulcorner \alpha$ est volcanique$\urcorner$ é verdadeira $\equiv$ o referente de α é vulcânico e tudo o que é físico é físico).

(f) A esta altura, é tentador recorrer a mais considerações que regulem ou ao menos deem forma à construção e ao teste de teorias empíricas: economia e simplicidade.[14] Quanto ao caso em pauta, caberia dizer que, feita a comparação dos teoremas-T que fluem de uma teoria-T ϑ_1 que contenha o (Ax. 2) com os teoremas-T que fluem de uma teoria-T ϑ_2 que se diferencie unicamente por conter o (Ax. 2*) no lugar do (Ax. 2), vê-se que os lados direitos de certos teoremas-T em ϑ_2 acarretam os lados direitos dos teoremas-T correspondentes em ϑ_1 (e não vice-versa), o que é motivo suficiente para deixar ϑ_2 de lado.

(g) Caso ainda restem outras teorias-T não interpretativas para o francês que não tenham sido postas para fora por nenhuma das restrições mencionadas anteriormente, caberia sugerir que, uma

---

14 Essa ideia é levada muito a sério por Larson e Segal (1995) e Segal (1999) e por um bom motivo: o intuito deles é construir uma teoria-T que possa formar (ao menos a base de) uma teoria da competência semântica.

vez que uma teoria do significado para o francês se destina a ser (ou a ser parte de) uma teoria empírica acerca dos proferimentos de membros da nossa espécie, é admissível que o autor da teoria dispense qualquer teoria-T cujos teoremas não possuam uma propriedade P (a ser elucidada) que atenda a restrições gerais que regulam nossa compreensão do que outros membros da espécie estejam fazendo.[15] A essa sugestão seria possível contrapor que, uma vez que as condições adequadas de dispensa fiquem suficientemente claras, notaremos que elas mobilizam conceitos semânticos que tornam irremediavelmente circular o empreendimento maior.

(h) Mesmo que a classe das teorias-T interpretativas para o francês esteja satisfatoriamente delimitada, não é óbvio que uma teoria-T interpretativa seja *ipso facto* aceitável. Pois seria possível defender que, somado ao conhecimento do que os teoremas-T de uma teoria-T ϑ interpretativa para o francês afirmam, nós precisaríamos, para *entender* francês, saber (ou no mínimo acreditar em) algo que não é dedutível dos teoremas de ϑ, qual seja, *que os próprios teoremas são interpretativos* (ou, ao menos, que precisaríamos saber (ou acreditar) que os teoremas satisfazem um conjunto de restrições que, na realidade, os tornam interpretativos (ou ao menos nômicos)).[16] O problema disso não é que a posse desse conhecimento adicional exigiria a posse de certos conceitos teóricos que não estão envolvidos no conhecimento do que os teoremas-T de ϑ afirmam – pois tal está, e continuará a estar, pouco claro, até que se fale um um pouco mais do que está envolvido no conhecimento do que um teorema-T afirma. Mais propriamente, a objeção é que *nenhuma* teoria-T será aceitável, porquanto o que os teoremas-T afirmam jamais trará uma quantidade de informação suficiente para o entendimento [de uma língua]. A essa objeção seria possível contrapor que a percepção de necessidade de conhecimento adicional é sintomática de exagero com a noção de entendimento. O conhecimento do que os teoremas de ϑ afirmam é, de fato, suficiente para entender

---

15 Ver Davidson (1984, Capítulo 9).
16 Ver Davidson (1984, p.xviii, 172-4); Foster (1976).

francês, mas ele não fornece, a quem tenha esse conhecimento, uma base sólida para saber (ou mesmo achar) que ele seja suficiente. E tudo está como deve ser, pois tal jamais foi prometido.

A tendência é paradoxos autorreflexivos ganharem e perderem foco em diversos momentos, quando se está refletindo mais detidamente sobre essas coisas. Basta dizer que a questão de se uma teoria-T convenientemente restrita pode servir de teoria do significado ainda não foi suficientemente resolvida na opinião de todos.

2.3 Referência e ontologia

Seria possível pensar na ontologia de uma sentença como as coisas que devem existir para que a sentença seja verdadeira; e seria possível pensar nas coisas na "nossa ontologia" como a ontologia de todas as sentenças que temos por verdadeiras. Para especificar qual é a ontologia de uma sentença, é preciso mobilizar uma teoria semântica, e, a esse respeito, a abordagem de Davidson à construção de tal teoria dá resultados ontológicos interessantes.

Existe uma *assimetria dupla* entre sentenças e termos singulares na teoria de Davidson. Até aqui, não veio à tona recurso algum à noção de *referência* (ou *predicação*) na discussão do que uma teoria-T aceitável deva fazer. O interesse está todo no que uma teoria venha a fornecer relativamente a *sentenças inteiras:* é irrelevante o modo pelo qual os mecanismos internos da teoria tratam as partes, contanto que o resultado esteja certo quanto ao todo: "é indiferente a maneira pela qual uma teoria da verdade associa expressões não sentenciais a objetos... nada pode revelar como as palavras de um falante foram associadas a objetos" (1984, p.xix):

Uma vez que as sentenças-T não dizem absolutamente nada sobre referência, satisfação ou sobre expressões que não sejam sentenças, o teste de correção da teoria é independente de intuições a respeito desses conceitos. Contudo, tão logo se tenha a teoria, consegue-se explicar a verdade das sentenças com base na estrutura delas e nas propriedades semânticas das suas partes. A analogia com teorias das ciências é completa: a fim de organizar e explicar o que se observa diretamente, postulam-se forças e objetos inobservados ou indiretamente observados: a teoria é testada pelo que é diretamente observado... o que está aberto à observação é o uso de sentenças em contextos, e a verdade é o conceito semântico que entendemos mais. Referência e noções afins, como satisfação, são, em comparação, conceitos teóricos (como o são as noções de termo singular, predicado, conectivo sentencial e o restante). Não devem restar dúvidas sobre a correção desses conceitos teóricos para além da questão de se eles proporcionam uma explicação satisfatória do uso de sentenças... Não há por que procurar uma explicação, prévia ou independente, de uma relação referencial. (1990, p.300)

Em princípio, então, seria possível construir uma teoria-T aceitável que não usasse em absoluto a noção, digamos, de referência. Apenas as tentativas de construir uma teoria trarão à luz o que parecer necessário.

De acordo com Davidson, uma teoria-T aceitável usará, na verdade, uma noção *enxuta* e formal de referência em virtude de conter axiomas capazes de manejar quantificação. Trata-se de um fato ontologicamente importante. Se nós estivéssemos lidando com uma linguagem extensional L infinita que só contivesse (um número finito de) nomes, predicados e conectivos sentenciais, mas nenhum quantificador, não seria necessário, a bem da verdade, mobilizar um conceito como o de referência: uma teoria finita que consistisse em um axioma para cada sentença atômica e um axioma recursivo para cada conectivo sentencial seria o bastante porque L só conteria a mesma quantidade finita de sentenças *atômicas*. Portanto, não é a existência de termos singulares por si mesma que nos empurra uma noção referencial: a *quantificação* é que nos empurra isso, pois a quantificação é que nos força a abandonar a construção de teorias simples cujos axiomas assumam a forma

(14)   _ _ _ é verdadeira ≡ ...

em favor de teorias-T que peguem um desvio através da *satisfação* – "uma forma generalizada de referência" (1999, p.296) –, uma teoria-T cujos axiomas para predicados e quantificadores assumam a forma

(15) $(\forall s)(s$ satisfaz $\_\_\_ \equiv \ldots s \ldots)$,

em que 's' assume sequências (infinitas) de objetos como valores. A "forma lógica" de uma sentença S pertencente a uma linguagem L é, para Davidson, a estrutura que se impõe a S durante a preparação de uma teoria-T aceitável para L como um todo. Trabalhos realizados em sintaxe e semântica da linguagem natural sugerem que não se irá muito longe com tentativas de construir teorias-T aceitáveis para o francês, inglês e demais línguas, a menos que se considere que as formas lógicas de certas sentenças codificam algo de muito parecido com estruturas de quantificador e variável que são conhecidas de linguagens formais, tais como do cálculo de predicados de primeira ordem. A exemplo, digamos, de Field (1972), uma maneira formalmente proveitosa de juntar nomes e variáveis (e outros termos singulares, se houver algum) numa teoria-T – uma variante de notação entre muitas outras maneiras e perfeitamente consoante com a abordagem de Davidson – é usar a noção de *referência-relativa-a-uma-sequência*, que se pode abreviar por *Ref*. Segundo essa explicação, o axioma para o nome "Santorin" é dado não por um simples axioma referencial como (Ax. 1), mas sim por (Ax. 1'):

(Ax. 1)   o referente de "Santorin" = Santorini
(Ax. 1') $(\forall s)(Ref$ ("Santorin", $s) =$ Santorini),

em que 's' assume sequências como valores. O propósito dessa relativização aparecerá em breve. O axioma (Ax. 1') é um axioma de "referência" tanto quanto o (Ax. 1): ele conecta um pedaço de linguagem a uma ou outra entidade, a algum pedaço do mundo. (Para facilitar a exposição, vamos deixar de lado nomes que supostamente não tenham referência, se é que existem dessas expressões.) Para Davidson, referência nada mais é do que esse emparelhamento – qualquer emparelhamento que funcione no que diga respeito à trabalhosa elaboração de teoremas-T. Não há a menor necessidade, segundo a explicação de Davidson, de fornecer uma *análise* da relação de referência.

Os axiomas para os verbos, as expressões adjetivais e os substantivos comuns poderiam tratar essas expressões como predicados, assim:

(Ax. 2') (∀s)(∀α)(s satisfaz ⌐α est volcanique¬ ≡ Ref (α, s) é vulcânico)

(Ax. 3') (∀s)(∀α)(∀β)(s satisfaz ⌐α aime β¬ ≡ Ref (α, s) ama Ref (β, s)),

em que "α" e "β" assumem termos singulares como valores (para facilitar a exposição, vamos deixar de lado os assim chamados predicados intensionais, como "faux").[17] Os axiomas para os conectivos sentenciais (verifuncionais) também estarão isentos de maiores complicações ("ϕ" e "ψ" assumem sentenças como valores):

(Ax. 4') (∀s)(∀ϕ)(∀ψ)(s satisfaz ⌐ϕ et ψ¬ ... s satisfaz ϕ e s satisfaz ψ).

Os axiomas para as variáveis individuais podem ser extraídos do seguinte esquema de axioma:

(Ax. 5') (∀s)(∀k)(Ref (⌐x_k¬, s) = s_k),

em que "k" assume números naturais como valores, e s_k é o k-ésimo elemento de s. A diferença entre um nome e uma variável, então, é que a Ref de um nome é constante de sequência a sequência – ver o (Ax. 1') anterior – ao passo que a Ref de uma variável depende da sequência em questão.[18] A utilidade dos axiomas que fluem do esquema de axioma (Ax. 5') está na interação deles com os axiomas para quantificadores. Se a quantificação em francês acabar sendo irrestrita

---

17 Como muito bem se sabe, existem dificuldades envolvidas em se fornecer uma análise de predicação dessas categorias que seja uniforme. Por ora, é lícito ignorar as diferenças entre essas categorias, já que essas diferenças não criam problemas que sejam diretamente pertinentes ao meu tema principal.

18 Não se deve confundir a distinção entre constante e variável com a distinção de Kripke (1980) entre rígido e não rígido: as variáveis (relativamente a sequências) são tão rígidas quanto os nomes.

e completamente analisável em termos dos quantificadores de primeira ordem $\forall$ e $\exists$ (uma proposta mais realista será considerada no seu devido tempo), então uma teoria-T para o francês consegue se virar com um axioma baseado em (Ax. 6′) ou o correlato universal dele:

(Ax. 6′) $(\forall s)(\forall k)(\forall \phi)(s$ satisfaz $\ulcorner(\exists x_k)\phi\urcorner \equiv$ existe no mínimo uma sequência que difere de s no máximo na k-ésima posição que satisfaz ϕ).

Uma sentença é verdadeira se e somente se ela for satisfeita por toda sequência. Supondo uma lógica de fundo adequada (por exemplo, a lógica de primeira ordem, extensional, mais identidade), conseguiríamos, então, provar teoremas-T como os seguintes:

(16) "Santorin est volcanique" é verdadeira $\equiv$ Santorini é vulcânica
(17) "Pierre mange quelque chose" é verdadeira $\equiv$ Pierre está comendo alguma coisa.[19]

Caso seja impossível construir uma teoria-T aceitável sem o emprego de "uma forma generalizada de referência" como a satisfação – ou uma variação notacional feita sob medida para termos singulares tal como Ref anterior – ou seja, sem axiomas que liguem pedaços de linguagem com outras entidades, diremos que essa noção é *teoricamente ineliminável*.

---

19 Para ser exato, conseguiríamos provar esses teoremas se (i) nós tivéssemos uma maquinaria modesta de tradução que eliminasse menção a sequências dos lados direitos dos teoremas-T por sentenças quantificadas, e (ii) tratássemos 'Ref ("Santorin", s)' ou como (a) uma descrição definida russelliana ('o referente de "Santorin" relativamente a s') e, por isso, como um dispositivo de quantificação definível em primeira ordem, ou como (b) um termo singular complexo formado a partir de um termo singular e uma expressão funcional. Caso o método (a) seja escolhido, as provas farão uso de *14.15 de Whitehead e Russell, uma regra de inferência derivada para contextos extensionais, em vez de aplicações diretas do PSTS (ver os capítulos 4 e 7). Caso o método escolhido seja (b), deve-se selecionar uma variante da lógica de primeira ordem com funtores. Acredito existirem motivos para preferir o método (a).

De acordo com Davidson, aceitar que referência (em uma ou outra forma) seja teoricamente inelimináve não significa aceitar que *um conjunto de axiomas de referência em particular* seja ineliminável. Na verdade, a posição de Davidson é que qualquer conjunto aceitável X de axiomas pertencentes a teorias-T possa ser transformado em outro conjunto aceitável Y que contenha, como subconjunto, um conjunto de axiomas de referência bem diferentes dos contidos em X. É claro que os axiomas de predicados também seriam diferentes; porém, os axiomas para as constantes lógicas permaneceriam fixos (na verdade, segundo a explicação de Davidson, eles *devem* permanecer fixos a fim de preservar as relações inferenciais de primeira ordem).[20] A razão por que os axiomas de referência e de predicação podem ser transformados em outros é que uma axiomatização específica é testada apenas por seus teoremas-T, isto é, pelo que ela fornece no plano das sentenças inteiras. Portanto, a noção de referência empregada por Davidson é filosoficamente enxuta em dois sentidos: (i) nenhum conjunto de axiomas de referência é privilegiado em particular; (ii) dizer que "Santorin" se refere a Santorini é dizer tão somente que há uma axiomatização bem-sucedida que conta com o (Ax. 1') entre os seus axiomas – ou alguma variação notacional que ligue "Santorin" e Santorini.

É preciso fazer duas observações quanto a isso. Em primeiro lugar, como Davidson salienta frequentemente, o fato de que uma teoria-T aceitável possa fazer uma atribuição "não natural" de objetos a palavras individuais não afeta a ontologia global com a qual a linguagem tenha assumido um compromisso. (Claro, nenhuma atribuição *bem-sucedida* é realmente "não natural" na explicação de Davidson). Em segundo lugar, recurso algum a modos de apresentação, cadeias causais, pacotes de informação ou intenciona-

---

20 É discutível se as teorias-T aceitáveis para línguas que contenham descrições russellianas juntamente com palavras como 'necessariamente' e 'possivelmente' permitem permutações de referência desse tipo sem maiores complicações que as que Davidson tem em mente. Isso não importa para nossas preocupações presentes.

lidade é necessário para caracterizar a noção teórica de referência que Davidson emprega. Como Rorty (1986) observa, para Davidson, "qualquer 'teoria da verdade' que analise a relação entre pedacinhos de linguagem e pedacinhos de não linguagem já está no caminho errado" (p.333).

Existe uma diferença crucial entre os axiomas de referência e os axiomas de predicados num teoria-T bem-sucedida. Aqueles atribuem entidades particulares (indivíduos) como o valor semântico (referência ou aquilo que satisfaz) a expressões; estes não fazem semelhante coisa (embora ainda possam *ter* entidades que satisfaçam). Isso é importante. De acordo com a abordagem de Davidson, visto que os axiomas de referência são teoricamente inelimináveis, devemos aceitar as entidades que esses axiomas especificam a título de entidades que satisfazem os nossos termos singulares, muito embora não tenhamos de considerar privilegiada qualquer função de satisfação em particular. Axiomas de predicado não mobilizam nenhuma nova entidade: a única noção que eles usam semântica e ontologicamente importante é a satisfação, e as entidades que satisfazem as expressões são apenas sequências de objetos. Por hipótese, uma axiomatização bem-sucedida concebe termos singulares como *representando* (ou como sendo *satisfeitos por*) objetos e concebe sentenças como sendo satisfeitas por sequências de objetos. Daí o "realismo" de Davidson sobre "os objetos habituais, cujas traquinagens tornam nossas sentenças e opiniões verdadeiras ou falsas" (1984, p.198). (Acerca da palavra "realismo", ver abaixo.)

Davidson extrai uma ontologia de objetos diretamente de uma teoria-T aceitável dado o modo (normal e natural) pelo qual ele vê os axiomas para termos singulares e predicados: uma teoria adequada da verdade exigirá não apenas axiomas de satisfação, mas axiomas de satisfação que relacionem pedacinhos de linguagem com *objetos*. Na opinião dele, o trabalho de Tarski

> torna evidente... que, para uma linguagem que tenha algo de semelhante ao poder de expressão de uma língua natural, não se consegue caracterizar a classe de sentenças verdadeiras sem que se introduza

uma relação como satisfação, que liga palavras (termos singulares, predicados) a objetos. (1990, p.296)

... não há como chegar a uma teoria [da verdade] sem empregar um conceito como referência ou satisfação que relacione expressões com objetos no mundo. (1990, p.302)[21]

Os eventos – que Davidson concebe como entidades particulares que não podem se repetir – ocupam um lugar junto aos objetos, pois uma axiomatização bem-sucedida terá de lidar com sentenças que envolvam quantificação sobre eventos, por exemplo, (18) e (19):

(18) Houve um incêndio e houve um curto-circuito
$\exists x(\text{incêndio } x \cdot \exists y(\text{curto-circuito } y))$
(19) Houve um incêndio porque houve um curto-circuito
$\exists x(\text{incêndio } x \cdot \exists y(\text{curto-circuito } y \cdot y \text{ causou } x))$.

As sentenças que contêm verbos de ação e advérbios ("João saiu rapidamente") e as que contêm infinitivos isolados ("João viu Maria sair") também parecem exigir quantificação sobre eventos.[22]

---

21 Há margem para divergências substanciais aqui. Colin McGinn, por exemplo, defendeu (num curso que ministramos juntos) que, sem comprometer a aceitabilidade de uma teoria-T, é possível inverter as relações referenciais envolvidas nos axiomas para termos e predicados, de modo que os predicados tenham axiomas que os tratem como se referindo a *propriedades*, ao passo que os termos singulares recebem axiomas estruturalmente mais próximos aos que são comumente usados para predicados. McGinn certamente tem razão em dizer que a possibilidade de tal inversão, caso ela seja sistemática, impossibilita a ideia de Davidson de extrair, sem ambiguidades, uma ontologia de uma semântica. Contudo, não está claro para mim se uma inversão sistemática e aceitável pode ser efetuada, uma vez que se introduzam predicados de dois lugares, quantificadores, advérbios e verbos de atitude proposicional. Uma dose considerável de engenhosidade será necessária para que tal inversão tenha êxito (se é que ela pode tê-lo), e o próprio grau de engenhosidade talvez dê um motivo para Davidson pôr em dúvida a utilidade dessa axiomatização, dadas outras características da filosofia dele, em especial suas ideias sobre interpretação radical.
22 Ver Davidson (1980) e Higginbotham (1983).

Além de afirmar que precisaremos emparelhar pedacinhos de linguagem com *objetos* e *eventos* para construir uma teoria-T aceitável, Davidson sugere que, se a necessidade de postular uma determinada categoria ontológica não surgir na construção dessa teoria, então essa necessidade não pode surgir em absoluto. (Claro, as categorias linguísticas e entidades que pertencem à teoria de conjuntos, como sequências, são postuladas pela metalinguagem.) A ideia atrás dessa sugestão parece ser (*grosso modo*) a seguinte (embora, para dizer a verdade, eu não a tenha encontrado formulada exatamente desta maneira em parte alguma da obra de Davidson): uma teoria-T aceitável para L fornece um teorema verdadeiro, na forma exigida, para *toda* sentença de L; portanto, não há nada que se possa dizer em L que exceda a ontologia revelada por essa teoria; por conseguinte, não é preciso tornar inteligíveis categorias ontológicas que a construção de uma semântica viável não nos imponha.[23] (Seria possível objetar que, quando se faz semântica, só é possível recorrer a entidades que acreditávamos existir, e que, portanto, uma teoria semântica não nos oferece uma compreensão ontológica maior do que nos propicia a reflexão que fazemos normalmente sobre o pensamento e a linguagem. No entanto, essa objeção não percebe que uma semântica adequada é *sistemática* de um jeito que a reflexão que se faz normalmente não o é.)

Uma questão interessante que ficou em aberto diz respeito a teorias-T que sejam concorrentes e que tenham ontologias diferentes. Caso ϑ_1 postule As, Bs e Cs, ao passo que ϑ_2 postule apenas As e Bs, então, se ambas forem teorias-T aceitáveis para L, temos um motivo para postular só As e Bs. Nesse caso, nossa ontologia é dada pela interseção das coisas postuladas pelas teorias concorrentes. Mas e

---

23 Rovane (1984) defende que os compromissos ontológicos são, ao que parece, assumidos *antes* da construção de uma teoria do significado – ao menos se a teoria for caracterizada da maneira imaginada por Davidson – pois a própria articulação das condições que uma teoria tem de satisfazer a fim de preencher os requisitos para uma teoria do significado (ver acima) envolve esses compromissos.

se ϑ_2 só postulasse Bs e Cs? Talvez seja improvável que jamais nos achemos nessa situação (é improvável que encontremos até mesmo *uma* única teoria-T que dê conta de todos os dados), mas a questão é, ainda assim, de interesse filosófico se levarmos a sério a ideia de que uma ontologia flua de uma semântica do jeito que Davidson sugere. É de supor que Davidson prefira uma teoria que postule objetos e eventos a uma que postule, por exemplo, eventos e propriedades, pelas razões de que (i) as condições de identidade são mais claras para objetos e eventos do que para propriedades e que (ii) as melhores teorias da natureza que temos e as formulações mais convincentes que fazemos de problemas filosóficos tradicionais que digam respeito a, por exemplo, causação, tempo, mudança, ação humana e o problema da relação entre a mente e o corpo parecem pressupor a existência de objetos e eventos. Ao fim a que me propus não há a menor necessidade de dar continuidade a essa matéria.

2.4 Contexto e outras complicações

Em tese, algumas formas de complexidade semântica, que ignoramos até o momento, poderiam ter alguma ligação com a ontologia de uma teoria-T aceitável e com a forma definitiva desta. Davidson considera que uma ontologia de objetos e eventos asseada flui de tal teoria: não há fatos, não há situações, não há estados de coisas, não há proposições e não há propriedades, pois (até agora) não vimos a menor necessidade de postulá-los. Davidson não pretende ter uma *prova* de que nós apenas precisamos de objetos e eventos; ele está, na realidade, propondo um desafio: "Apresente-me sentenças que pareçam exigir mais do que objetos e eventos, e eu consigo mostrar, creio, que bastam objetos e eventos". Diversas características da linguagem natural poderiam sugerir que Davidson precisa de mais do que isso, e vale a pena indicar algumas das manobras disponíveis para o semanticista davidsoniano que estiver lidando com características da linguagem natural que pareçam criar complexidade.

Axiomas da teoria-T para "eu", "nós", "você", "ele", "ela", "eles", "isso", "aquilo", "estes", "aqueles", "ontem", "hoje", "amanhã", "aqui", "ali", "local", "distante", "agora", "naquela época", "mais cedo", "mais tarde", "recente", "até agora", "de agora em diante", "presente", "atual", "precedente", "duradouro", "contemporâneo", "prévio", "anterior", "próximo", "subsequente" e para, sem dúvida, muitas outras palavras, devem levar em conta características contextuais de um ou outro tipo. Tendo isso em vista, o davidsoniano naturalmente vai tratar a verdade como uma propriedade, não de sentenças, mas de proferimentos ou sentenças relativas a proferimentos ou a contextos. Espera-se que nada surja de ontologicamente importante, já que é possível conceber um proferimento como um evento ou como um par de evento mais objeto, e é possível conceber um contexto como uma espécie de n-tuplo de objetos ou eventos. Por exemplo, se a verdade for tida por uma propriedade dos proferimentos, então, simplificando um pouco, seria possível reescrever axiomas, como na amostra a seguir, usando predicados semânticos da metalinguagem que aceitem um parâmetro para um evento de proferimento e, o que nos dá, por exemplo, (20) para "Santorini" e (21) para "eu" (de agora em diante, considerarei que a linguagem-objeto é o português em vez do francês):

(20) $\forall s \forall e (Ref(\text{"Santorini"}, s, e) = \text{Santorini})$
(21) $\forall s \forall e (Ref(\text{"eu"}, s, e) = e_u)$,

em que e_u é o proferidor, a pessoa que produz o proferimento (por exemplo, o falante ou escritor).[24] Seria possível alegar que Davidson precisa de mais do que objetos e eventos para implementar essa ideia; porém, não estou ciente de nenhum bom argumento nesse sentido.

Uma dificuldade que precisa ser enfrentada em algum momento é determinar precisamente os recursos necessários para derivar

---

24 Para tratamentos mais sofisticados de indexicais, ver, por exemplo, Burge (1974), Higginbotham (1988), Larson e Segal (1995), Taylor (1980) e Weinstein (1974).

teoremas-T para sentenças com indexicais. Outra tem a ver com até que ponto os teoremas-T para essas sentenças são *interpretativos* no sentido discutido anteriormente. Lidar com essas dificuldades significa ressuscitar questões sobre a delimitação das teorias-T que possam servir de teorias do significado, especialmente se a ideia de um procedimento de prova canônico tiver algum papel a desempenhar.

Seria possível achar que uma sentença como (22) apresenta um desafio interessante para Davidson por parecer envolver quantificação sobre cores, concebidas como *propriedades*:

(22) Esta é a mesma cor que aquela.

Contudo, como Davidson (1999c, p.88-9) salientou, precisamos distinguir duas afirmações: (i) que o papel de predicados numa teoria do significado consiste em representar propriedades; (ii) que uma teoria-T interpretativa exigirá, em algum momento, uma ontologia de propriedades. Davidson rejeita (i), que ele associa a Russell e outros. Mas a rejeição de (i) não precisa envolver a rejeição de (ii).[25] Caso não houver, afinal de contas, outro jeito de explicar o lugar que (22) ocupa no interior de uma linguagem sem que se postulem propriedades, então que assim seja, diz Davidson, contanto que propriedades sejam tidas por *abstracta*. Nesse ínterim, ele está perfeitamente justificado em explorar se não é possível que (22) e sentenças afins evitem o recurso a propriedades quando as formas lógicas daquelas estiverem devidamente reveladas.

Um teoria-T aceitável para o português deve ser capaz de lidar com sentenças que contenham expressões modais como 'necessaria-

---

25 A importância da forma geral dessa distinção no pensamento de Davidson sobre a relação entre significado e ontologia foi notada, ao que parece desde o começo, por Rovane (1984), que observa que, quando se trata de extrair uma ontologia de uma teoria do significado, "A suposição é de que as características *abrangentes e constantes* da linguagem que emergiriam de qualquer teoria do significado correspondem a, refletem, ou, de certo modo, estimam certas características abrangentes da realidade" (p.417; ênfase minha).

mente' e 'possivelmente'. Será que isso vai exigir uma ontologia de "mundos possíveis"? Ou será que o uso de conectivos não extensionais que sejam sensíveis ao que sentenças representam exigirá uma ontologia de entidades que sejam individualizadas de maneira mais fina do que valores de verdade? Se os axiomas de uma teoria da verdade são modalizados, pode-se usar uma lógica de fundo mais rica (uma lógica modal conveniente) para derivar teoremas-T na forma exigida, tratando, ao mesmo tempo, advérbios modais como conectivos sentenciais não extensionais. Mas Davidson não tem muito tempo para esse tipo de discussão e, à exemplo de Quine, defendeu ser possível usar um argumento-estilingue para demonstrar a impossibilidade de conectivos não extensionais que tenham alguma utilidade. Se, por outro lado, os axiomas da teoria-T ficarem como estão, será necessário, ao que parece, admitir que os quantificadores atuem sobre algo semelhante a mundos. Uma pergunta que então surge é a de saber, como sugerido por muitos, se o melhor caminho para entender o que sejam mundos envolve tomá-los por fatos bem grandes, enormes situações ou estados de coisas, ou por conjuntos bem grandes de proposições. Acredito existir bons motivos para achar que é possível realizar todo o trabalho usando só modelos; se isso estiver correto, a linguagem das modalidades ameaça o projeto de Davidson bem menos do que muitos acham.[26]

Sabe-se que a quantificação, na linguagem *natural*, é mais complexa do que o correlato dela em linguagens-padrão de primeira ordem. No entanto, trabalhos em linguística gerativa e lógica matemática trouxeram à luz métodos elegantes para estender as ideias perspicazes de Tarski de modo a se fornecerem teorias-T para fragmentos quantificados de línguas naturais e tornar precisa, ao mesmo tempo, a relação entre a forma gramatical de superfície de uma sentença e a sua forma lógica. Não precisamos nos preocupar com muitos dos detalhes aqui. Basta dizer que sintagmas nominais como "alguns homens", "nenhum fazendeiro", "o rei", "a maioria dos soldados altos" etc. podem ser considerados quantificadores

---

26 Trata-se de algo que exploro em *Possibilities*.

restritos que são compostos por determinantes quantificacionais ("algum", "nenhum", "o", "a maioria de" etc.), unidos a substantivos simples ou complexos ("homem", "homem alto" etc.). Axiomas como os seguintes (ver o Capítulo 4) fazem tudo funcionar muito tranquilamente:

(23) $(\forall s)(\forall k)(\forall \phi)(\forall \psi)(s$ satisfaz $\ulcorner[algum\ x_k : \phi]\ \psi \urcorner \equiv$ alguma sequência que satisfaz ϕ e que difere de s no máximo na k-ésima posição também satisfaz ψ)

(24) $(\forall s)(\forall k)(\forall \phi)(\forall \psi)(s$ satisfaz $\ulcorner[a\ maioria\ de\ x_k : \phi]\ \psi \urcorner \equiv$ a maioria das sequências que satisfazem ϕ e que diferem de s no máximo na k-ésima posição também satisfazem ψ).

Não é necessário colocar, nos lados direitos de (23) e (24), nenhuma maquinaria de ordem declaradamente superior ou da teoria de conjuntos: eles têm a mesma forma que os axiomas para os quantificadores irrestritos tradicionais *modulo* a restrição pertinente quanto à satisfação de ϕ.

Uma complicação adicional da linguagem natural é a existência de relações anafóricas entre expressões que não podem ser tratadas em termos de correferência ou de ligação padronizada de variáveis (por exemplo, estas presentes em "Se um homem possui um burro, ele o vacina", "Muitos homens que possuem burros os alimentam com feno", ou "Todo piloto que atirou nele acertou o MiG que o estava perseguindo"). Em outra oportunidade, defendi com pormenores que os fatos da semântica ficam muito mais simples do que normalmente se espera quando uma teoria sintática apropriada faz parte do jogo; que as condições de verdade de sentenças que envolvem essas ligações são derivadas sistematicamente uma vez aceito que alguns pronomes são referências enquanto outros são quantificacionais – tal como acontece com os sintagmas nominais que não são pronominais – e que não se quantifica sobre nenhuma entidade nova.[27] Se isso estiver correto, assim como não há nada de semanticamente

---

27 Ver Neale (1990, capítulos 5 e 6; 1993b, no prelo).

importante na anáfora, também não há nada de ontologicamente importante nessa noção.

Finalmente, como era de se esperar, há também as atribuições de atitude proposicional ("Pierre acredita que Santorini é vulcânica", "Maria duvida que Cícero seja Túlio"). Como se sabe, Davidson (1984) propôs uma teoria paratática com o objetivo de evitar falar de proposições ao enfocar de novo nos atos de proferimentos. Não sinto qualquer necessidade de comentar a proposta aqui, exceto para dizer que é amplamente aceito que ela esteja cercada de dificuldades (assim como qualquer outra teoria de atribuições de atitude proposicional).[28]

2.5 Fatos e correspondência

Caso viéssemos a descobrir que, para chegar a uma teoria do significado, seria preciso que as variáveis assumissem como valor, digamos, *fatos* ou *situações*, então, segundo Davidson, os fatos ou as situações também seriam parte da nossa ontologia. Mas Davidson sugere (i) que essa necessidade não se fará presente e (ii) que entidades como fatos e situações (no entendimento mais comum que se tem delas) são eliminadas de maneira independente, como se consegue demonstrar com um argumento-estilingue.

(i) Entre as sentenças do tipo que poderia instigar alguém a postular fatos, estão estas:

(25)   O fato de que houve um curto-circuito fez com que seja o caso que houve um incêndio
(26)   Houve um incêndio porque houve um curto-circuito.

A ideia que se faz é que (25) e (26) expressam relações causais entre dois fatos. Mas Davidson defende que essas sentenças não fazem nada mais que expressar uma relação entre eventos, e que (27) dá a forma lógica de ambas:

---

28 Ver, por exemplo, Burge (1986a) e Schiffer (1987).

(27) $\exists x(\text{incêndio } x \bullet \exists y(\text{curto-circuito } y \bullet y \text{ causou } x))$.²⁹

(ii) Davidson (1984, 1990, 1996) defendeu ser impossível que os fatos tenham qualquer importância para nós por causa dos argumentos-estilingue:

> jamais se mostrou que os fatos ou os estados de coisas tenham um papel a desempenhar em semântica com alguma utilidade. [...] O que não surpreende, uma vez que existe um argumento convincente, que normalmente remonta a Frege (em uma forma) ou a Kurt Gödel (em outra), no sentido de que é possível haver, no máximo, um fato. (1996, p.266)

Uma das coisas que demonstrarei a seguir é que, na realidade, as diversas formas de argumento-estilingue não *eliminam* os fatos, embora elas imponham restrições bem precisas sobre a aparência que as teorias dos fatos devem ter, restrições que muitas teorias não satisfazem. Como veremos, a Teoria dos Fatos de Russell é aprovada (supondo a sua Teoria das Descrições e uma disposição favorável à admissão de que universais sejam componentes dos fatos), mas muitas outras teorias são reprovadas.

Vamos chamar qualquer teoria de acordo com a qual sentenças verdadeiras representem ou correspondam a fatos – concebidos como entidades não linguísticas – de teoria da "correspondência sentencial". E vamos chamar qualquer teoria da correspondência sentencial que considere que os *integrantes* de sentenças verdadeiras correspondam aos *componentes* dos fatos – por exemplo, objetos, propriedades e relações – de teoria da "correspondência estrutural".

---

29 Um caso mais difícil para Davidson seria o seguinte:

(i)   O fato de a Maria ter ido embora da festa do Gui não o aborreceu; mas o fato de ela ter ido embora tão repentinamente, sim.

Seguramente, Davidson tem razão em dizer que eventos, exatamente como objetos, podem ser descritos de inúmeras maneiras. Mas, se a saída da Maria foi a saída repentina da Maria, então como é possível que (i) seja verdadeira se o que aborreceu o Gui foi um único evento?

Russell apresenta uma teoria dos fatos que envolve correspondência estrutural. Por sua vez, Austin (1950, 1954) defende a inteligibilidade de uma teoria da correspondência que não pressupõe correspondência estrutural. Segundo Austin, nas palavras dele, "não há a menor necessidade, seja qual for, de que as palavras usadas para se fazer uma afirmativa verdadeira 'espelhem' de algum modo, mesmo que indireto, qualquer característica, seja qual for, da situação ou do evento" (1950, p.125). Existem, de fato, palavras em português que representam certas coisas no mundo; mas, diz Austin, não se trata de uma característica indispensável das línguas que podem ser usadas para fazer afirmativas verdadeiras. A teoria de Austin – que examinarei mais adiante – não é, portanto, uma teoria da correspondência estrutural porque a estrutura de uma afirmativa verdadeira não reflete a estrutura de um fato a que ela corresponda.

Desde os seus trabalhos mais antigos sobre verdade e significado da década de sessenta até seus artigos mais recentes, Davidson se opõe consistentemente à ideia de correspondência sentencial. Contudo, é verdade que, em "True to the Facts" (1969), ele chamou uma teoria-T à moda de Tarski de uma teoria da correspondência; no entanto, ele, ao mesmo tempo, contestou os fatos ao fornecer um argumento-estilingue que mostra, segundo se crê, que todos os fatos, se é que eles existem, entram em colapso e se dissolvem num único Grande Fato. O que talvez pareça estranho: se não há fatos, sentenças verdadeiras correspondem a quê? A tensão é apenas verbal e é completamente resolvida em trabalhos posteriores. Em seu prefácio a *Inquiries into Truth and Interpretation*, Davidson salienta que teorias-T são teorias da correspondência apenas no sentido despretensioso de que o mecanismo interno delas "exige que uma relação entre entidades e expressões seja especificada ('satisfação')" (1984, p.xv), mas não no sentido de que elas pressupõem quaisquer entidades (fatos) a que sentenças verdadeiras correspondam. Uma teoria-T foi chamada de uma teoria da correspondência em 1969 por causa dos papéis que (sequências de) *objetos* e *eventos* desempenham: vê-se a correspondência à espreita nos axiomas, via referência e satisfação, mas não nos teoremas-T (mediante os quais a teoria é avaliada).

No artigo de 1990, "The Structure and Content of Truth", Davidson é bem direto: foi um erro (verbal) chamar as teorias-T de teorias da correspondência (p.302), um motivo de arrependimento (p.304). O máximo que se quis dizer é que "não há como chegar a uma tal teoria sem empregar um conceito como referência ou satisfação, que relacione expressões com objetos no mundo" (p.302). Trata-se de correspondência unicamente num sentido que Davidson, hoje, tem por "artificial":

> A verdade é definida com base na satisfação: uma sentença da linguagem-objeto é verdadeira se e somente se ela é satisfeita por toda sequência dos objetos que as variáveis da linguagem objeto assumem como valor. Considere "corresponde a" como "satisfaz" e, então, você terá definido verdade como correspondência. A estranheza da ideia fica evidente a partir da natureza contraintuitiva e artificial das entidades a que sentenças "correspondem" e do fato de que todas as sentenças verdadeiras corresponderiam às mesmas entidades. (1990, p.302, n.36)[30]

Ainda mais recentemente:

> As sequências que satisfazem sentenças de modo algum são como os "fatos" ou "estados de coisas" dos teóricos da correspondência [sentencial],* visto que, se uma das sequências de Tarski satisfizer uma sentença fechada, deste modo a tornando verdadeira, então essa mesma sequência também satisfaz todas as outras sentenças verdadeiras e, por conseguinte, também as torna verdadeiras. Se uma sequência qualquer satisfizer uma sentença fechada, toda sequência o faz. (1996, p.268)

Nesse caso, a implicação é que, se a ideia de que sequências funcionam como "fazedoras de verdade" fizer algum sentido, visto que toda sentença verdadeira é satisfeita por toda sequência, sequências são menos como fatos do que como o mundo (o Grande Fato).

---

30 Ver também Davidson (1984, p.48 e 70).
* Inserção de Neale. (N. T.)

Portanto, devemos ser cautelosos em distinguir o sentido "despretensioso" ou "artificial" de "correspondência" (associado à discussão de satisfação de fórmulas por sequências de objetos) do sentido usado na caracterização de teorias que recorrem a entidades (por exemplo, fatos, situações, estado de coisas ou proposições) a que *sentenças* correspondem. Guiados por Davidson, vamos reservar o rótulo "teoria da correspondência" para teorias da correspondência sentencial. O traço distintivo de uma teoria da verdade como correspondência é a ideia de que uma sentença (ou afirmativa) é verdadeira se houver algum fato determinado (estado de coisas, situação ou outra entidade não linguística) a que a sentença, se verdadeira, corresponda. (Algumas teorias da correspondência – como a de Russell – envolverão também correspondência estrutural entre integrantes de sentenças e componentes dos fatos; porém, não se trata de uma característica essencial de teorias da correspondência.)

Não é preciso compartilhar da perspectiva de Davidson sobre semântica para ver pouco propósito em postular fatos como fazedores de verdade. Strawson (1950a), Quine (1960) e Geach (1972) veem o recurso dos filósofos aos fatos como parasitário de sintagmas nominais de forma "o fato de que ϕ", sendo que, em algumas passagens, mostraram desdém quanto a tais entidades. E seguindo os moldes sugeridos por Frege em "O Pensamento" (1919), Brandom (1994) e Hornsby (1996) defenderam que a única aplicação útil das palavras 'fato' e 'factual' é a pensamentos (ou afirmativas) que sejam verdadeiros.

Geach considera que a postulação dos fatos é uma evolução relativamente recente e oferece a seguinte explicação:

> Fatos passaram a ser incluídos entre as entidades no mundo do filósofo somente depois que, como uma praga e em grande medida por causa do jornalismo, a construção por meio da qual "o fato" ou seu sinônimo em outra língua se justapõe a uma oração em discurso indireto se espalhou de uma língua europeia para outra. Isso ocorreu na virada do último século; somente então filósofos passaram a postular fatos como entidades individuais correspondentes às expressões assim

formadas. Uma vez formulada, a filosofia dos fatos floresceu vigorosamente, especialmente em Cambridge. (1972, p.21-2)[31]

Numa discussão sobre os *entia non grata*, Quine (1960, p.246-8) sugere que o uso do substantivo "fato" não exige mais entidades às quais se referir do que exigem os substantivos "intento" e "milha". Além disso, diz Quine, considerações impensadas acerca da maneira como "fato" é usado parecem conferir um ar espúrio de inteligibilidade à distinção entre analítico e sintético: uma sentença é analítica se e somente se for verdadeira e não tiver conteúdo factual. Quine também oferece argumentos contra os fatos serem objetos concretos e contra explicar a verdade por meio da ideia de que fatos são aquilo que tornam verdadeiras as sentenças verdadeiras. Se verdadeira, as sentenças "A Quinta Avenida tem seis milhas de comprimento" e "A Quinta Avenida tem cem pés de largura" afirmam fatos distintos, "porém, o único objeto concreto ou, ao menos, físico envolvido é a Quinta Avenida" (p.247). E as duas sentenças são verdadeiras "por causa da Quinta Avenida, porque ela tem cem pés de largura e seis milhas de comprimento... por causa da maneira como usamos nossas palavras". A palavra "fato", diz Quine, em todos os seus usos, pode ser eliminada por paráfrase ou tratada de alguma outra maneira que evite postular entidades a que ela se refira.

Em resposta ao artigo de Austin (1950), "Truth", Strawson (1950a) diz que, apesar de que certas partes de uma afirmativa possam se referir ou corresponder a partes do mundo,

---

[31] Olson (1987) sugere que não é possível que isso esteja de todo certo porque Mill, Bradley e Peirce mencionam fatos antes dos atomistas Russell e Wittgenstein, antes de Moore e Ramsey e antes de expressões como "o fato de que ϕ" tivessem se consolidado. De acordo com Olson, é preciso buscar uma explicação mais fundamental para o aparecimento dos fatos, e ele afirma que Mill, Bradley e Peirce tinham fatos por indispensáveis para entender *relações*; por isso Russell menciona relações ao motivar fatos. Suspeito que Olson esteja equivocado quanto a Bradley, mas certamente tem razão ao afirmar que Russell e Wittgenstein foram induzidos por ponderações acerca de relações.

é evidente que não há, no mundo, nada mais com que a própria afirmativa tenha alguma relação... E é evidente que a demanda de que deva existir tal *relatum* é logicamente absurda... Mas a demanda por algo no mundo *que torne a afirmativa verdadeira* (palavras do senhor Austin) ou *a que a afirmativa corresponda quando verdadeira* é exatamente essa demanda. (1950a, p.194-5)

Davidson (1990, p.303-4) cita essa passagem com aprovação e endossa a afirmação de Strawson de que "embora certamente digamos que uma afirmativa corresponde a (se adequa a, corrobora ou concorda com) os fatos", trata-se meramente de "uma variação do modo de dizer que ela é verdadeira" (p.304).[32] "Não há nada de interessante ou instrutivo a que sentenças verdadeiras poderiam corresponder" (p.303). Se as palavras de Davidson "nada de interessante ou instrutivo" forem lidas como "nada de potencialmente explanatório quanto à verdade", então Brandom (1994) e Hornsby (1996) concordam com elas ao endossarem a posição de Frege de que fatos são apenas pensamentos (ou afirmações) que são verdadeiros. (Brandom considera que essa posição se apoia no fato de habitualmente se dizer que fatos são *sobre* objetos ao invés de *conterem* ou *consistirem em* objetos (p.622), uma observação que poderia impressionar tanto Austin quanto Strawson.)[33]

Mais do que simplesmente concordar com Strawson sobre esse tópico, Davidson apresenta um argumento lógico-semântico de colapso, cujo objetivo é mostrar que existe, no máximo, um fato a que sentenças verdadeiras correspondem: "se tentarmos fornecer uma semântica séria para a referência a fatos, descobrimos que eles se resumem a um; não há como distingui-los" (2000, p.66).

---

32 A posição exata de Strawson quanto a fatos parece ser menos clara do que poderia ser sugerido por essas observações tomadas isoladamente. Ele diz que fatos não são entidades no mundo e também que eles são "pseudo-materiais". Searle (1998) discute proficuamente algumas das dificuldades em se recompor, no que concerne a fatos, a posição geral de Strawson e o que ela acarreta.

33 Aune (1985) faz a mesma observação.

2.6 O Grande Fato

O argumento explícito de Davidson contra os fatos é uma variação de um argumento que foi usado pela primeira vez por Church (1943b, 1956) contra a ideia de Carnap de que as sentenças representam proposições.[34] A afirmação específica de Davidson é a seguinte: "partindo da suposição de que não é possível fazer uma sentença verdadeira corresponder a algo diferente com a substituição de termos singulares correferenciais ou com a substituição de sentenças logicamente equivalentes, é fácil mostrar que, se as sentenças verdadeiras correspondem a alguma coisa, então elas correspondem todas à mesma coisa" (1990, p.303).[35] Isso simplesmente resume uma afirmação feita em "True to the Facts" (1969), e para mais detalhes Davidson (corretamente) remete o leitor a esse trabalho. A fim de facilitar as coisas, em "True to the Facts", ele

---

34 Church considera que o argumento se origina com Frege. No Capítulo 3, discuto até que ponto algo próximo a esse argumento pode ser encontrado na obra de Frege.

35 Davidson considera que C. I. Lewis (1923) foi levado à mesma conclusão por um caminho diferente: Lewis, diz ele, "desafiou os teóricos da correspondência a *localizar* o fato ou a parte da realidade ou do mundo a que uma sentença verdadeira correspondia" e, na ausência de uma resposta plausível, concluiu que "se sentenças correspondem a alguma coisa, deve ser ao universo como um todo" e, consequentemente, que "todas as sentenças verdadeiras correspondem à mesma coisa" (1990, p.303). Manning (1998) considera a menção a Lewis uma faca de dois gumes: o mundo todo seria a *denotação* de uma sentença verdadeira, mas, além de sua denotação (que é apenas sua extensão), a uma expressão também se atribui uma *significação* no sistema de Lewis (1994), sendo que a significação de uma sentença é um estado de coisas. Na sua resposta divertida a Baylis (1968), Lewis (1968) minimiza o uso que ele fez da palavra "fato" no artigo de 1923, observando que se trata de "uma das palavras mais traiçoeiras de qualquer língua", e anuncia "a teoria dos fatos de Lewis na sua forma final e oficial. Um fato é um estado de coisas real. Porém, 'fato' é um termo criptorrelativo, como 'paisagem'. Uma paisagem é um terreno, mas um terreno enquanto suscetível de ser visto pelos olhos. E um fato é um estado de coisas, mas um estado de coisas enquanto suscetível de ser conhecido por uma mente e afirmado por uma sentença" (1968, p.660).

nos pede para pensar em situações em que afirmativas com a seguinte forma são o caso:

(28)   a afirmativa de que p corresponde ao fato de que q.

Segue sua resposta:

> Certamente, quando "p" e "q" são substituídos pela mesma sentença, a seguir, as dificuldades aparecem. A afirmativa de que Nápoles está mais ao norte do que Red Bluff corresponde ao fato de que Nápoles está mais ao norte do que Red Bluff, mas também, ao que parece, ao fato de que Red Bluff está mais ao sul do que Nápoles (talvez se trate do mesmo fato). Também ao fato de que Red Bluff está mais ao sul do que a maior cidade italiana a trinta milhas de Ísquia. Quando ponderamos que Nápoles é a cidade que satisfaz a seguinte descrição: é a maior cidade a trinta milhas de Ísquia e uma cidade tal que Londres fica na Inglaterra, começamos, então, a suspeitar que, se uma afirmativa corresponde a um fato, ela corresponde a todos. (1984, p.41-2)

O próximo passo de Davidson envolve dois princípios "implícitos" na linha de raciocínio anterior: "se uma afirmativa corresponde ao fato descrito por uma expressão de forma 'o fato de que p', então ela corresponde ao fato descrito por 'o fato de que q', contanto que (1) as sentenças que substituem 'p' e 'q' sejam logicamente equivalentes ou que (2) a única diferença entre 'p' e 'q' seja a substituição de um termo singular por outro termo singular coextensivo" (1984, p.42). Davidson parece considerar que essas duas suposições incorporam máximas tradicionais e intuitivas sobre os fatos, máximas que muitos dos partidários dos fatos estariam dispostos a aceitar. Como diz Taylor (1980) com perspicácia, essas suposições parecem incorporar a ideia de que "sentenças tão intimamente relacionadas a ponto de compartilharem um valor de verdade de maneira assegurada tão somente pela lógica não possam diferir quanto às entidades relevantes para sua verdade" (p.30) e, por isso, sentenças devam descrever, corresponder a ou representar o mesmo fato. (Uma leitura rápida da Teoria dos Fatos de Russell (1918) e da discussão de Gödel (1944) revela que ambos acreditavam que uma teoria dos fatos adequada deve implicar a segunda suposição; ver os capítulos 4 e 5.) Vamos chamá-las de Suposições 1 e 2 respectivamente.

Antes de examinar se os partidários dos fatos desejariam previamente negar uma ou outra dessas suposições – acredito que existem razões previamente boas para *alguns* teóricos dos fatos negarem a Suposição 2 – vamos seguir a linha de raciocínio de Davidson.

Uma vez admitidas as duas suposições, diz Davidson, a conclusão de que existe tão somente um fato não fica muito distante:

> Eis o argumento que o confirma. Consideremos que *p* abrevie uma sentença verdadeira qualquer. Então, certamente, a afirmativa de que *p* corresponde ao fato de que *p*. Mas podemos substituir o segundo "*p*" pela sentença logicamente equivalente "(o *x* tal que *x* é idêntico a Diógenes e *p*) é idêntico a (o *x* tal que *x* é idêntico a Diógenes)". Aplicando o princípio de que podemos substituir termos singulares coextensivos, podemos substituir "*p*" por "*q*" na última sentença citada, contanto que "*q*" seja verdadeira. Finalmente, revertendo o primeiro passo, conclui-se que a afirmativa de que *p* corresponde ao fato de que *q*, sendo "*p*" e "*q*" quaisquer sentenças verdadeiras. (1984, p.42)

A moral da história que se pode tirar disso tudo é que descrições definidas de forma "o fato de que tal e tal",

> se é que descrevem algo, descrevem a mesma coisa: o Grande Fato. Não há mais motivo para distinguir os vários nomes do Grande Fato escritos depois de "corresponde a"; o melhor a fazer é aceitarmos unicamente a expressão "corresponde ao Grande Fato". Esse predicado imutável traz consigo um ar excessivo de ontologia, mas, para além disso, aparentemente não há como distingui-lo de "é verdadeiro". (1984, p.42)

Pareceria, portanto, que as Suposições 1 e 2 levam ao colapso de todos os fatos num único fato. E isso, Davidson acrescenta anos depois,

> trivializa completamente o conceito de correspondência. Não há o menor interesse na relação de correspondência se houver apenas uma coisa a qual corresponder, visto que, em casos como esse, a relação pode igualmente entrar em colapso e se desfazer numa simples pro-

priedade: portanto, "s corresponde ao universo", do mesmo modo que "s corresponde a (ou nomeia) o Verdadeiro" ou "s corresponde aos fatos", pode ser lido, de maneira menos enganosa, como "s é verdadeira". (1990, p.303)

É preciso descompactar esse argumento complicado a fim de que ele seja examinado de maneira proveitosa. Mais adiante, fornecerei uma apreciação detalhada de argumentos com essa forma. Por ora, bastam algumas observações importantes. Consideremos "d" uma abreviação de "Diógenes" e consideremos que $\imath x(x=d \cdot \phi)$ faça as vezes da descrição definida "o x tal que x é idêntico a Diógenes e ϕ". Davidson afirma que, dadas as Suposições 1 e 2, se ϕ e ψ forem ambas verdadeiras, então as sentenças seguintes correspondem todas ao mesmo fato:

(I) ϕ
(II) $\imath x(x=d) = \imath x(x=d \cdot \phi)$
(III) $\imath x(x=d) = \imath x(x=d \cdot \psi)$
(IV) ψ.

Prova: suponha que as sentenças (I)–(IV) correspondam aos fatos $f_I - f_{IV}$ respectivamente. Visto que (I) e (II) são logicamente equivalentes, sabemos, pela Suposição 1, que $f_I = f_{II}$; visto que (III) e (IV) são logicamente equivalentes, sabemos, pela mesma suposição, que $f_{III} = f_{IV}$; e, supondo que $\imath x(x = d \cdot \phi)$ e $\imath x(x=d \cdot \psi)$ sejam "termos singulares correferenciais" (considerando ϕ e ψ verdadeiras), sabemos, pela Suposição 2, que $f_{II} = f_{III}$; portanto, $f_I = f_{II} = f_{III} = f_{IV}$.

Se o argumento de Davidson está baseado nas Suposições 1 e 2 *tal como eu as formulei*, então, ao que parece, ele depende de maneira crucial, para que tenha êxito, da viabilidade de uma semântica para as descrições definidas que satisfaça as seguintes propriedades:

(a) ela deve tornar as sentenças (I) e (II) anteriores logicamente equivalentes (o mesmo vale para as sentenças (III) e (IV));

(b) deve tratar descrições definidas como termos singulares (e não, por exemplo, como sintagmas nominais quantificados tal como na Teoria das Descrições de Russell (Capítulo 4));

(c) quando ϕ e ψ forem ambas verdadeiras, a semântica deve declarar que as descrições definidas $\iota x(x=d \bullet \phi)$ e $\iota x(x=d \bullet \psi)$ sejam correferenciais; mais precisamente, dada a opinião de Davidson de que referência é o que quer que seja necessário para chegar a teoremas-T aceitáveis, deve declarar que a seguinte *sentença* seja verdadeira:

(29) $\iota x(x=d \bullet \phi) = \iota x(x=d \bullet \psi)$.

Em seus trabalhos publicados, Davidson não nos diz como pretende tratar descrições definidas, de modo que só nos resta tentar adivinhar aspectos fundamenteis do argumento *tal como o formulei*. Na verdade, há uma quantidade considerável de trabalho por fazer antes que o argumento possa ser formulado de maneira que resulte numa conclusão exata. O trabalho relevante será realizado nos capítulos 4-9. Agora, tudo o que quero fazer é expor a contribuição de Davidson ao debate a respeito dos fatos e indicar precisamente em que ponto a maior porção de trabalho precisa ser feita. Em primeiro lugar, algumas questões menores:

(i) As questões principais não são afetadas se o estilingue for reformulado usando abstração de classes (por exemplo, $\{x : x=d\}$ e $\{x : x=d \bullet \phi\}$) em vez das expressões-*iota* ($\iota x(x=d)$ e $\iota x(x=d \bullet \phi)$). Afinal, as mesmas perguntas que são feitas sobre a semântica de $\iota x(x=d \bullet \phi)$ precisam ser feitas sobre a semântica de $\{x : x=d \bullet \phi\}$. (Para elaborações, ver o Capítulo 8).

(ii) Por vezes, se diz que Davidson tropeça ao tentar usar um argumento-estilingue contra os fatos, pois esse argumento, se bem-sucedido, seria igualmente danoso para os eventos, demonstrando haver, no máximo, um Grande Evento. Essa afirmação revela um sério mal-entendido. O alvo do estilingue de Davidson são teorias que propõem tratar *sentenças* representando coisas. Certamente, o argumento tem a estrutura formal e as consequências que tiver independentemente de como *denominamos* as coisas que sentenças verdadeiras representam. Um semanticista poderia estar inclinado a considerar que sentenças verdadeiras (ou sentenças verdadeiras contendo apenas certos verbos principais) representam eventos; por exemplo, esse semanticista poderia considerar que (30) representa o evento de Sócrates bebendo cicuta:

(30)   Sócrates bebeu cicuta.

Em princípio, o estilingue teria relação com essa teoria. Porém, é essencial entender que Davidson não considera que (30) nem qualquer outra *sentença* represente um evento (ou qualquer outra coisa). É verdade que, de acordo com a explicação de Davidson, a forma lógica de (30) é dada pela quantificação existencial em (31), pois, na sua concepção, um verbo comum de ação, como 'beber', contém uma posição argumental para uma variável de evento (ver explicação anterior):

(31) $\exists x\, beber(Sócrates, cicuta, x)$.

Porém, (31) não representa um evento mais do que (32) representa um objeto, nem mais do que (33) representa um número:

(32)   Sócrates gosta de alguma coisa
        $\exists x(gosta\, de(Sócrates, x))$
(33)   Nove excede alguma coisa
        $\exists x(excede(9, x))$.

A afirmação de que argumentos-estilingue possam ter teorias dos eventos por alvo está correta *somente quando eventos são tratados como coisas que sentenças representam*, algo que Davidson não afirma. Por ora, o melhor a fazer é colocar essas teorias junto de teorias que tratam sentenças como representando estado de coisas ou (quando verdadeiras) fatos.

(iii) Davidson não discute a noção de equivalência lógica por si mesma; portanto, é razoável supor (especialmente dada sua afinidade com Tarski e sua atração pelo cálculo de predicados de primeira ordem) que ele assume a concepção tarskiana normal dessa noção: duas sentenças são logicamente equivalentes somente se tiverem o mesmo valor de verdade em todos os modelos (de maneira equivalente, o mesmo valor de verdade sob todas as reinterpretações sistemáticas de seu vocabulário não lógico; de maneira equivalente (dadas correção e completude), cada uma pode ser derivada da outra). (Outras opções serão consideradas no Capítulo 10.)

(iv) Visto que ϕ é uma sentença fechada – ϕ necessita de um valor de verdade caso deva ser logicamente equivalente a $\imath x(x=d) =$ $\imath x(x=d \cdot \phi)$ – às vezes se afirma que é possível descartar o estilingue de Davidson em razão de a descrição $\imath x(x=d \cdot \phi)$ ser ilícita, malformada ou não interpretável em virtude de conter uma sentença fechada em sua matriz. Essa objeção definitivamente não tem força. Trata-se de um equívoco supor que toda fórmula atômica dentro da matriz de uma descrição deva conter ao menos uma ocorrência de x que possa ser ligada a $\imath x$. Certamente, não raro ficaria estranho usar, na linguagem corrente ou teórica, algo como um análogo de $\imath x(x=d \cdot \phi)$ numa língua natural quando ϕ for uma sentença fechada; porém, a dificuldade formal envolvida no entendimento dessa descrição (ou simplesmente $\imath x\phi$) não é maior do que em entender $\exists x(x=d \cdot \phi)$ (ou simplesmente $\exists x\phi$). Curiosamente, a variante de Gödel (1944) do estilingue não lança mão de uma sentença fechada na matriz: ela usa a descrição $\imath x(x=d \cdot Fx)$ em vez de $\imath x(x=d \cdot \phi)$. Como veremos no Capítulo 9, isso acaba lhe conferindo uma vantagem *semântica* decisiva.

(v) Oficialmente, a posição de Davidson deve ser a de que, fora do contexto de teorias-T específicas que possam ser aceitas, não é muito importante saber se descrições definidas são referenciais ou quantificacionais. Como já foi observado, uma teoria-T é testada, em primeiro lugar, relativamente a sentenças inteiras, não a partes destas, isto é, em termos de seus teoremas-T, não de seus axiomas. Por conseguinte, entre duas teorias-T aceitáveis, não deve haver escolha, mesmo que os axiomas de uma tratem descrições referencialmente, enquanto os da outra as tratem quantificacionalmente.[36]

---

36 Na verdade, as dificuldades são muito complexas, como se pode constatar pela tentativa de se construir uma teoria-T cujos axiomas tratem descrições referencialmente, mas de que se espera que os teoremas-T correspondam àqueles decorrentes de uma teoria-T cujos axiomas tratam as descrições em conformidade com, digamos, o tratamento quantificacional de Russell. Uma série

(vi) Num comentário paralelo, seria possível sugerir que, caso descrições sejam tratadas referencialmente, então o uso de um argumento-estilingue por *Davidson* não cai bem com sua concepção austera de referência. Para Davidson, o status de qualquer axioma de referência para termos singulares no interior de uma teoria-T se limita a seu papel dentro da teoria, sendo que a própria teoria-T é avaliada relativamente a sentenças inteiras, não a partes destas. Oficialmente, portanto, não há escolha entre teorias-T aceitáveis que contenham conjuntos diferentes de axiomas. Então, o que significa dizer que $\imath x(x{=}d \bullet \phi)$ e $\imath x(x{=}d \bullet \psi)$ são correferenciais quando ϕ e ψ são verdadeiras? Significa que elas são correferenciais quando ϕ e ψ são verdadeiras em *toda* teoria-T aceitável? Se esse for o caso, por que acreditar que esse é o caso?

Davidson poderia responder a essas perguntas da seguinte maneira: a suposição de correferência na passagem de (II) para (III) neste estilingue

(I) ϕ
(II) $\imath x(x{=}d) = \imath x(x{=}d \bullet \phi)$
(III) $\imath x(x{=}d) = \imath x(x{=}d \bullet \psi)$
(IV) ψ

resume-se a uma suposição acerca de *sentenças*, a saber, que (34) é uma *consequência lógica* de (35):

(34) $\imath x(x{=}d \bullet \phi) = \imath x(x{=}d \bullet \psi)$
(35) $(\phi \bullet \psi)$.

Novamente, a afinidade de Davidson com Tarski e a atração que ele sente pelo cálculo de predicados de primeira ordem sugerem a aceitação da definição tarskiana padrão de *consequência lógica*, que

---

de problemas espinhosos surgem no tocante (a) à distinção entre semântica e análise, (b) à sintaxe precisa dos teoremas-T e (c) à questão de determinar quais são exatamente os recursos sintáticos e conceituais de que uma teoria-T precisa caso deva fornecer teoremas-T com uma forma que possibilite considerar a teoria uma candidata a teoria do significado.

se encontra atada, por definição, às definições tarskianas padrão de *verdade lógica* e *equivalência lógica* (às quais Davidson recorre ao dizer que (I) e (II) são logicamente equivalentes e que (III) e (IV) são logicamente equivalentes). Uma sentença q é uma consequência lógica de uma sentença p somente se não houver um modelo em que p seja verdadeira e q seja falsa (de maneira equivalente, não existe uma reinterpretação sistemática do vocabulário não lógico sob a qual p seja verdadeira e q seja falsa; de maneira equivalente (dadas correção e completude), q pode ser derivada de p). (Outras opções serão discutidas no Capítulo 10.)

O resultado disso tudo é que o recurso de Davidson à noção de correferência na formulação de seu estilingue não abala diretamente o que ele pensa sobre referência. Serve, contudo, como um lembrete inabalável (i) da confiança de Davidson em noções lógicas bem compreendidas e num conjunto pré-selecionado de constantes lógicas cujos axiomas são fixados previamente numa teoria-T, e (ii) de uma suposição embutida no estilingue: = é uma constante lógica. Sem essa suposição, não haveria como passar de (I) para (II) ou de (III) para (IV); e, caso se supusesse aquilo que o próprio Davidson pensa sobre referência, não haveria meio de passar de (II) para (III).

Daqui em diante, quero avaliar todos os argumentos-estilingue em seus próprios termos, evitando o problema independente de saber se o sistema filosófico do *criador* de um determinado estilingue possui características que possam nos levar a questionar, em primeiro lugar, o uso que se fez do argumento. A pergunta central suscitada pelo estilingue de Davidson, *tal como formulado anteriormente*, é esta: como devemos tratar as descrições que ele contém? Caso sejam tratadas como termos singulares, é preciso que o estilingue tenha, por suplemento, uma teoria das descrições de acordo com a qual (a) ϕ e $\imath x(x=a) = \imath x(x=a \cdot \phi)$ sejam logicamente equivalentes, e (b) $\imath x(x=a \cdot \phi)$ e $\imath x(x=a \cdot \psi)$ sejam correferenciais toda vez que ϕ e ψ forem ambas verdadeiras. Como demonstrarei mais adiante, não se trata de um problema trivial apresentar uma teoria das descrições que seja previamente plausível e que também tenha essas duas características. Se, por outro lado, a Teoria das Descrições de Russell for assumida – descrições não são termos singulares, mas dispositivos quantificacionais complexos – então, as equivalências lógicas relevantes vêm de brinde.[37] De acordo com a explicação de Russell, $G(\imath xFx)$ é simplesmente uma abreviação de

(36) $\exists x(\forall y(Fy \equiv y=x) \cdot Gx)$.

Por conseguinte, o (II) do estilingue de Davidson é uma abreviação de (II'), que, de fato, é logicamente equivalente a ϕ:

(II) $\imath x(x=a) = \imath x(x=a \cdot \phi)$
(II') $\exists x(\forall y((y=a \cdot \phi) \equiv y=x) \cdot \exists u(\forall z(z=a \equiv z=u) \cdot u=x))$.

Mas é claro que, de acordo com essa teoria, descrições *não* são termos singulares; portanto, a alegação crucial de que $\imath x(x=a \cdot \phi)$ e $\imath x(x=a \cdot \psi)$ sejam "termos singulares correferenciais" não pode ser usada para justificar a afirmação de que (II) e (III) representam o mesmo fato. É claro que é possível existir *outra* razão, bastante próxima, para se acreditar que (II) e (III) representam o mesmo fato, mas isso precisaria ser esclarecido no contexto de uma explicação da relação entre predicados (e vocabulário lógico) e os fatos expressos pelas sentenças que os contêm. Ficará claro que isso está longe de ser algo insignificante. Como Gödel (1944) salientou com tanta astúcia, parece que a Teoria das Descrições de Russell desempenha um papel importante de apoio no tocante à Teoria dos Fatos de Russell. Os fatos são, para Russell, entidades estruturadas, e ele aceita tranquilamente que duas sentenças representam o mesmo fato se

---

37 Exceto quando indicado o contrário, assumirei que estamos lidando com lógica clássica. Variedades da assim chamada *lógica livre* foram construídas a fim de permitir que termos singulares não tenham referência. Da perspectiva da teoria de modelos, seria possível descrever uma lógica livre como uma lógica em que não se exige que uma interpretação atribua um objeto a todo nome. Por meio disso, essas lógicas rejeitam o princípio de inferência clássico da generalização existencial. Contudo, entre aqueles que se encantam pela lógica livre, existem desentendimentos consideráveis quanto ao status de sentenças que contêm nomes vazios. Para discussões sobre a lógica livre no que concerne a argumentos-estilingue, ver o Capítulo 9.

uma delas se diferir da outra somente na substituição de termos singulares correferenciais. Por exemplo, de acordo com Russell, (36) e (37) representam o mesmo fato (assumindo que 'Cícero' e 'Túlio' sejam nomes e não descrições disfarçadas):

(37)   Cícero roncou
(38)   Túlio roncou.

Porém, Russell rejeita a ideia de que duas sentenças representam o mesmo fato se uma diferir da outra na substituição de um termo singular *t* por uma descrição que, por acaso, é *verdadeira da coisa à qual t se refere*, ou se uma diferir da outra na substituição de descrições verdadeiras de uma mesma coisa. Por exemplo, de acordo com Russell, (38) e (39) *não* representam o mesmo fato:

(39)   O autor de *De fato* roncou
(40)   O orador que denunciou Catilina roncou.

Nem (39) nem (40) representam o fato único que (37) e (38) representam (Capítulo 4).

Eis a moral da história: para um argumento-estilingue ter êxito em livrar de fatos a paisagem (ou pelo menos em livrá-la das maneiras tradicionais de conceber fatos e torná-los filosoficamente úteis), será preciso que tenha por suplemento uma teoria precisa das descrições.

2.7 Esquema e conteúdo

Davidson (1984, 1989) defende que não é possível tornar inteligível (a) o relativismo conceitual – a ideia de que pessoas, comunidades, culturas ou períodos diferentes veem, conceitualizam ou constroem o mundo (ou seus mundos) de maneiras diferentes – ou (b) uma distinção entre "esquema" e "conteúdo", isto é, uma distinção entre esquema conceitual (sistema representacional) e conteúdo empírico ("algo neutro e comum que fique do lado de fora de todos os esquemas") (1984, p.190).

O principal argumento contra o relativismo está entretecido de modo sutil com um dos dois argumentos utilizados contra o dualismo esquema-conteúdo, um dualismo que se considera pressuposto pelo relativismo. Para ser mais concreto, Davidson associa esquemas conceituais a conjuntos de linguagens intertradutíveis (isso é problemático para alguns, mas não para o fim a que me propus). O primeiro argumento contra o dualismo esquema-conteúdo começa por solapar a noção de esquema; o segundo, por solapar a noção (relevante) de conteúdo. Aquele recorre às condições que algo deve satisfazer a fim de se qualificar como um esquema conceitual (condições que alguns consideraram muito estritas). Não discutirei isso aqui. Mais precisamente, desejo examinar o argumento anticonteúdo e explicar por que seu êxito depende da rejeição dos fatos. Em seguida, posso explicar a relevância disso para a discussão do "antirrepresentacionismo".

Davidson identifica dois disputantes pelo papel de "conteúdo" nos escritos que fazem a defesa de espécies de relativismo: (1) a *realidade (o mundo, o universo, a natureza)* e (2) a *experiência não interpretada*. Uma vez que encontramos menção a esquemas conceituais (linguagens, sistemas de representação), seja que (a) *organizam (sistematizam, demarcam)*, seja que (b) *se adequam à (descrevem, se equiparam à, correspondem à)* realidade ou experiência, existem quatro maneiras distintas de descrever a relação entre esquema e conteúdo: esquemas organizam a realidade, organizam a experiência, adequam-se à realidade ou se adequam à experiência.

Nenhuma das quatro possibilidades é considerada viável. Por ora, o que importa é o argumento contra *esquemas se adequando à realidade*, visto estar diretamente relacionado com a menção a uma ontologia dos fatos. No entanto, algumas breves observações sobre esquemas organizadores ajudarão a nos resguardar de confusões em potencial.

Uma boa observação acerca da linguagem ordinária pode ser um bom início de conversa. A ideia de se organizar um único objeto (o mundo, a natureza etc.) não faz muito sentido, a menos que se considere que o objeto em questão contenha (ou consista em) outros objetos. Como observa Davidson, quem começa a organizar um armário ou uma escrivaninha, arruma as coisas dentro dele ou sobre ela. Alguém encarregado de organizar, não os sapatos nem as camisas num armário, mas o próprio armário, ficaria perplexo (1984, p.192). Davidson continua:

> Uma linguagem pode conter predicados simples cujas extensões não coincidam, em outra linguagem, com as de nenhum predicado simples ou nem mesmo com as de qualquer predicado. O que nos permite fazer essa observação em casos particulares é uma ontologia comum às duas linguagens, com conceitos que individualizam os mesmos objetos. (1984, p.192)

Davidson não comete aqui o erro de afirmar que, se quisermos tornar inteligível a ideia de que existe "algo neutro e comum que fique do lado de fora de todos os esquemas" e que seja organizado por dois esquemas supostamente distintos, então os esquemas devem possuir os mesmos *conceitos*. Mais precisamente, sua observação é a de que eles devem possuir a mesma *ontologia*. A analogia com o armário é útil novamente. Caso tenhamos de tornar inteligível a ideia de diferentes modos de organizar o mesmo armário, devemos tornar inteligível a ideia de diferentes modos de organizar as coisas que estão dentro dele. E somente podemos fazer isso considerando que as entidades no armário permanecem constantes entre diferentes maneiras de organizá-las, seja separando as coisas em camisas, calças e sapatos ou em coisas pretas, coisas brancas e coisas nem pretas nem brancas ou em coisas de lã, de algodão e de couro.

Repare que essa linha de raciocínio não mina *diretamente* a forma do dualismo esquema-conteúdo que é a do esquema-organizando-a-realidade: mais precisamente, ela mina a ideia de que essa forma determinada do dualismo esquema-conteúdo pode ser usada para tornar inteligíveis esquemas conceituais radicalmente diferentes. Entretanto, no contexto fornecido pelos objetivos de Davidson, não se trata de uma limitação grave. Afinal, se a inteligibilidade da ideia de que existem esquemas conceituais radicalmente diferentes pressupuser uma distinção esquema-conteúdo e se houver somente quatro maneiras de tornar viável a distinção – as quatro maneiras que Davidson menciona – então, ainda que ele consiga demonstrar tão somente que cada uma das quatro maneiras *ou* não é inteligível ou acarreta que esquemas alternativos não sejam radicalmente diferentes, ele terá demonstrado que a ideia de esquemas conceituais radicalmente diferentes é ininteligível. Seguramente, isso será suficiente para Davidson ter demonstrado também que a própria distinção esquema-conteúdo é ininteligível: terá demonstrado que existe no máximo um esquema conceitual. E não podemos tornar inteligível a ideia de *um* esquema conceitual a menos que possamos tornar inteligível a ideia de mais de um; e isso não podemos fazer se tivermos demonstrado que existe *no máximo* um esquema conceitual. Portanto, não há nenhum. Esta é a ideia.

Não quero briga com Davidson quanto a esquemas organizadores. Creio que o desafio feito por ele é mais sério: mostrar como a ideia de esquemas *que se adequam* à experiência ou à realidade pode ser inteligível e permitir, ao mesmo tempo, a possibilidade de esquemas distintos. De acordo com Davidson,

> Quando passamos de discussões sobre organização para discussões sobre adequação, nossa atenção se dirige do aparato referencial da linguagem – predicados, quantificadores, variáveis e termos singulares – para sentenças inteiras. Sentenças fazem previsões (ou são usadas para fazer previsões), sentenças dão conta de ou lidam com coisas, sentenças podem ser comparadas ou confrontadas com indícios. São as sentenças também que enfrentam o tribunal da experiência, apesar de terem por certo de enfrentá-lo juntas. (1984, p.193)

Uma sentença ou uma teoria (isto é, um conjunto de sentenças) "enfrenta o tribunal da experiência com êxito... contanto que esteja apoiada em indícios", o que significa, para Davidson, "a totalidade dos possíveis indícios sensoriais passados, presentes e futuros" (ibid.). E que um conjunto de sentenças se adeque à totalidade dos indícios possíveis é o mesmo que cada uma das sentenças no conjunto ser verdadeira. Caso as sentenças envolvam referência a ou quantificação sobre, digamos, objetos materiais, eventos, números, conjuntos ou qualquer outra coisa, então, o que essas sentenças dizem sobre essas entidades é verdadeiro, contanto que o conjunto de sentenças como um todo "se adeque aos indícios sensoriais" (ibid.). A seguir, Davidson acrescenta que, "desse ponto de vista, é possível ver de que maneira essas entidades poderiam ser chamadas de entidades postuladas. É razoável chamar algo de entidade postulada se for possível contrastá-lo com algo que não o seja. Nesse caso, a experiência sensível é aquilo que não o é – ao menos essa é a ideia" (ibid.). A alusão à teoria do significado é clara. Um conjunto de sentenças envolve referência a ou quantificação sobre objetos materiais, eventos ou o que quer que seja apenas se uma teoria-T aceitável para a linguagem como um todo tiver de recorrer a essas entidades ao fornecer teoremas-T para as sentenças do conjunto. E as entidades em questão são parte da nossa ontologia: elas são as entidades postuladas do nosso 'esquema' e podem ser contrastadas com a experiência (sensível), isto é, 'conteúdo não interpretado'.

Mas Davidson faz, então, o que considero uma manobra importante, uma manobra contra esquemas se adequando tanto à experiência quanto à realidade. A única opção é citar a passagem pertinente quase inteira:

> O problema é que a noção de adequação à totalidade da experiência, tal como a noção de adequação ou conformidade aos fatos, nada acrescenta de inteligível ao simples conceito de ser verdadeiro. Falar de experiência sensível em vez de indícios ou simplesmente de fatos expressa uma opinião sobre a fonte ou natureza dos indícios, mas *não acrescenta uma nova entidade* [ênfase minha] ao universo relativamente ao qual esquemas conceituais são testados... todos os indícios que existem são tão somente aquilo que é preciso para tornar verdadeiras nossas sentenças ou teorias. Contudo, nada, *coisa* alguma, torna verdadeiras sentenças ou teorias: nem a experiência nem irritações de superfície nem o mundo pode tornar verdadeira uma sentença. *Que* a experiência transcorra de uma certa maneira, que nossa pele esteja quente ou perfurada, que o universo seja finito, esses fatos, se quisermos falar assim, tornam verdadeiras sentenças e teorias. Mas essa observação fica melhor sem mencionarmos fatos. A sentença "minha pele está quente"

[proferida por mim aqui e agora] é verdadeira se e somente se minha pele estiver quente [aqui e agora]. Nenhuma referência é feita a um fato, um mundo, uma experiência ou um indício. *Nota de rodapé*: Ver o ensaio 3 [isto é, "True to the Facts"]* (p.193-4).

Alude-se aqui tanto à teoria do significado quanto a um argumento de colapso contra a viabilidade de *fatos*. A teoria do significado não precisa deles, e o argumento de colapso (estilingue) tem por objetivo mostrar que, seja como for, não podemos contar com eles.

De acordo com a concepção de esquema de Davidson – que não vou contestar aqui –, se for para essa história de *esquemas-se-adequando-à-realidade* ter êxito, é preciso existir algo extralinguístico a que sentenças ou crenças verdadeiras se adequem, se equiparem ou correspondam. Ele constata somente dois candidatos plausíveis: o próprio mundo ou os fatos individuais.[38] Mas nenhum dos dois

---

* Todas as inserções nesta citação são de Neale. (N. T.)

38 Não foi sondada a ideia de que bastam os objetos *sobre os quais* são as crenças e sentenças verdadeiras. Na opinião de Davidson, "a pergunta pelos objetos acerca dos quais é uma determinada sentença, tal como perguntar pelo objeto a que um termo se refere ou pelos objetos de que um predicado é verdadeiro, não tem resposta" (1984, p.xix); "nada pode revelar como as palavras de um falante foram associadas a objetos" (ibid.).

Se a crença (verdadeira) de que Bruto esfaqueou César é sobre Bruto e César, não seria a sentença (verdadeira) que expressa essa crença em português, a saber,

(i)   Bruto esfaqueou César,

também sobre eles? Nesse caso, os próprios Bruto e César bastam para constituir aquilo a que a sentença e a crença se conformam? Russell (1918) achou que não (ver o Capítulo 4). A sentença

(ii)   Bruto conhecia César

também é verdadeira. Caso as coisas a que uma sentença (ou crença) se conforma se restrinjam aos objetos acerca dos quais ela é, então (i) e (ii) se conformam às mesmas coisas. Eis onde Russell invoca *relações* e termina com *fatos*, compostos por objetos e relações, como as coisas que sentenças verdadeiras representam. Composição não é simplesmente amontoar objetos particulares e universais, como atesta a verdade de (ii) e a falsidade de (iii):

serve, afirma, pois cada um explora a ideia de que a entidade em questão "torna a sentença verdadeira". Por que exatamente Davidson acredita que não é possível recorrer legitimamente à ideia de uma entidade extralinguística que "torna a sentença verdadeira"? Ele acredita que sentenças verdadeiras individuais não são tornadas verdadeiras por fatos individuais porque tem confiança no seu argumento de colapso; seguramente, isso é parte do que foi sugerido ao remeter o leitor a "True to the Facts" (publicado pela primeira vez em 1969) na nota de rodapé citada anteriormente. Portanto, se for para esse ataque à distinção esquema-conteúdo ter êxito, faz-se necessário um argumento contra os fatos a fim de frustrar a opção por esquemas-se-adequando-à-realidade.

O que dizer, então, da posição alternativa, que sentenças individuais verdadeiras são tornadas verdadeiras não por fatos, mas pelo *mundo*? Por que Davidson diz, explicitamente na passagem citada, que nem mesmo *o mundo* serve? Ao longo de sua rejeição da ideia de esquemas *organizando* o mundo, ele salienta que essa história pressupõe, no mundo, entidades distintas a serem organizadas. Entidades distintas são exigidas pelo significado e uso da palavra "organizar" (não se pode organizar um armário sem organizar as coisas dentro dele). Porém, não parece que sejam exigidas pelo significado e uso da palavra "adequar". Curiosamente, em trabalhos posteriores, parece que Davidson sugere que o mundo – ou ao menos a maneira como está ordenado – é, na verdade, uma das duas coisas que, de fato, tornam verdadeira uma sentença (verdadeira), como na seguinte passagem:

(iii)   César esfaqueou Bruto.

"O fracasso das teorias da verdade como correspondência com base na noção de fato", diz Davidson, "remonta a uma fonte comum: o desejo de incluir, na entidade a que uma sentença verdadeira corresponde, não só os objetos 'acerca' dos quais é a sentença (outra ideia repleta de dificuldades), mas também o que quer que a sentença diga sobre eles" (1984, p.49). "Uma teoria da verdade baseada na satisfação é, em parte, instrutiva porque é menos ambiciosa quanto ao que coloca nas entidades a que as sentenças correspondem: numa tal teoria, essas entidades nada mais são do que emparelhamentos arbitrários dos objetos com as variáveis da linguagem que assumem esses objetos como valores" (ibid. 49).

O que a Convenção T e as sentenças banais que ela declara verdadeiras, como "'A grama é verde' dita por um falante do português é verdadeira se e somente se a grama for verde", revelam é que a verdade de um proferimento depende tão somente de duas coisas: o que as palavras ditas querem dizer e a maneira como o mundo está ordenado. Não há, para além disso, relativismo quanto a um esquema conceitual, um modo de ver as coisas, uma perspectiva. Dois intérpretes, tão diferentes como você quiser em cultura, língua e ponto de vista, podem discordar quanto a um proferimento ser verdadeiro, mas somente se eles divergirem quanto à maneira como as coisas estão no mundo que compartilham ou quanto ao que queira dizer o proferimento. (1990, p.304)

Se a sentença "Smith está em Londres" for verdadeira, ela é verdadeira devido à "maneira como o mundo está ordenado": uma das entidades no mundo, Smith, está em Londres. Com efeito, uma teoria-T já estabelece isso (e recurso algum a um conjunto alternativo de axiomas altera esse fato). Portanto, o mundo torna verdadeira a sentença ao menos neste sentido: se o mundo estivesse diferentemente ordenado – isto é, se as *coisas* no mundo estivessem diferentemente ordenadas (para que um mundo esteja ordenado, as coisas nele devem estar ordenadas) – se Smith estivesse, digamos, em Paris, a sentença "Smith está em Londres" não seria verdadeira. Negar isso seria esvaziar todo o conteúdo do conceito de verdade objetiva (ver a seguir).

Pensando que esquemas se adequam à realidade (ao mundo), poderia parecer que nenhum obstáculo nos impede de viabilizar a distinção esquema-conteúdo, pois ainda é possível continuarmos com a ideia de que uma sentença verdadeira se adequa ao mundo ou é tornada verdadeira por ele sem endossarmos a ideia (possivelmente sem salvação) de que ela se adequa a ou é tornada verdadeira por um fato particular. Davidson (1999e, 2000) admite o que, na verdade, há de inofensivo nessa maneira de falar: "não poderíamos dizer, como Neale sugere, que sentenças verdadeiras representam, ou melhor, correspondem a ou são tornadas verdadeiras pelo mundo? Conquanto não se considere que essa maneira de falar explica qualquer coisa sobre o conceito de verdade, ela é inofensiva e pode até deixar contentes quem quiser ter certeza de que a verdade das sentenças empíricas depende de algo mais do que das palavras e dos falantes" (1999e, p.668). Não há nada de reconfortante nisso para o teórico da correspondência sentença-fato. Ser informado de que uma sentença é verdadeira se e somente se ela corresponder ao mundo não é mais esclarecedor do que ser informado de que uma sentença é verdadeira se e somente se ela for verdadeira, expressar uma verdade, disser que o mundo é tal como o mundo é ou se adequar aos fatos. Essa última construção, plenamente comum – diferente de "corresponde a um fato", invenção dos filósofos – parece ser uma forma idiomática de "é verdadeira". Com efeito, às vezes fica difícil se opor a ponderações que dizem que toda menção a "fatos" é idiomática e que as formas lógicas das sentenças não envolvem quantificação sobre fatos ("é fato que p" = "é verdade que p"; "isso é fato" = "isso é verdade"; "o fato de que p fez com que seja o caso que q" = uma sentença que envolve quantificação sobre eventos).[39]

Prosseguindo, Davidson sugere que, definitivamente, tampouco há nisso algo de reconfortante para o relativista conceitual:

> Enquanto isso, temos a pergunta feita por Neale: por que é que o fato de que podemos dizer que o mundo é o que torna nossas sentenças verdadeiras ou falsas não basta para justificar a distinção esquema-conteúdo e o relativismo conceitual? Por que é que, pergunta ele, eu disse em "The Very Idea of a Conceptual Scheme" que "Nada... *coisa* alguma torna verdadeiras nossas sentenças ou teorias: nem a experiência nem irritações de superfície nem o mundo pode tornar verdadeira uma sentença"? Aquilo foi um erro. Eu tinha razão quanto à experiência e a irritações de superfície, mas não apresentei um argumento contra a afirmação de que o mundo torna algumas sentenças verda-

---

39 Ver Strawson (1950a) e Davidson (1984). Pertinente a esse ponto é a observação de Brandom (1994) de que a palavra 'fato' tem aplicação clara apenas a pensamentos (ou afirmativas), sendo fatos aqueles pensamentos (ou afirmativas) que são verdadeiros.

deiras. Afinal, isso é precisamente tão inofensivo quanto dizer que uma sentença é verdadeira porque corresponde ao Único Grande Fato e, também, tão vazio quanto... Talvez não seja possível localizar uma parte do mundo que torne verdadeira uma sentença individual, mas o próprio mundo torna as sentenças verdadeiras... aquelas três palavrinhas ("nem o mundo") foram seriamente enganosas. (1999e, p.668-9)

Para mostrar que, se o que torna sentenças verdadeiras é o mundo, então, o relativismo conceitual resultante é apenas de "uma forma branda que eu sempre aceitei" (p.668), Davidson admite que se faz necessário um argumento à parte que se concentre no fato de que a noção de esquema se desmantela caso os recursos conceituais básicos de dois esquemas divergentes difiram de uma maneira não trivial qualquer. Não preciso discutir esse argumento aqui, visto que o meu trabalho acerca da distinção esquema-conteúdo está concluído. Eis a minha a conclusão principal: a fim de demolir a distinção esquema-conteúdo, Davidson precisa (i) de um argumento contra os fatos e (ii) de um argumento que mostre que, da posição segundo a qual as sentenças verdadeiras são tornadas verdadeiras, não por fatos, mas pelo mundo, não se tiram esquemas que sejam divergentes de maneira interessante.

2.8 Realismo e objetividade

Vários filósofos dizem ver, no trabalho recente de Davidson, uma rejeição do "realismo" ou uma inconsistência ou obscuridade nos posicionamentos dele quanto ao mundo externo, objetividade e verdade. Dizer que alguém se encontra (ou não) na extensão de "realista" é arriscado em razão de essa palavra ter sido tão amplamente usada em filosofia, de maneiras muitas vezes incompatíveis entre si. Uma vez livre de certos anacronismos e problemas terminológicos, porém, a posição de Davidson parece muito robusta. Em primeiro lugar, ele diz explicitamente que a rejeição da distinção esquema-conteúdo "não quer dizer que se deva abrir mão da ideia de um mundo objetivo independente do nosso conhecimento dele"

(1984, p.xviii) ou abrir mão da ideia de "um mundo público objetivo, que não é resultado de nossa própria criação" (1986, p.310):

> Ao abandonarmos a dependência do conceito de uma realidade não interpretada, algo fora de todos os esquemas e de todo conhecimento, não renunciamos a ideia de verdade objetiva – pelo contrário. Com o dogma de um dualismo entre esquema e realidade, temos relatividade conceitual e verdade relativa a um esquema. Sem o dogma, esse tipo de relatividade se perde. É claro que a verdade de sentenças permanece relativa a uma linguagem, mas isso é tão objetivo quanto possível. Ao abandonarmos o dualismo entre esquema e mundo, não abrimos mão do mundo, mas restabelecemos o contato imediato com os objetos habituais, cujas traquinagens tornam nossas sentenças e opiniões verdadeiras ou falsas. (1984, p.198)

Em segundo lugar, temos a resposta original de Davidson ao ceticismo epistemológico e sua relação com a ideia de que uma ontologia decorra naturalmente de uma teoria-T aceitável:

> A meu ver, o que fica no meio do caminho do ceticismo total quanto aos sentidos é o fato de que, nos casos mais simples e metodologicamente mais básicos, devemos considerar que os objetos de uma crença são as causas dessa crença. E o que nós, como intérpretes, devemos considerar que eles são é o que eles na verdade são. A comunicação começa onde convergem as causas: o seu proferimento quer dizer o que o meu quer dizer se a crença na verdade do proferimento for sistematicamente causada pelos mesmos eventos e objetos. (1986, p.317-8)
> ... os contornos gerais de nossa visão de mundo estão corretos; individual e coletivamente, podemos não ter razão quanto a muitas coisas, mas somente sob a condição de termos razão no sentido mais amplo. Disso segue que, quando examinamos o que nossa língua – qualquer língua – exige em termos de uma ontologia geral, não estamos apenas dando um panorama de nossa própria visão das coisas: o que consideramos que existe é basicamente o que existe. (1984, p.xiii-xix).

Parece que Davidson responde ao cético do seguinte modo: criaturas às quais faz sentido atribuir crenças têm de estar substancialmente corretas no que acreditam. Mais precisamente, o ato de atribuir crenças equivocadas a um agente faz sentido somente na medida em que a pessoa que faz essa atribuição estiver propensa a considerar que o agente em questão possui um conjunto muito mais substancial de crenças *verdadeiras* – um conjunto de crenças pode ser mais *substancial* do que outro de uma maneira diferente que numericamente.[40] E, nos casos mais básicos – mas, certamente, não em todos os casos –, atribuir crenças verdadeiras a um agente faz sentido apenas na medida em que estivermos propensos a considerar os objetos das crenças como suas causas.[41]

As passagens citadas anteriormente encaixam bem com a perspectiva ontológica geral de Davidson: ontologias de objetos e eventos decorrem diretamente de teorias-T aceitáveis (ao contrário de ontologias, digamos, dos fatos e propriedades). Abandonar a distinção esquema-conteúdo não significa abandonar a opinião de que objetos e eventos estão (ou estavam) "lá fora" ou "acontecendo" num mundo objetivo que (em sua maior parte) não é de nossa própria criação. Duas passagens recentes corroboram que Davidson não é avesso a que se fale de um mundo objetivo:

> Acredito na noção comum de verdade: realmente existem pessoas, montanhas, camelos e estrelas lá fora tal como achamos que existem,

---

40 A exemplo de LePore (1986), sou relutante em exprimir o que Davidson realmente tem em mente em termos do mero *número* de crenças.

41 De acordo com Rorty (1986, 1991), a rejeição da distinção esquema-conteúdo possibilita uma resposta mais curta ao cético: sem representações e fatos, a problemática cética sequer pode ser formulada. "Uma vez que tivermos aberto mão dos *tertia*, abrimos mão das (ou trivializamos as) noções de representação e correspondência e, por conseguinte, abrimos mão da possibilidade de ceticismo epistemológico" (1991, p.139). De acordo com essa opinião, o debate entre "céticos" e "anticéticos" evapora juntamente com as representações e os fatos. A simplicidade desse raciocínio é alarmante; quaisquer que sejam os seus méritos, ela pressupõe a rejeição da distinção esquema-conteúdo, que, por sua vez, pressupõe que fatos não existam. Em contraste, o argumento original de Davidson contra o ceticismo pode ser utilizado mesmo por aqueles que proporcionaram teorias dos fatos para si mesmos dentro do fosso que, como veremos, garante certa proteção contra o estilingue de Gödel.

e esses objetos e eventos frequentemente têm as características que acreditamos notar que eles têm. Nossos conceitos são nossos, mas isso não quer dizer que eles não descrevam uma realidade objetiva de modo verdadeiro e também útil. (1999a, p.19)

Certamente, não rejeito o realismo, ao menos não até que eu saiba o que estou rejeitando. Decidi não me chamar de realista porque descobri que, para um grande número de filósofos, ser um realista queria dizer aceitar uma teoria da verdade como correspondência que considere possível *explicar* o conceito de verdade como correspondência aos fatos. Sempre fui claro em dizer que eu não era um antirrealista quanto a entidades teóricas sobre as quais quantificasse uma teoria que eu tivesse por verdadeira. Quantificação (no sentido ôntico de Quine) é a chave para os vínculos significativos entre linguagem, crença e mundo, visto que não há como fornecer uma explicação da verdade de sentenças numa língua munida de quantificação generalizada exceto relacionando partes das sentenças a entidades. O dispositivo de satisfação de Tarski expressa essa relação: trata-se, claramente, de uma forma extravagante de referência. (1999d, p.123)

Aqui não é o lugar para um exame aprofundado da maneira como a palavra "realismo" foi usada em filosofia; porém, uma vez feita a distinção entre vários usos diferentes, é possível localizar, com alguma precisão, os posicionamentos de Davidson quanto a determinados problemas passíveis de formulação usando a palavra "realismo", assim como constatar que seus posicionamentos concordam muito bem com o que ele diz em outros lugares sobre teorias-T, referência, correspondência, fatos, representação e a distinção esquema-conteúdo.[42]

---

42 Ocupo-me aqui tão somente da palavra "realismo" enquanto usada para rotular certas doutrinas em metafísica. Além disso, algumas doutrinas metafísicas são irrelevantes (por exemplo, realismo modal), assim como certas doutrinas semânticas. Pode-se dizer que Davidson é um não realista quanto à referência caso se queira dizer com isso apenas que ele não considera um conjunto determinado de axiomas de referência mais fiel à verdade do que qualquer outro conjunto que seja parte de uma teoria-T aceitável.

(i) Na literatura do passado (especialmente na medieval), por vezes se diz que realista é quem afirma que, fora da mente e além dos objetos particulares, existem universais (ou propriedades, qualidades, atributos, Formas Platônicas ou, em qualquer caso, coisas que objetos particulares podem compartilhar, exemplificar, coisas nas quais podem participar ou coisas das quais podem ser uma ocorrência ou partilhar). Normalmente se diz que o oponente do realismo, nesse sentido, é um nominalista. Provavelmente esse realismo é defendido em conjunção com a posição semântica de que predicados tipicamente representam universais (ou o que quer que seja), embora certos substantivos (por exemplo, "sabedoria", "coragem") pudessem representá-los também (ou coisas muito semelhantes). Davidson certamente não adere a essa posição semântica: o papel semântico de um predicado, de acordo com sua explicação, se limita a sua contribuição aos teoremas-T que decorrem de uma teoria-T aceitável para a linguagem à qual o predicado pertence. Visto que Davidson defende que uma teoria-T aceitável provavelmente pode ser construída sem a postulação de outras entidades para além de objetos e eventos particulares, ele não endossa o realismo nesse sentido estreito.

(ii) Um realista no sentido esboçado anteriormente poderia ser tomado por um realista num outro sentido, mais amplo. Alguém que acredita que existem Xs, sendo "X" um rótulo para uma categoria ontológica básica, é chamado, às vezes, de um realista quanto a Xs.[43] Portanto, um realista no sentido (i) anterior seria um realista quanto a universais (ou o que quer que seja). Mas é perfeitamente possível rejeitar o realismo quanto a universais e aceitar, ao mesmo tempo, o realismo quanto a alguma outra categoria ontológica, por exemplo, objetos ou eventos. Davidson é um realista (nesse sentido) quanto

---

43 Isso tem de ser diferenciado de realismo quanto a X, em que "X" delimita um domínio do discurso, por exemplo, ética, estética ou psicologia (para evitar possíveis confusões, usarei, em seu lugar, "realismo relativamente a X"): o realista relativamente a X diz que afirmativas em X podem ser verdadeiras ou falsas. Alguém que nega isso é frequentemente chamado de um não factualista relativamente a X.

a objetos e eventos (concebidos como entidades particulares), mas ele não é um realista quanto a universais ou fatos.[44] (Existe alguma ligação importante entre realismo quanto a universais e realismo quanto a fatos? Parece que Russell acreditava que sim: de acordo com sua explicação, universais eram componentes dos fatos, o que não foi uma decisão arbitrária. Para discussão, ver o Capítulo 4.)

(iii) Hoje em dia, o uso mais comum do termo "realismo" talvez seja no emprego a várias elaborações desta sucinta afirmação: ao menos alguma porção da realidade ("o que há") existe independentemente de nossas mentes (ou da mente de alguma outra coisa).[45] (O oponente do realismo nesse sentido poderia ser chamado de idealista.) Esse "realismo" bastante descomprometido pode ser elaborado de uma quantidade vertiginosa de maneiras não equivalentes, que podem se sobrepor em alguns lugares e conflitar em outros. Algumas elaborações invocam os conceitos de verdade ou correspondência e, como tais, podem dar a impressão de prever uma mudança de assunto; de fato, a esse respeito, algumas das batalhas contemporâneas acerca da palavra "realismo" foram (e talvez ainda estejam sendo) travadas. Meu objetivo aqui não é julgar usos concorrentes nem me decidir por um ou outro lado. Procuro tão somente entender a evolução do posicionamento do próprio Davidson quanto a várias elaborações da tese sucinta e da relação desta com o seu confessado "realismo" (no sentido (ii) anterior) quanto às entidades decorrentes de uma teoria-T aceitável, seu consequente "não realismo" (no sentido (ii) anterior) quanto a fatos e sua rejeição da distinção esquema-conteúdo. Algumas das tentativas de elaborações que vou descrever assumem compromissos que envolvem verdade, correspondência, fatos e descrições exclusivamente privi-

---

44 Ortogonalmente, é possível perguntar se alguém é realista quanto a entidades *mentais*, por exemplo, eventos mentais. A posição de Davidson (1980) é a de que qualquer evento mental que participe de relações causais com eventos materiais pode ser redescrito num vocabulário material.

45 Essa qualificação tem o intuito de permitir que o "realista" negue que fatos mentais ou sociais (entre outras coisas) sejam independentes da mente.

legiadas. Como revela a última das passagens citadas, a ameaça de tais compromissos é precisamente o que torna Davidson relutante, às vezes, a se chamar de realista.[46]

Uma primeira elaboração, fraca, poderia ser a seguinte: (a) objetos materiais existem (e eventos materiais ocorrem) objetivamente, isto é, eles existem (e ocorrem) independentemente de nossos pensamentos, linguagem ou perspectivas; eles estão "lá fora", por serem descobertos (em princípio), em vez de constituídos ou efetivados por nossos pensamentos, linguagem ou perspectivas. Numa tentativa de dizer um pouco mais, alguns filósofos acrescentaram matizes epistêmicas ou linguísticas: (b) os objetos (e eventos) que percebemos ou sobre os quais pensamos e falamos – ou ao menos um grande número deles – estão entre os existentes (e ocorrentes) objetivos; e o mesmo vale para muitos objetos (e eventos) cuja existência (ou ocorrência) inferimos de uma maneira ou de outra, e para muitos objetos (e eventos) que nunca percebemos, ou sobre os quais nunca pensamos ou falamos. Certos filósofos sentiram necessidade de invocar a noção de *verdade* a fim de encorpar essa ideia, uma manobra que outros consideram instantaneamente autodestrutiva: (c) muitas crenças e afirmativas sobre existentes e ocorrentes objetivos são objetivamente *verdadeiras* ou *falsas*, isto é, verdadeiras ou falsas independentemente de nossos pensamentos, linguagem e perspectivas. Às vezes, um recurso à "correspondência" vem logo atrás: (d) crenças e afirmativas que são objetivamente verdadeiras correspondem a uma realidade objetiva (e aquelas que são falsas, não). Às vezes, a ideia de correspondência concretiza-se ao recorrer a fatos individuais: (e) a fim de que uma crença ou afirmativa corresponda a uma realidade objetiva, deve haver um fato objetivo a que ela corresponda (sendo que um fato objetivo é outro existente objetivo). A menção a uma realidade, fatos e verdade objetivos incentivou alguns filósofos a encorpar essa tese sucinta mencionando uma

---

46 Devo mencionar que acho problemáticas *todas* as elaborações a seguir, quando não vagas. Certamente, muito trabalho seria preciso para as expor de maneira a torná-las simultaneamente precisas e interessantes.

descrição exclusivamente privilegiada da realidade: (f) a fim de que uma afirmativa verdadeira corresponda a uma realidade objetiva (ou a um fato dentro dela), a afirmativa tem de fazer parte de uma descrição única dessa realidade (ou dos fatos objetivos que a constituem), uma descrição da "Realidade Tal Como Ela É Em Si Mesma".

Davidson aceita as elaborações (a) e (b); mas o que dizer das outras? Ele rejeita (f) completamente: "nenhum defensor sensato da objetividade de atribuições de verdade a proferimentos ou crenças particulares adere a essa ideia" (2000, p.66). (Se Rorty acha o contrário, está enganado.) E certamente rejeita (e), que acarreta o "realismo" quanto a fatos no sentido de "realismo" dado em (ii) anterior. As coisas são mais complicadas quanto a (d), mas o trabalho já foi feito. Se "correspondência" for entendida como expressando uma relação entre sentenças e fatos, então Davidson rejeita (d) porque ela se resume a (e). Mas se, por outro lado, "correspondência" for entendida como invocando apenas uma relação entre termos singulares e objetos particulares e eventos, então Davidson aceita (d).

Resta-nos (c), que vai além de (b) ao introduzir verdade: "Muitas crenças e afirmativas sobre existentes e ocorrentes objetivos são objetivamente verdadeiras ou falsas, isto é, verdadeiras ou falsas independentemente de nossos pensamentos, linguagem ou perspectivas". Por um ângulo, essa elaboração poderia parecer obviamente falsa, paradoxal ou autodestrutiva; mas, por outro, poderia parecer somente uma reformulação abertamente cognitiva ou linguística de (b). Um artigo recente de Davidson (2000) reúne tudo aquilo que é preciso para ver onde ele se encontra. A noção-chave é *objetividade* – ao menos quando separada de qualquer noção problemática de correspondência sentencial. Não existe uma boa razão, diz Davidson, para se afastar da opinião "tradicional" de que a verdade é objetiva (p.67 e 72), sendo que "A verdade é objetiva se a verdade de uma crença ou sentença for independente de ela estar justificada por todos nossos indícios, ser aceita por nossos vizinhos ou ser boa para guiar-se por ela" (p.67). Ao mesmo tempo, ele rejeita explicitamente a ideia de que a verdade objetiva exige que a verdade seja um objeto (p.65): verdade, ele sustenta, é "um conceito... inteligivelmente atribuído a coisas como sentenças, proferimentos, crenças e proposições, entidades que têm conteúdo proposicional" (p.65). Além disso – eis a chave – a verdade "depende de como o mundo é" (p.73):

> Ter uma crença somente é possível se soubermos que crenças podem ser verdadeiras ou falsas. Posso acreditar que agora está chovendo, mas isso é porque eu sei que se chove ou não chove não depende de eu acreditar nisso, ou todos acreditarem nisso, ou ser útil acreditar nisso; *depende da natureza*, não de mim, ou minha sociedade, ou toda a história da raça humana. (p.72; ênfase minha)

A verdade da minha crença de que está chovendo "depende" da natureza, do mundo, da realidade; e não há mal em formular isso da seguinte maneira: minha crença de que está chovendo, se verdadeira, é *tornada verdadeira* pelo mundo. Não há mal nem valor explicativo em dizer que uma crença, sentença ou afirmativa verdadeira é tornada verdadeira pelo mundo, contanto que não se considere que isso significa que fatos individuais no mundo são fazedores de verdade. Davidson está adotando uma noção de verdade objetiva sem as armadilhas contidas naquilo que, uma vez, ele chamou de concepção "realista" da verdade, acompanhada de seu aparente compromisso com fatos.[47] Em resumo: Davidson aceita a elaboração (c) contanto que ela possa ser elaborada ulterior e proveitosamente, sem se comprometer, porém, com fatos.[48]

---

47 Como uma vez ele disse, "A concepção realista da verdade, se tiver algum conteúdo, deve ser baseada na ideia de correspondência, correspondência enquanto aplicada a sentenças, crenças ou proferimentos – entidades de natureza proposicional, e essa correspondência não pode ser tornada inteligível" (1990, p.304). Não se pode torná-la inteligível porque isso exigiria fatos individuais a que sentenças, crenças ou proferimentos verdadeiros correspondessem.

48 Davidson (2000) também insiste que, sem apreender o conceito de verdade objetiva, linguagem e pensamento são impossíveis: sentença alguma pode ser compreendida, nem crença alguma tomada em consideração por alguém que não tiver o conceito de verdade objetiva (p.72). Para discussões sobre esse artigo, especialmente sobre a ideia de que a noção de objetividade de Davidson se resume à tese de que não podemos discernir, entre nossas crenças, quais são as verdadeiras, ver Bilgrami (2000).

No que concerne ao "realismo" de Davidson, agora fica fácil dizer tudo o que precisa ser dito sobre Rorty. Davidson é um "antirrepresentacionista", diz Rorty, porque rejeita as "relações recíprocas" do "tornar verdadeiro" e do "representar"; e o antirrepresentacionista abstém-se da "discussão acerca do realismo, ao negar que a noção de 'representação' ou aquela de 'fato' tenha qualquer papel útil na filosofia" (1991, p.2). Quando a poeira assenta, tudo o que o Davidson de Rorty está fazendo é rejeitar o "realismo" no sentido da elaboração (e) – nada de muito novo. Que o próprio Rorty tenha somente a elaboração (e) em mente parece corroborado por sua afirmação de que Davidson é um antirrepresentacionista por estar comprometido com a tese de que "os debates entre realismo e antirrealismo não têm um propósito, pois esses debates pressupõem a ideia vazia e enganadora de crenças 'que são tornadas verdadeiras'" (1991, p.128). Ao minar a distinção esquema-conteúdo, ele diz, Davidson tornou impossível sequer iniciar o debate realismo-antirrealismo:

> Se deixarmos de acreditar que representações existem, restará pouco interesse na relação entre mente e mundo, ou entre linguagem e mundo. Deste modo, tanto as antigas disputas entre realistas e idealistas quanto as querelas contemporâneas no interior da filosofia analítica acerca de "realismo" e "antirrealismo" perderão interesse. Pois estas últimas querelas pressupõem que pedaços do mundo "tornam verdadeiras as sentenças", e que essas sentenças, por sua vez, representam aqueles pedaços. Sem esses pressupostos, não nos interessaria tentar distinguir entre aquelas sentenças verdadeiras que correspondem aos "fatos" e aquelas que não (distinção em torno da qual giram as controvérsias entre realistas e antirrealistas). (1992, p.372)

Caso a intenção de Rorty tivesse sido afirmar que Davidson rejeita as elaborações (a) ou (b) ou o "realismo" quanto a objetos e eventos no sentido (ii) anterior, então ele estaria enganado. A caridade ordena considerar que Rorty tenta dizer algo verdadeiro, porém incontroverso, sobre Davidson e o "realismo": Davidson rejeita a elaboração (e).

2.9 Representação

De acordo com Davidson, se formos capazes de demonstrar que os fatos não existem, as consequências que isso traz para "correspondência" e "representação" ficam claras:

> A objeção correta às teorias [da verdade]* como correspondência é... que essas teorias não conseguem arranjar entidades às quais os veículos da verdade (tomemo-los por afirmativas, sentenças ou proferimentos) possam corresponder. Se isso estiver certo, e estou convencido de que está, devemos também questionar a suposição popularizada de que sentenças, ou suas ocorrências faladas, ou entidades semelhantes a sentenças, ou configurações em nossos cérebros possam ser propriamente chamadas de "representações", visto que não há nada para ser representado. Se abrirmos mão dos fatos enquanto entidades que tornam verdadeiras as sentenças, devemos, ao mesmo tempo, abrir mão das representações, pois a legitimidade de um depende da legitimidade do outro. (1990, p.304)

Caso fatos individuais não existam, então é infeliz dizer que uma sentença (ou crença) verdadeira corresponde a ou representa um fato. Quando Davidson diz que nem "sentenças, [nem] suas ocorrências faladas, [nem] entidades semelhantes a sentenças, [nem]* configurações em nossos cérebros possam ser propriamente chamadas de 'representações', visto que não há nada para ser representado", ele está propondo uma imposição contra certas afirmativas de forma (R) e (C):

(R) X representa Y
(C) X corresponde a Y,

em que "representa" e "corresponde a" são verbos transitivos, e "X" e "Y" são substituídos por sintagmas nominais. Em primeiro lugar, ocorrências de (R) e de (C) não são verdadeiras se o sintagma nominal que substitui "X" descrever uma sentença (afirmativa ou proferimento) – uma concessão menor, observada anteriormente: se "X" for substituído por uma descrição de uma sentença verdadeira

---

* Inserção de Neale. (N. T.)

S, e "Y" for substituído por "o mundo" (ou, numa veia fregeana, por "o Verdadeiro"), a sentença resultante será verdadeira, mas não mais informativa do que a afirmativa de que S é verdadeira.[49] Em segundo lugar, ocorrências de (R) e de (C) não são verdadeiras se o sintagma nominal que substitui "Y" tiver por objetivo descrever (ou se referir a) um *fato* (*situação, estado de coisas, circunstância*). Portanto, não se pode dizer que uma sentença, afirmativa, proferimento, gesto, estado mental, estado computacional, escultura, pintura ou fotografia represente um fato.

É importante entender que Davidson não está afirmando que *não pode haver* substitutos úteis de *objetos* ou *eventos*. Sem que ele seja repreendido por inconsistência, Davidson pode aceitar a verdade de muitas ocorrências de (R) nas quais o sintagma nominal que substitui "X" descreve ou se refere a (por exemplo) uma pintura ou escultura, e o sintagma nominal que substitui "Y" descreve ou se refere a (por exemplo) uma pessoa, lugar ou evento (por exemplo, uma batalha). Ele pode dizer que um mapa de Londres representa Londres, que várias marcas no mapa representam suas ruas, parques, igrejas e assim por diante. O mesmo vale para observações que poderiam ser feitas sobre modelos de objetos gerados por computador ou túneis de vento (por exemplo, aviões e automóveis) ou eventos (por exemplo, furacões e terremotos). Portanto, aquele que busca um argumento explícito contra a existência de representações de objetos e eventos faria melhor procurando em outro lugar; tal argumento não pode ser extraído da rejeição dos fatos ou da rejeição da distinção esquema-conteúdo. Digo isso porque, ao que parece, Rorty quer tirar conclusões adicionais dessas rejeições, por exemplo, quando diz que o "antirrepresentacionismo" – que ele considera aprovado por Davidson – é "a afirmação de que *nenhum* item linguístico representa *qualquer* item não linguístico" (1991, p.2). Se levarmos isso ao pé da letra – a ênfase é de Rorty – então Rorty

---

49 É claro que certas ocorrências filosoficamente irrelevantes são aceitáveis. Poderíamos adotar a convenção segundo a qual sentenças do francês são usadas para representar a temperatura ou movimentos de xadrez.

está tirando uma conclusão que Davidson não tira da rejeição dos fatos e do dualismo esquema-conteúdo. Esquematicamente, Rorty está atribuindo a Davidson a opinião de que não existem sentenças verdadeiras de forma (R) quando o sintagma nominal que substitui "*X*" descrever ou se referir a um item linguístico, e o sintagma nominal que substitui "*Y*" descrever ou se referir a um item não linguístico. Mas a posição de Davidson é que não existem sentenças verdadeiras dessa forma quando o sintagma nominal que substitui "*X*" descrever ou se referir a *qualquer coisa que seja*, e o sintagma nominal que substitui "*Y*" descrever ou se referir a um *fato (situação, estado de coisas, circunstância)*. A consequência disso é tão somente que itens linguísticos não representam *fatos* (etc.), não que itens linguísticos não representam *quaisquer* itens não linguísticos. Davidson sustenta que não existem ocorrências verdadeiras de (R) quando o sintagma nominal que substitui "*Y*" for da forma "o fato de que tal e tal" (ou alguma forma similar feita para descrever um fato) porque acredita poder demonstrar (por meio de um estilingue) que não há fatos. Trata-se de algo tão simples quanto isto: nada pode representar um fato, visto que não existem fatos para serem representados. Não há razão alguma para pensar que uma imposição mais forte decorra do raciocínio de Davidson.

É possível que Rorty queira tirar a conclusão mais forte quanto a representações linguísticas porque os únicos disputantes linguísticos aptos a serem descritos por sintagmas nominais que substituem "*X*" são sentenças e termos singulares (inclusive variáveis sob atribuições), e os únicos disputantes não linguísticos aptos a serem descritos por sintagmas nominais que substituem "*Y*" são objetos, eventos e fatos. Se sentenças e termos singulares não puderem representar fatos (por não haver nenhum), então, a única maneira de entidades linguísticas representarem entidades não linguísticas é sentenças e termos singulares representarem objetos ou eventos.

O estilingue de Davidson tem por objetivo demonstrar que duas sentenças verdadeiras quaisquer representam a mesma entidade (seja como for chamada); portanto, a ideia de que sentenças são representações é desprovida de valor. Resta-nos, então, a tarefa de tornar inteligível a noção de termos singulares que representam (isto é, que se referem a) objetos ou eventos. Porém, a tese de que nenhum termo singular pode representar um objeto ou evento certamente não segue da rejeição dos fatos ou do dualismo esquema-conteúdo. Contudo, Rorty poderia seguir outra linha do trabalho de Davidson: nenhum conjunto determinado de axiomas de referência (isto é, de satisfação) para termos singulares é privilegiado na explicação de Davidson, visto que nenhum conjunto completo de axiomas de uma teoria da verdade (do qual um conjunto de axiomas de referência constituiria um subconjunto próprio) é privilegiado. Portanto, a relação de referência não pode ser tida com utilidade por representacional em nenhum sentido que satisfaça um "realista" quanto a referência ou representação. Talvez essa característica seja o que incentiva Rorty a dizer que, para Davidson, nenhum item linguístico representa um item não linguístico, porém, a ineliminabilidade teórica da referência (isto é, satisfação) dentro dessa teoria ameaça mitigar isso. Pois, embora seja verdade que nenhum conjunto determinado de axiomas úteis de referência seja privilegiado, e embora seja verdade que nenhuma explicação filosófica da relação de referência é invocada para além da ideia de um emparelhamento, no âmbito da teoria, de termos singulares e objetos (e eventos) – Davidson não tem de considerar que a referência seja, por exemplo, determinada por descrição, batismo, cadeias causais ou de informação – a referência é teoricamente ineliminável (diz ele) no sentido de que qualquer axiomatização adequada para uma língua natural trata nomes e variáveis (relativamente a sequências e via axiomas de satisfação) como "representando" objetos e eventos particulares. A teoria do significado revela uma ontologia de objetos e eventos. Acredito que, partindo da crença de Davidson na existência de axiomatizações alternativas (contendo axiomas diferentes para termos singulares), não devemos inferir que seja sua intenção afirmar não ser possível, em acepção útil alguma, dizer que um termo singular representa ou substitui um objeto ou evento: relativamente a uma determinada axiomatização (e atribuição), é precisamente isso que uma tal expressão faz.

3
FREGE:
VERDADE E COMPOSIÇÃO

"Fatos, fatos, fatos" brada o cientista quando quer enfatizar a necessidade de uma fundação firme para a ciência. O que é um fato? Um fato é um pensamento que é verdadeiro.

(G. Frege)

3.1 Referência e composição

Frege (1892) distingue a *referência* (*Bedeutung*) e o *sentido* (*Sinn*) de uma expressão, sendo este um "modo de apresentação" daquela. O referente de uma sentença declarativa, para Frege, é o seu valor de verdade – Verdade ou Falsidade – e o seu sentido é um *pensamento* (*Gedanke*). Portanto, o pensamento expresso por uma sentença S é um modo de apresentação do valor de verdade de S.

Church, Gödel e Davidson afirmaram ao menos entrever, na obra de Frege, um argumento cujo objetivo é mostrar que não existe alternativa viável ao parecer de que, caso as sentenças tenham referência, então há uma única entidade a que toda sentença verdadeira se refere, e uma única entidade, diferente daquela, a que toda sentença falsa se refere. Russell (1918) e outros torceram o nariz diante da ideia de que todas as sentenças verdadeiras representem a mesma coisa. De acordo com Russell, uma sentença verdadeira representa um *fato*, e existem muitos fatos distintos uns dos outros (a posição dele será discutida no próximo capítulo). De maneira semelhante, muitos filósofos consideram que as sentenças, tanto as verdadeiras quanto as falsas, representam *proposições* ou *estados de coisas*, e é de presumir que existam muito mais do que duas proposições ou dois estados de coisas.

Está pouco claro se Frege fornece algo que se deva considerar um argumento dedutivo em favor da tese de que a referência de uma sentença seja seu valor de verdade; mas fato é que os malabarismos que ele faz com várias questões lógicas e epistemológicas tornam a tese atraente ou, no mínimo, palatável. Os argumentos formais que Church e Gödel apresentam não se acham na obra de Frege. Mas não é difícil ver a influência de Frege nesses argumentos, em grande medida via o *Princípio da Composição*, que expressa a ideia de que a referência de uma expressão ϕ é determinada pela sintaxe de ϕ e pelas referências das partes de ϕ (*mutatis mutandis* quanto a sentido).

Os bloquinhos de montar, no sistema de Frege, são os termos singulares e as sentenças – não raro, ele considera estas exemplos complexos daqueles. A sintaxe de uma expressão que pertença a qualquer outra categoria principal é função da sintaxe dos termos singulares e das sentenças. Suponha, por ora, que nós só tenhamos termos singulares, conectivos sentenciais de um lugar (por exemplo, "não-é-o-caso-que"), conectivos sentenciais de dois lugares (por exemplo, "e" e "mas") e verbos intransitivos (por exemplo, "sorrir"). A notação da gramática categorial vem a calhar: S é a categoria *sentença*, e N, a categoria *termo singular*. Um conectivo sentencial de um lugar é da categoria sintática S/S (um dispositivo que se une a uma sentença para formar outra sentença); um conectivo de dois lugares é da categoria $S/(S, S)$ (um dispositivo que se une a um par de sentenças para formar uma sentença); um verbo intransitivo é da categoria S/N (um dispositivo que se une a um termo singular para formar uma sentença).

Dado (i) que os termos singulares se referem a objetos e que as sentenças se referem a valores de verdade (não importa, neste livro, se os próprios valores de verdade são ou não são objetos), (ii) dado o Princípio da Composição e (iii) dada uma sintaxe, é possível caracterizar as referências de expressões que pertençam a outras categorias sintáticas.[1] Os conectivos sentenciais se referem a funções de verdade: um conectivo de um lugar, como ¬, se refere a uma função $V \to V$, de valores de verdade a valores de verdade, isto é, uma função de referentes de sentenças a referentes de sentenças. Um conectivo sentencial de dois lugares, como "e" ou "mas", se refere a uma função $(V, V) \to V$, de *pares* de valores de verdade a valores de verdade, isto é, uma função de pares de referentes de sentenças a referentes de sentenças. Um verbo intransitivo (na verdade, um predicado de um lugar) se refere a uma função $O \to V$, de objetos a valores de verdade, isto é, uma função de referentes de termos singulares a referentes de sentenças.

3.2 Inocência abandonada

As coisas começam a esquentar um pouco mais quando se acrescentam os verbos transitivos (por exemplo, "gostar"). Em lógica e em filosofia, é comum tratar verbos transitivos como predicados de dois lugares. Desse ponto de vista, um verbo transitivo pertence à categoria $S/(N, N)$ e se refere a uma função $(O, O) \to V$, de pares ordenados de objetos a valores de verdade. No entanto, a teoria linguística contemporânea não aceita nada disso: um verbo transitivo e seu objeto direto se unem para formar um componente sentencial (um sintagma verbal), isto é, uma expressão da categoria S/N (exatamente como um verbo intransitivo). Quem é fregeano deve, desse ponto de vista, dizer que um verbo transitivo é da categoria $(S/N)/N$ e se refere a uma função $O \to (O \to V)$, uma função de objetos a funções que vão de objetos a valores de verdade.

A agitação começa quando são acrescentados à mistura os verbos sentenciais (por exemplo, "acreditar" e "dizer"): o Princípio da

---

[1] A fim de evitar questões irrelevantes ao que interessa pôr em exposição com mais urgência neste capítulo, restrinjamos nossa atenção, no que concerne a termos singulares, a nomes próprios que efetivamente tenham referência; e, no que concerne a sentenças, restrinjamos nossa atenção a sentenças que sejam verdadeiras ou falsas. Alguns vão considerar essas restrições vazias, outros, draconianas; o que não tem a menor importância, haja vista os objetivos atuais.

Composição de Frege *parece* estar ameaçado. Um verbo sentencial tem a aparência de ser da categoria $(S/N)/S$ – uma expressão que se une a uma sentença para formar um sintagma verbal – e deveria, por conseguinte, se referir a uma função $V \to (O \to V)$, de valores de verdade a funções que vão de objetos a valores de verdade. Mas, ao que parece, isso está errado. "Fósforo" e "Héspero" se referem ao mesmo objeto, de maneira que (1) e (2) têm o mesmo valor de verdade:

(1)   Fósforo é o objeto mais brilhante no céu antes do nascer do Sol.
(2)   Héspero é o objeto mais brilhante no céu antes do nascer do Sol.

Mas, segundo Frege, não é preciso que (3) e (4) tenham o mesmo valor de verdade:

(3)   Felipe acredita que Fósforo é o objeto mais brilhante no céu antes do nascer do Sol.
(4)   Felipe acredita que Héspero é o objeto mais brilhante no céu antes do nascer do Sol.

Para o sistema de Frege, isso aparenta ser problemático porque (3), ao que parece, se diferencia de (4) tão somente na substituição de partes que têm a mesma referência (a saber, sentenças (1) e (2), que têm o mesmo valor de verdade).

Mas da maneira que Frege segue adiante, o Princípio da Composição permanece intacto. Entre verbos transitivos e verbos sentenciais, há uma falta de analogia que é importante. O verbo "gostar" pede, como complemento, uma expressão do tipo que se refere a um objeto; o que é condizente com a ideia intuitiva de que as coisas de que se gosta sejam objetos.[2] O verbo "acreditar" pede uma

---

2   Por simplicidade, estou deixando de lado o fato de que sintagmas nominais, quantificados ou referenciais, possam funcionar como objetos diretos. Segundo uma explicação fregeana, enquanto um sintagma nominal referencial é da categoria N, um sintagma nominal quantificacional (por exemplo, "todo homem")

sentença como complemento (segundo Frege), e uma sentença é o tipo de expressão que se refere a um valor de verdade. É possível que isso pudesse dar a impressão de levar à ideia completamente *contraintuitiva* de que as coisas em que se acredita sejam valores de verdade. Frege desejava capturar a ideia de que as coisas em que se acredita são *pensamentos*, isto é, o tipo de coisa que são os *sentidos*, em vez das referências, das sentenças. Dessa maneira, ele chega à posição de que uma sentença subordinada a um verbo como "acreditar" tenha como referência, em tal ambiente linguístico, seu sentido costumeiro (isto é, o sentido que teria se ela não estivesse encaixada). Além disso, visto que (1) e (2) não têm o mesmo sentido – já que contêm partes que diferem quanto ao sentido, a saber, "Fósforo" e "Héspero" – não é preciso que a substituição de uma pela outra como complemento de "acreditar" preserve a referência (valor de verdade) do todo, isto é, (3) e (4) podem diferir quanto ao valor de verdade.[3] Em resumo, o Princípio da Composição permanece intacto; mas um *segundo* princípio, previamente plausível, foi então rejeitado. Caberia acreditar que é razoável supor que a referência de uma expressão inequívoca não depende do ambiente linguístico ao redor. Essa suposição é muitas vezes chamada de *Princípio da Inocência Semântica*, em homenagem a uma famosa observação de Davidson:

é da categoria $S/(S/N)$. Em ambos os casos, o resultado da união de um sintagma nominal e de um predicado de um lugar é uma sentença. Um sintagma nominal quantificacional, de acordo com essa explicação, se refere a uma função $(O \to V) \to V$, que vai de funções que vão de objetos a valores de verdades, a valores de verdades.

3 A referência de uma sentença duplamente (triplamente, ...) encaixada, como em "Fédon acredita que Sócrates acredita que Platão é rico", é um tópico que atrai certa atenção. Há quem defenda que ela ainda se refira ao sentido costumeiro, isto é, a um modo de apresentação da sua referência costumeira. Outros sustentam que ela tenha de se referir a um modo de apresentação de um modo de apresentação da sua referência costumeira. Na verdade, nenhum dos dois partidos tem razão. Uma vez introduzida a possibilidade de encaixes múltiplos, a teoria de Frege fica inconsistente, mas não há a menor necessidade de tratar disso aqui.

Desde Frege, os filósofos se acostumaram à ideia de que sentenças que tenham conteúdo, quando se está falando de atitudes proposicionais, estranhamente podem se referir a entidades tais como intensões, proposições, sentenças, proferimentos e inscrições... Se nos fosse dado recuperar a nossa inocência semântica pré-fregeana, acho que nos pareceria simplesmente inacreditável que as palavras "a Terra se move", ditas após as palavras "Galileu disse que", signifiquem ou se refiram a algo diferente do que elas tenham por hábito se referir ou significar quando figuram em outros ambientes. Não há dúvida de que o papel delas na *oratio obliqua* seja, de certo modo, especial; mas isso é outra história. A linguagem é o instrumento que ela é porque uma mesma expressão, com características semânticas (significado) inalteradas, pode servir a inúmeros propósitos. (1984, p.108)

Frege abandonou a Inocência Semântica e, com isso, salvou o Princípio da Composição; no que foi seguido por Church, por exemplo. Mas, para alguns, o preço pareceu exorbitante, e muitos filósofos talentosos tentaram construir teorias semânticas que respeitassem tanto a Inocência Semântica quanto o Princípio da Composição.[4]

Um terceiro princípio que cresceu em importância em investigações semânticas mais recentes foi o *Princípio da Referência Direta.*

---

4 A distinção entre teorias semânticas que são Semanticamente Inocentes e aquelas que não o são é algo análoga à distinção, em sintaxe, entre gramáticas que são isentas de contexto e aquelas que não o são. Uma gramática de estrutura sintagmática isenta de contexto tolera apenas regras que sejam isentas de contexto, isto é, regras de forma

(i) $\alpha \to \beta_1 \ldots \beta_n$,

que podem ser contrastadas com regras sensíveis a contexto, de forma

(ii) $X\alpha Y \to X\beta_1 \ldots \beta_n Y$.

O propósito da analogia é que regras com a forma de (ii) especifiquem que, se α figura no contexto $X\alpha Y$, então ele pode se expandir em $\beta_1 \ldots \beta_n$. Alguns sintaticistas e semanticistas preferem gramáticas isentas de contexto e teorias semânticas inocentes por causa da simplicidade e da uniformidade que elas aparentam fornecer. Outros parece que não se deixam impressionar com essas considerações. Nada neste livro envolve tomar posição quanto a isso.

Esse princípio, no que diz respeito a um termo singular α, sustenta que o referente de α é a única coisa associada a α que é relevante para determinar a proposição expressa pelo proferimento de uma sentença que contenha α e, por conseguinte, a única coisa associada a α que é relevante para determinar o valor de verdade de um proferimento de uma sentença que contenha α. Do fato de que Frege aceita o Princípio da Composição no tocante a sentido e referência, segue que ele rejeita o Princípio da Referência Direta: o *sentido* de uma sentença não encaixada, "Fósforo é o objeto mais brilhante no céu antes do nascer do Sol", serve de *referência* dela quando ela está encaixada, por exemplo, em "Felipe acredita que Fósforo é o objeto mais brilhante no céu antes do nascer do Sol", e esse sentido depende do sentido costumeiro de "Fósforo". Portanto, Frege e Church propõem teorias que são

(5) +Composição
     −Inocência Semântica
     −Referência Direta

Alguns não fregeanos discutem até que ponto é possível e desejável construir teorias semânticas que respeitem dois ou três desses princípios. Por exemplo, muitos de inclinação russelliana sugerem que tratar a referência de uma sentença como uma proposição estruturada (em vez de valor de verdade) é o primeiro passo mais óbvio em direção à construção de tal teoria.

3.3 A referência de uma sentença

Vamos tratar da razão *por que* as sentenças têm de se referir a valores de verdade, segundo Frege. Uma vez que a referência está sujeita ao Princípio da Composição, a referência de uma sentença, diz Frege,

> deve permanecer inalterada quando uma parte da sentença for substituída por uma expressão com a mesma referência... Que característica, afora o valor de verdade, se pode encontrar que pertença... a sentenças

de maneira bastante geral e permaneça inalterada por substituições dessas mencionadas há pouco? (1892, p.64-5)

Essa passagem parece admitir duas interpretações. Numa delas, ao que parece, Frege sugere que, se é possível alterar a referência de uma sentença somente pela substituição de uma de suas partes X por uma expressão que não tenha a mesma referência que X, então todas as sentenças verdadeiras têm a mesma referência, e, do mesmo modo, todas as falsas. Na outra interpretação, ele parece sugerir que, dada a mesma condição, a referência de uma sentença deve ser um valor de verdade, porquanto o valor de verdade de uma sentença é a única *entidade semanticamente relevante* que está associada a uma sentença que sobrevive a todas as substituições de expressões correferenciais. Alguns estudiosos acham que a última leitura é sustentada pelo fato de que, no parágrafo seguinte, Frege nos oferece a seguinte condicional: "Ora, se o valor de verdade de uma sentença é a sua referência, então, por um lado, todas as sentenças verdadeiras têm a mesma referência, e também, por outro lado, todas as sentenças falsas" (1892, p.65).

Suponhamos, com Frege, que as sentenças tenham *sim* uma referência e vejamos se outras características da teoria de Frege não nos colocam a caminho da ideia de que valores de verdade servem de referências delas. Segundo Frege, é possível que dois termos singulares, por exemplo, "Fósforo" e "Héspero", concordem quanto a referência mas discordem quanto a sentido, o que ele explora ao se dirigir a enigmas que envolvem identidade e substituição. Supondo que o Princípio da Composição se aplique tanto a referência quanto a sentido, seria possível que duas sentenças que concordassem quanto a referência diferissem, todavia, quanto a sentido. Contudo, feita a suposição fregeana de que o sentido determina a referência (que a referência é função do sentido), não é possível que duas sentenças concordem quanto a sentido e difiram quanto a referência.

Mas o que é preciso para que duas sentenças concordem quanto a sentido, para que expressem o mesmo pensamento? Numa carta a

Edmund Husserl, escrita entre 30 de outubro e primeiro de novembro de 1906, Frege diz que

> Em lógica, devemos ser resolutos em considerar que proposições equipolentes difiram tão somente segundo a forma. Depois de se subtrair a força assertória com que foram proferidas, as proposições equipolentes têm algo em comum no conteúdo delas, e é isso que denomino o pensamento que elas expressam. À lógica, só interessa isso. O resto chamo de colorido e iluminuras do pensamento. (1906a, p.67)

Naturalmente, isso nos leva a pedir uma caracterização precisa de equipolência, tendo em vista o critério de identidade de pensamentos que Frege tem em mente. Uma formulação clara do que Frege pensa sobre isso aparece em outra carta a Husserl, escrita em 9 de dezembro de 1906, em resposta a duas cartas (hoje perdidas) que Husserl havia escrito respondendo à carta citada anteriormente.[5] Frege, ao que parece, sugere o seguinte critério de identificação de pensamentos: para quaisquer duas sentenças A e B, caso (i) seja possível mostrar que "$A \bullet \neg B$" e "$\neg A \bullet B$" sejam *ambas* contradições, aplicando-se apenas "leis puramente lógicas" (e sem se apoiar no conhecimento do valor de verdade de uma ou outra sentença), e caso (ii) nem A nem B contenha uma sentença logicamente "autoevidente" como parte sua, então A e B têm o mesmo sentido.[6]

---

5 De acordo com Heinrich Scholz, a primeira dessas duas cartas trata da equipolência e do colorido.

6 "Parece-me que um critério objetivo se faz necessário para reconhecer um pensamento outra vez como o mesmo pensamento, pois, na ausência dele, a análise lógica é impossível. Ora, parece-me que o único meio possível de decidir se uma proposição A expressa o mesmo pensamento que uma proposição B, pressupondo que nenhuma das duas proposições contenha, no seu sentido, uma parte componente que seja logicamente autoevidente, é o seguinte: caso *tanto* a suposição de que o conteúdo de A seja falso e o de B, verdadeiro, *quanto* a suposição de que o conteúdo de A seja verdadeiro e o de B, falso, levarem a uma contradição lógica, e caso tal se possa estabelecer sem que se saiba se o conteúdo de A ou B é verdadeiro ou falso, e sem que se exijam, para tanto, leis que não sejam puramente lógicas, então não há nada que possa pertencer ao conteúdo de A, na medida em que ela seja suscetível de ser julgada verdadeira ou falsa, que

Modulo a proibição de subsentenças "autoevidentes" feita por ele, parece que Frege estava prestes a sugerir que sentenças "logicamente equivalentes" têm o mesmo sentido (e, logo, a mesma referência). Assim, dado o Princípio da Composição, encontramo-nos a caminho da ideia de que, em contextos não oblíquos, (a) *termos singulares correferenciais* podem ser substituídos um pelo outro sem alterar a referência do todo, e (b) *sentenças logicamente equivalentes* podem ser substituídas uma pela outra sem alterar a referência do todo. Caso se estabelecesse isso, não ficaria demonstrado, é claro, que existem só duas referências possíveis para uma sentença. Mais propriamente, essa posição ia demandar um argumento que, saindo da premissa de que nem a substituição de termos correferenciais, nem a de sentenças logicamente equivalentes consegue afetar a referência da sentença, chegasse à conclusão de que existem só duas referências possíveis para uma sentença. É exatamente um argumento desse tipo que Church (1943a) e Gödel (1944) apresentam (apesar de não haver indícios que sugiram que um ou outro tivesse sido influenciado pela discussão da carta de Frege a Husserl).

---

também não pertença ao conteúdo de B. [...] Dessa maneira, o que é suscetível de ser julgado verdadeiro ou falso nos conteúdos de A e B é idêntico, e à lógica só interessa isso, e é isso que denomino o pensamento expresso por ambas A e B. [...] Será que existe outro meio de adjudicar que parte do conteúdo de uma proposição está sujeita à lógica ou, então, quando é que duas proposições expressam o mesmo pensamento? Acho que não." (Frege 1906b, p.70-1)
Em "Uma breve avaliação de minhas doutrinas lógicas", também escrito em 1906 (Frege 1906c, p.197-202), Frege é menos preciso no que tange à lógica da equipolência, oferecendo uma caracterização psicológica ou epistemológica bastante próxima. Duas sentenças A e B são ditas equipolentes quando "alguém que reconhece o conteúdo de A como verdadeiro deve, por isso, também reconhecer como verdadeiro o conteúdo de B e, inversamente, alguém que aceita o conteúdo de B deve imediatamente aceitar o de A" (p.197). No mínimo, essa caracterização ainda encoraja a suposição de que acarretamento mútuo está no cerne da noção. (Há um problema claro em tudo isso: se sentenças logicamente equivalentes têm o mesmo sentido, então essas sentenças têm de ser intersubstituíveis *salva veritate* em contextos de atitudes proposicionais. Mas, de acordo com Frege (1892), tal simplesmente não é o caso.)

Mesmo assim, da correção desses argumentos, não seguiria que as possíveis referências de uma sentença são a Verdade e a Falsidade. *Quaisquer* duas coisas que fossem distintas serviriam para tanto, por exemplo, os números 1 e 0. Porém, os valores de verdade seriam atrativos, obviamente, ainda que só porque um Princípio da Composição adequado ditaria, com grande probabilidade, que falta uma referência a uma sentença caso falte uma referência a uma das partes dela e, além disso, considerar que os valores de verdade sejam as referências das sentenças se encaixaria bem com a sugestão, antecedentemente plausível, de que falta um *valor de verdade* a uma sentença caso falte uma referência a uma das partes dela. (Frege examina outras considerações, mas elas não são relevantes para nenhuma das observações que desejo fazer aqui.)

4
RUSSELL:
FATOS E DESCRIÇÕES

Via de regra é consenso que, se é que Frege teve mesmo de atribuir referência a sentenças, os valores de verdade eram, então, de longe a melhor coisa que ele poderia ter escolhido para ser os referentes delas: ao menos ele não seguiu pelo caminho medonho que leva a apresentar fatos, proposições, estados de coisas ou semelhantes entidades como os referentes das sentenças.
(M. Dummett)

4.1 Fatos e suas partes

Em filosofia, lógica e linguística, é comum considerar que as sentenças sejam entidades estruturadas e que os poderes semânticos de certos integrantes privilegiados – os assim chamados "termos singulares" – advenham do fato de que eles representam (referem-se a, designam) coisas. Poderíamos, por exemplo, dizer que o nome "Sócrates" representa Sócrates. É bem menos de praxe, para dizer a verdade, soa forçado ou artificial, dizer que verbos, advérbios, conectivos, artigos ou preposições representem coisas de uma maneira que guardem qualquer semelhança com aqueles. No entanto, muitos filósofos, lógicos e linguistas parecem contentes em tratar essas expressões como representantes de coisas no interior de suas teorias semânticas; por exemplo, como representando propriedades, relações, conjuntos ou funções. E, o que é mais relevante para o assunto em pauta, considera-se comumente que sentenças inteiras representam coisas, por exemplo, valores de verdade, proposições, estados de coisas, situações ou fatos (quando verdadeiras). Como vimos, Frege teve a ideia de que uma sentença declarativa representa ou a Verdade ou a Falsidade. Russell (1918) não quis saber de nada disso e defendeu que uma sentença verdadeira representa um *fato;* Wittgenstein (1921) defendeu o mesmo, no que foram acompanhados por vários outros filósofos em Cambridge, inclusive, temporariamente ao menos, por G. E. Moore e F. P. Ramsey. Pela mesma época, C. I. Lewis (1923) também estava defendendo os fatos.

Russell e Wittgenstein defenderam que o mundo contém (ou é composto de) fatos, entendidos como "complexos lógicos", e se valeram da ideia de que sentenças verdadeiras são, simplesmente, as que *correspondem aos* fatos.[1] Também defenderam que, sem a postulação dos fatos, não seria possível fornecer uma descrição adequada da realidade e da maneira pela qual ela se liga à linguagem. Haja vista os objetivos atuais, quero me concentrar na teoria de Russell e

---

[1] Frege rejeita explicitamente esse tipo de posicionamento:
"Seria possível supor... que a verdade consista na correspondência entre um retrato e aquilo que é retratado. Correspondência é uma relação. Contudo, isso é contestado pelo uso da palavra "verdadeiro", que não é uma palavra de relação e não faz referência a nada mais a que algo deva corresponder. ... Uma correspondência... pode ser perfeita unicamente se as coisas correspondentes coincidirem e, portanto, se não forem coisas distintas em absoluto... se a primeira de fato correspondesse perfeitamente à segunda, elas coincidiriam. Mas isso não é, de modo algum, o que se espera ao se definir a verdade como a correspondência entre uma ideia e algo real. Pois é absolutamente essencial que a realidade seja distinta da ideia. Mas, então, não é possível que exista uma correspondência completa, uma verdade completa. Tanto que absolutamente nada seria verdadeiro; porque tudo que é verdadeiro somente pela metade é não verdadeiro" (1919, p.18-19).
Após rejeitar a teoria da verdade como correspondência, Frege responde à pergunta "O que é um fato?" com "Um fato é um pensamento que é verdadeiro" (p.21). Para uma discussão proveitosa dessas passagens, ver Hornsby (1996).

na afirmação feita por Gödel (1944) de que a sustentabilidade dessa teoria se apoia em grande medida na viabilidade da Teoria das Descrições de Russell. (A teoria dos fatos de Wittgenstein e a aplicabilidade da observação de Gödel serão tratadas mais adiante.)

Russell chama nossa atenção para o primeiro de uma série de "truísmos... tão óbvios que chega a ser quase ridículo mencioná-los" (1918, p.182): "o mundo contém *fatos*, que são o que são não importa o que se queira pensar sobre eles, e... existem também *crenças*, que têm referência aos fatos e que, com referência aos fatos, são ou verdadeiras ou falsas" (p.182). Segundo Russell, um fato é "o tipo de coisa que é expresso por uma sentença inteira, não por um nome isolado" (p.182-3): "expressamos um fato quando, por exemplo, dizemos que certa coisa tem certa propriedade, ou que ela tem certa relação com outra coisa" (p.183). O motivo por que Russell postula os fatos e o que ele pensa do estatuto ontológico deles se resumem da seguinte maneira:

> o mundo exterior – o mundo, por assim dizer, que o conhecimento tem por objetivo conhecer – não se descreve completamente com um tanto de "entidades particulares"... é preciso que vocês também levem em consideração essas coisas que eu chamo de fatos, que são o tipo de coisa que vocês expressam por meio de uma sentença, e... estes, tanto quanto cadeiras e mesas individuais, são parte do mundo real. (p.183)

O que se afirma aí é tão somente que não há como fornecer uma descrição completa da realidade e da maneira como ela se liga à linguagem caso apenas entidades particulares sejam postuladas (ou mesmo, ao que parece, entidades particulares e seus atributos); precisa-se dos fatos também. Tratarei do argumento de Russell daqui a pouco. Mas, primeiro, o que *são* os fatos, e de que maneira estes devem ser individualizados segundo Russell? As afirmativas a seguir dão o panorama básico dele: (i) fatos, "tanto quanto cadeiras e mesas individuais, são parte do mundo real" (ibid.); (ii) um fato é "o tipo de coisa que é expresso por uma sentença inteira, não por um nome isolado ... Expressamos um fato quando, por exemplo, dizemos que certa coisa tem certa propriedade, ou que ela tem certa relação com outra coisa" (p.182-3); (iii) fatos são "complexos" de *objetos* (particulares) e *propriedades* (universais); (iv) os (principais) "integrantes" de uma sentença verdadeira correspondem aos "componentes" do fato a que a sentença corresponde; (v) fatos são individualizados via os seus componentes e a maneira como estes se relacionam entre si.[2] O argumento a favor dos fatos é mais ou menos o seguinte. Considere a sentença:

(1)   Bruto conhecia César.

Uma vez que é verdadeira, (1) diz algo correto sobre o mundo. Mas isso não pode ser explicado, salvo se o mundo fornecer alguma *coisa* ou algumas *coisas* a que (1) corresponda. Será que, por conter (ou ao menos por ter contido) Bruto e César, objetos a que os termos singulares em (1) correspondem, o mundo fornece o suficiente? Não. A sentença abaixo é verdadeira e diz respeito aos mesmos dois indivíduos:

(2)   Bruto esfaqueou César.

Ao solicitar que o mundo forneça *relações* que correspondam aos verbos transitivos em (1) e (2) parece que conseguimos parte do que é preciso. Mas, se o mundo fornece unicamente objetos e relações, o que haverá de errado com o mundo, que faz com que (2) seja verdadeira e (3) falsa?

(3)   César esfaqueou Bruto.

As três partes de (2) e (3) correspondem às mesmas três partes do mundo. Ao que parece, precisamos de uma *quarta* parte do mundo, um entidade complexa composta por Bruto, César e a relação expressa por "esfaqueou", uma entidade *estruturada* na qual Bruto e César guardam relações diferentes com a relação expressa pelo ver-

---

2   Quanto à linguagem comum, Brandom (1994, p.622) observa que comumente é dito que fatos são sobre objetos, não que os contenham ou consistam neles. Ele vê isso como um indício em favor da ideia fregeana de que fatos são apenas pensamentos (os afirmações) que são verdadeiros. Ver também Hornsby (1996).

bo. E essa quarta entidade – vamos chamá-la de "fato" – é aquela parte do mundo a que a sentença como um todo corresponde. Surgiu, dessa maneira, uma teoria moderna da verdade como "correspondência": uma sentença (ou crença) é verdadeira somente se existir algum *fato* a que ela corresponda, sendo que um fato é uma entidade não linguística num mundo externo objetivo.³ Nos últimos anos, o tipo de justificativa fornecida por Russell a favor dos fatos converteu-se em algo que constitui o cerne de uma formulação linguística e modal da teoria da correspondência. Toda sentença verdadeira, dizem, deve ter um *fazedor de verdade,* algo no mundo que estabeleça ou explique sua verdade, porquanto não há outra maneira de tornar inteligível a ideia de que o mundo deve ser ou estar de certo jeito para que a sentença em questão seja verdadeira. T é um fazedor de verdade para a sentença S se e somente se é necessário que, se T existe, então S é verdadeira. Objetos e propriedades não são o bastante, ao que parece, a título de fazedores de verdade. Bruto, César e a relação expressa por "esfaqueou" não tornam a sentença (2) verdadeira – seria possível que todos existissem sem que a sentença ficasse verdadeira, exatamente como todos existem sem que (3) fique verdadeira. Entram em cena os fatos: o fato de que Bruto matou César dá conta do recado – ou dizem que dá.

4.2 Representando fatos russellianos

Não se resolvem problemas filosóficos com a invenção de uma notação; mas às vezes a introdução de uma notação perspícua pode

---

3 Digo "moderno" porque, como salienta Olson (1987, p.16), é de praxe considerar que Aristóteles e outros sustentam teorias da verdade como correspondência sem postularem fatos. "O fracasso das teorias da verdade como correspondência com base na noção de fato", diz Davidson, "remonta a uma fonte comum: o desejo de incluir, na entidade a que uma sentença verdadeira corresponde, não só os objetos 'acerca' dos quais é a sentença (outra ideia repleta de dificuldades), mas também o que quer que a sentença diga sobre eles" (1984, p.49). Para uma discussão da abordagem de Davidson, ver o Capítulo 2.

tornar uma discussão mais precisa, ajudar a dar forma a observações fundamentais, ou erradicar uma ambiguidade latente. Com o objetivo de realçar que os fatos de Russell têm por componentes objetos e propriedades, quero tomar emprestada uma notação dos fatos usada por van Fraassen (1969).[4] Considere uma sentença atômica verdadeira Fa ("a é F"); van Fraassen usa $\langle a, F \rangle$ para a expressão complexa que-Fa e diz que o fato

(4) $\{\langle a, F \rangle\}$

torna "a é F" verdadeira. $\{\langle a, F \rangle\}$ tem por componentes a propriedade que o predicado F representa e o objeto que o termo a representa.[5]

---

4   Van Fraassen pretende mostrar que os fatos podem fornecer uma explanação semântica do "acarretamento tautológico" no sentido de Anderson e Belnap (1962). Nada de importante depende do uso da notação de van Fraassen (ou do seu esboço dos fatos "conjuntivos"). Não pretendo de maneira alguma me comprometer com quaisquer das teses de van Fraassen (ou com suas negações) ou mesmo com uma teoria dos fatos. Notações similares e próximas da teoria de conjuntos são usadas por vários filósofos para representar situações (por exemplo, Barwise e Perry, 1983), estados de coisas (por exemplo, Taylor, 1976, 1985), eventos (por exemplo, Kim, 1993) e proposições (por exemplo, Kaplan, 1978, 1989a). Não há nada de errado com semelhante notação em si, mas trata-se de um erro tentar tirar muita filosofia dela.

5   Caso sejamos russellianos, podemos pensar que "$\{\langle a, F \rangle\}$" é uma descrição definida de um fato – "o fato de que a é F" – embora não um nome deste fato. Por que van Fraassen coloca "$\langle a, F \rangle$" entre chaves? Considere uma sentença não atômica verdadeira, como a conjunção ($Fa \cdot Gb$) ou a disjunção ($Fa \vee Gb$). Russell contava evitar a postulação dos fatos "conjuntivos" e "disjuntivos" (de maneira mais geral, fatos "moleculares") a que tais sentenças correspondem. Nada de importância vital para o assunto presente depende de tomarmos uma decisão sobre essas entidades; mas, por apreço à meticulosidade, continuidade e simplicidade, proponho seguir van Fraassen (e outros que têm a impressão de que os teóricos dos fatos vão provavelmente precisar dos fatos moleculares, ainda que em sentido fraco) e dizer que $\{\langle a, F \rangle\}$ torna ($Fa \vee Gb$) verdadeira, bem como $\{\langle b, G \rangle\}$, e que o fato "conjuntivo" $\{\langle a, F \rangle, \langle b, G \rangle\}$ torna ($Fa \cdot Gb$) verdadeira.

De acordo com uma explicação russelliana, portanto, a sentença (5) (verdadeira) representa o fato em (6):

(5) César é mortal
(6) {⟨CÉSAR, MORTAL⟩}.

Esse fato tem por componentes (i) César (o próprio indivíduo, representado aqui por "CÉSAR"), que corresponde a "César", o termo singular que ocupa a posição de sujeito em (5), e (ii) a propriedade de ser mortal (dada aqui por MORTAL), que corresponde ao predicado "é mortal". Poderíamos dizer que (5) "retrata" (6); e poderíamos dizer que a estrutura de (6) "reflete" a estrutura de (5). (Essa última característica foi essencial para os projetos filosóficos a que Russell se dedicou, embora seja secundária para a maioria das observações que farei.)

Como poderíamos representar (7)?

(7) Bruto esfaqueou César.

Dada a maneira pela qual Russell motiva a aceitação dos fatos, o que desejamos é indicar que Bruto e César guardam relações diferentes entre si na relação expressa por "esfaqueou". Como observaram van Fraassen (1969) e Kaplan (1978), podemos conseguir o que queremos nesse caso se permitirmos que nossa notação agrupe itens de uma maneira que reflita o agrupamento que as estruturas sintáticas das sentenças impõem sobre elas. Supondo que (8) apreenda adequadamente as principais divisões sintáticas de (7), podemos representá-lo com (9) o fato que (7) representa, refletindo a divisão entre o sintagma nominal sujeito (NP) e o sintagma verbal (VP) em (7):

(8) [$_S$ [$_{NP}$ Bruto [$_{VP}$ esfaqueou [$_{NP}$ César]]]]
(9) {⟨BRUTO ⟨CÉSAR, ESFAQUEOU⟩⟩}.

Uma questão importante que deve ser encarada por qualquer teoria que pretenda chegar à verdade tomando o caminho dos fatos diz respeito a sentenças quantificadas: a que fatos as sentenças a seguir correspondem?

(10)   Todo humano é mortal
(11)   Alguns humanos são mortais.

Segundo Russell, elas correspondem a fatos *gerais* em vez de *particulares*. A fim de nos esquivarmos de questões que não são pertinentes para o assunto presente, podemos adotar uma explicação neorrusseliana de fatos gerais em vez de seguir os pormenores da explicação do próprio Russell. Torno a repetir: ao descrever o fato, refletimos a estrutura sintática da sentença que tem por objetivo representá-lo. Supondo que (12) apreenda de modo adequado as principais divisões sintáticas de (10), podemos, então, representar o fato geral a que (10) corresponde com (13), que reflete a divisão entre o sintagma nominal sujeito (NP) e o sintagma verbal (VP) em (10):

(12)   [$_S$ [$_{NP}$ [todo humano][$_{VP}$ é mortal]]]
(13)   {⟨⟨TODO, HUMANO⟩, MORTAL⟩}.

E poderíamos pensar que esse fato tem por componentes (i) o complexo lógico composto pela (a) propriedade de ser um humano e (b) pela relação TODO (uma relação que subsiste entre pares de propriedades ⟨P, Q⟩ – representada aqui por "⟨⟨–, P⟩, Q⟩" – se e somente se não há nada que tenha P que não tenha também Q), e (ii) a propriedade de ser mortal. (O fato que corresponde a (10) difere do que corresponde a (11) unicamente porque o primeiro componente deste é um complexo lógico que não tem por componente a relação TODO, mas a relação ALGUNS – uma relação que subsiste entre pares de propriedade ⟨P, Q⟩ se e somente se há alguma coisa que tem P e que também tem Q.)

É claro que esse papo de propriedades e relações como componentes dos fatos não será para o gosto de todos, sobretudo quando se salientar que, segundo explicações russellianas, propriedades não devem ser concebidas extensionalmente, isto é, predicados coextensionais não precisam representar a mesma propriedade.

4.3 A Teoria das Descrições

A ideia de que certas palavras são sincategoremáticas, definidas em contexto linguístico em vez de isoladamente, é bem velha: a grande favorita dos atormentados pela angústia ontológica. Linhas nominalistas da filosofia medieval exploraram essa ideia; o mesmo fez um nominalista mais recente, Jeremy Bentham, que a chamou de "definição por paráfrase" e que a utilizou com relação a expressões aparentemente categoremáticas que lhe davam a impressão de se referir a "ficções", entre as quais ele incluía qualidades, relações, classes e decerto todas as entidades da matemática. A estratégia de Bentham era fornecer um método sistemático para converter qualquer sentença que contenha um termo X suspeito em certo tipo de sentença destituída de X, revelando, desse modo, que X é sincategoremático, a despeito das aparências gramaticais. E o que ele queria era evitar compromissos ontológicos embaraçosos, tirando algum proveito gramatical, entretanto, de termos cuja denotação fosse suspeita.

Hoje em dia, o método da paráfrase é comumente chamado de método da *definição contextual* e impõe-se à filosofia mais recente em grande medida pela obra de Frege e, a seguir, Russell, notavelmente com sua Teoria das Descrições. Temos a tendência a tomar isso hoje como pressuposto, porém, de vez em quando, alguém como Quine nos faz lembrar do que se passou:

> A definição contextual provocou uma revolução na semântica: menos inesperada que a revolução copernicana na astronomia, mas semelhante a ela por se tratar de um deslocamento de centro. Não mais se considera que o veículo primário do significado seja a palavra, mas a sentença. Termos, qual partículas gramaticais, significam por contribuírem para o significado das sentenças que os contêm. O heliocentrismo proposto por Copérnico não era óbvio, e este aqui tampouco o é... os significados das palavras são abstrações das condições de verdade das sentenças que as contêm.
>
> O reconhecimento dessa primazia semântica das sentenças foi que nos deu a definição contextual, e vice-versa. Eu atribuí isso a Bentham.

Gerações depois encontramos Frege proclamando a primazia das sentenças, e Russell tirando o mais pleno proveito da definição contextual em lógica técnica. (1981, p.69)

Segundo a explicação de Quine, termos singulares comuns – deixemos variáveis de lado por ora – são fundamentalmente redundantes: no lugar de qualquer sentença que contenha um termo singular comum, é possível colocar sem perda – e de uma maneira sugerida pela Teoria das Descrições de Russell – uma sentença destituída desse termo. Segundo essa explicação, termos singulares normais, nomes, por exemplo, não são mais do que "enfeites" (1970, p.25) ou "convenções de abreviação" convenientes (1941a, p.41); a definição contextual é nossa "recompensa", no entender de Quine, "pelo reconhecimento de que a unidade de comunicação é a sentença, não a palavra" (1981, p.75).

Trata-se de uma ideia fecunda que vai muito além de qualquer coisa que Frege ou Russell imaginaram. Ela levou alguns filósofos a perguntar se Quine não estaria despindo um santo para vestir outro. Pois, enquanto advogava a eliminação de termos singulares mediante paráfrase, tentava tirar poderosas conclusões filosóficas de argumentos que envolvem a *substituição* de termos singulares supostamente correferenciais no escopo de conectivos sentenciais supostamente não verifuncionais. Em especial, ele apresentou um argumento-estilingue feito para mostrar que qualquer conectivo sentencial que satisfaz um mínimo de condições lógicas tem de ser verifuncional, um argumento que tem a aparência de fazer uso crucial da ideia de que descrições definidas complexas (ou abstrações de classe) são termos singulares. A fim de avaliar adequadamente esse tipo de argumento, é necessário examinar com todos os pormenores o que exatamente está envolvido na definição contextual russelliana de tais expressões, bem como uma preocupação que Gödel manifesta acerca da "eliminação" russelliana de descrições.

Segundo Russell, uma sentença verdadeira de forma "o F é G" representa um fato *geral* porque descrições definidas são expressões quantificacionais, não termos singulares. Tendo em vista o que está por vir, e para nos resguardarmos de confusões em potencial, essa observação e suas ramificações precisam ser explicitadas.

De uma perspectiva sintática, o artigo definido "o" é um *determinante* em pé de igualdade com "todo", "algum", "um" e "nenhum", um dispositivo que se liga a uma expressão nominal para formar um sintagma nominal. Russell defendeu que "o" é também *semanticamente* semelhante a esses determinantes na medida em que introduz quantificação. Conforme sua explicação, sintagmas de forma "o F " não são de maneira alguma termos singulares, são sintagmas nominais quantificacionais ("expressões denotativas") como as de formas "todo F", "algum F", "um F" e "nenhum F". De acordo com sua Teoria das Descrições, (um proferimento de) uma sentença de forma "o F é G" é verdadeira(o) se e somente se a sentença correspondente de forma "todo F é G, e há exatamente um F" é verdadeira. Portanto, ao passo que a forma lógica de uma sentença de forma "α é G" pode ser dada por uma fórmula de forma "Gα", a forma lógica de uma sentença simples de forma "o F é G" é dada por uma fórmula quantificacional (14), que pode ser reduzida à fórmula (15), logicamente equivalente:

(14) $\forall x(Fx \supset Gx) . \exists x \forall y(Fy \equiv y=x)$
(15) $\exists x(\forall y(Fy \equiv y=x) \cdot Gx)$.

Não raro encontramos filósofos que recorrem à Teoria das Descrições de Russell quando tentam lançar luz sobre as formas lógicas de certas afirmativas, talvez as premissas ou as conclusões de certos argumentos filosóficos. Um filósofo poderia acusar outro de cometer "falácia de substituição" ao tratar uma expressão particularmente importante como um termo singular quando se trata, na realidade, de uma descrição; ou um poderia acusar outro de cometer "falácia de escopo" envolvendo a interpretação de uma descrição relativamente a, digamos, um operador modal, temporal ou causal.

Menos frequente, o que não deixa de ser curioso, é esses filósofos conceberem a teoria de Russell a título de componente de uma semântica sistemática da linguagem natural. Ora, eu achava que era somente *porque* se pode conceber a Teoria das Descrições a título de componente de uma teoria semântica sistemática é que filósofos tinham o direito de recorrer a ela do jeito que recorrem. Consequentemente, eu sustentaria que recai, sobre quem quiser recorrer à teoria para elucidar as formas lógicas de afirmativas numa língua natural, o ônus de ser explícito quanto ao lugar dela numa semântica sistemática dessa língua natural.

Em *Descriptions* (1990) e num artigo publicado poucos anos depois, tentei articular isso tudo pormenorizadamente, defender a correção vericondicional da teoria em face das mais prementes objeções sintáticas, semânticas e pragmáticas, e explicar a importância filosófica da teoria em vários domínios semânticos.[6] Portanto, para os propósitos iniciais deste capítulo, proponho prosseguir com a suposição de que a teoria de Russell esteja correta.[7] E, mais para a frente neste livro, vou inspecionar as mais promissoras entre as teorias concorrentes, porquanto em diversas ocasiões será crucial especificar a semântica de descrições que estiver pressuposta e comparar o ganho líquido na hipótese de que alguma teoria alternativa plausível seja pressuposta em seu lugar.

Tendo em vista o uso de fórmulas que incluem dispositivos de descrição e abstração nas variedades de argumentos de colapso de que nos ocuparemos em capítulos posteriores, precisamos resolver de antemão uma quantidade de problemas sobre abreviação, definição, eliminação e notação, problemas sobre os quais ainda existem confusões persistentes na literatura, algumas das quais resultam de uma má compreensão da teoria de Russell que nos foi legada pelos trabalhos de Gödel (1944), Carnap (1947), Quine (1940, 1953c, 1961) e do próprio Russell (1905). Surpreendentemente, mesmo entre os que, como Quine, professam submissão ao que a teoria de Russell fornece em termos vericondicionais, por vezes se encontra

---

6 Ver Neale (1993a).
7 No apêndice, abordo com alguns supostos problemas de implementação. Numa nova edição de Descriptions, lido com alguns supostos contraexemplos. Ver também o meu "This, That, and the Other".

resistência (i) à ideia de que (14) consiste numa maneira de revelar a *forma lógica* de "o F é G", (ii) à ideia de que descrições possam tomar diversos "escopos" e (iii) à ideia de que descrições sejam "símbolos incompletos". Parece que a base de semelhante resistência está em esquecer de separar os traços essenciais e os traços secundários da apresentação que Russell faz de sua teoria, ou então em não entender a natureza da relação entre forma lógica e semântica. Os equívocos por parte dos detratores da teoria de Russell tendem a ter por base os mesmos descuidos, como veremos.

4.4 Abreviação

Considere uma linguagem L que contenha vários predicados de um lugar, um estoque inesgotável de variáveis $x_1 \ldots x_n$, parênteses esquerdo e direito como dispositivos de pontuação e o seguinte vocabulário lógico: $\forall, \vee, \neg, =$. Suponha uma definição de verdade tarskiana rudimentar para L (em que s assume como valor sequências infinitas de objetos no domínio, k assume como valor os números naturais, s_k é o objeto na k-ésima posição em s, e ϕ e ψ assumem como valor fórmulas de L):

(i) $\forall s \forall k$ (quanto a s, o referente de $x_k = s_k$)
(ii) $\forall s \forall k \forall \phi$ ($\forall x_k\ \phi$ é satisfeita por s se e somente se ϕ é satisfeita por toda sequência que difere de s no máximo na k-ésima posição)
(iii) $\forall s \forall \phi$ ($\neg \phi$ é satisfeita por s se e somente se ϕ não é satisfeita por s)
(iv) $\forall s \forall \phi \forall \psi$ (($\phi \vee \psi$) é satisfeita por s se e somente se ϕ é satisfeita por s, ou ψ é satisfeita por s).

(Evito o uso de aspas retas. Quando é absolutamente necessário – ou seja, quase nunca – uso aspas duplas convencionais. A maioria das vezes, não me preocupo em colocar os símbolos entre aspas, porque é evidente que falo *sobre* eles em vez de usá-los. Não é preciso criar confusão quanto a isso.) Pois bem, imagine que nos déssemos conta de estar usando um grande número de fórmulas que envolvem negação e disjunção (pois queríamos exprimir a conjunção) e quiséssemos economizar tinta. De uma ampla gama de opções, podemos separar (i) a introdução de alguma abreviação metalinguística e (ii) a adição de novos símbolos a L.

Uma maneira interessante de introduzir a abreviação metalinguística seria usar "quase-fórmulas" para representar fórmulas legítimas de L. Por exemplo, poderíamos usar $(\phi \bullet \psi)$ como uma abreviação conveniente de $\neg(\neg\phi \vee \neg\psi)$ sem, na realidade, acrescentar $\bullet$ a L.

Já uma maneira de fazer um acréscimo propriamente a L seria introduzir um conectivo $\bullet$ de dois lugares via uma regra sintática apropriada e um novo axioma semântico que inclui os conectivos $\vee$ e $\neg$:

(v) $\forall s \forall \phi \forall \psi ((\phi \bullet \psi)$ é satisfeita por s se e somente se $\neg(\neg\phi \vee \neg\psi)$ é satisfeita por s).

Outra alternativa seria se preferíssemos acrescentar $\bullet$ a L de uma maneira mais direta, ou seja, via uma regra sintática apropriada e um novo axioma semântico que não inclui quaisquer outras expressões de L:

(vi) $\forall s \forall \phi \forall \psi ((\phi \bullet \psi)$ é satisfeita por s se e somente se ϕ é satisfeita por s, e ψ é satisfeita por s).

De modo semelhante, qualquer um dos métodos (i), (ii a) ou (ii b) poderia ser usado no tocante a outros símbolos que nós pudéssemos considerar, por exemplo, $\supset, \equiv, \neq$ e $\exists$.

Considere agora uma linguagem L', exatamente como L, mas que contenha o seguinte vocabulário lógico: $\forall, \exists, \neg, \bullet, \vee, \supset, \equiv, =, \neq$. Não há nada que se possa dizer em L' que não se possa dizer em L; mas há muitas coisas que, em L', se podem dizer com menos símbolos e de maneiras que podem ser mais facilmente entendidas.

No meio do caminho fica uma escolha com ganhos e perdas entre economia de símbolos e facilidade de interpretação. A economia de símbolos não é o único critério que mobilizamos ao projetar as linguagens formais com que trabalhamos. Se estamos trabalhando na metateoria da lógica de primeira ordem, ficamos naturalmente atraídos pela economia trazida por uma linguagem com menos símbolos; na hora de *usarmos* (em vez de discutirmos) fórmulas da lógica de primeira ordem, ficamos naturalmente atraídos pela economia de espaço e pela simplicidade trazida por uma linguagem com um número maior de símbolos. (Imagine como seria difícil adquirir a prática de entender rapidamente sentenças cujo vocabulário lógico incluísse apenas ∃, = e | (isto é, a barra de dois lugares de Scheffer, que exprime incompatibilidade). Whitehead e Russell, suficientemente impressionados com a |, chegaram a dizer, na introdução à segunda edição dos *Principia*, que seria possível entender a obra inteira se fosse reescrita só com esse único conectivo sentencial. (Não obstante, Russell estava convencido de que a negação é *psicologicamente* mais primitiva do que a barra.)

Por fim, considere uma linguagem L'', exatamente como L', mas que contenha três constantes individuais, a, b, c, entendidas como termos singulares primitivos (nomes, se preferir). Imagine que quiséssemos falar sobre coisas que estivessem no domínio mas que não fossem designadas por a, b ou c, ou sobre coisas que, satisfazendo certas condições descritivas, não soubéssemos que fossem designadas por a, b ou c. Poderíamos reproduzir a afirmativa de que a única coisa que satisfaz o predicado F satisfaz também o predicado G (ou seja, a afirmativa de que o F é G) do seguinte modo:[8]

(16) $\exists x(\forall y(Fy \equiv y=x) \cdot Gx)$.

(No lugar de x_1, x_2 etc., usarei, de vez em quando, x, y etc.) Torno a repetir: há coisas que poderíamos fazer para economizar tinta e proporcionar para nós mesmos fórmulas de interpretação mais fácil. Poderíamos introduzir algumas abreviações. Em particular, poderíamos seguir Russell, para quem (16) reproduzia a forma ló-

---

8   Ver Russell (1905) e Whitehead e Russell (1925, *14).

gica de uma sentença na língua natural, "o F é G". Adaptando a notação-*iota* de Peano, Russell representa uma descrição definida "o F" com uma expressão com a forma de ɿxFx, que se lê "o único x tal que Fx". O operador-*iota* tem a *aparência de ser* um operador que se liga a uma variável para criar um termo ɿ$x\phi$ a partir da fórmula ϕ. No entanto, a teoria de Russell tem um traço importante que torna essa caracterização um tanto enganosa. É verdade que um símbolo simples como G, um predicado de um lugar, pode ser anteposto a uma descrição ɿ$x\phi$ para formar algo que tenha a forma de Gɿ$x\phi$. Mas isso não é uma fórmula da linguagem formal de Russell; trata-se de uma quase-fórmula, uma abreviação, uma abreviatura de uma fórmula genuína com a forma de (17) (em que $\phi(y)$ é o resultado de se colocar y no lugar de todas as ocorrências livres de x em ϕ):

(17) $\exists x(\forall y(\phi(y) \equiv y=x) \bullet Gx)$.

Para Russell, um sintagma com a forma de ɿ$x\phi$ não é um termo singular genuíno; trata-se de um *dispositivo de abreviação* que possibilita atalhos (demonstravelmente legítimos) no andamento das provas, bem como o uso de quase-fórmulas que são normalmente mais fáceis de entender que as fórmulas genuínas das quais elas são substitutas. A observação importante, tendo em vista as preocupações presentes, é que *o operador iota não foi acrescentado à própria L"*. Uma quase-fórmula com a forma de Gɿ$x\phi$ é tão só uma abreviatura de uma fórmula genuína com a forma de (17).[9]

A esta altura, pois, caberia examinar a definição contextual de descrições definidas a seguir, em que Σ(ɿ$x\phi$) é uma sentença que contém ɿ$x\phi$, $\Sigma(x)$ é o resultado de se colocar x no lugar de uma ocorrência de ɿ$x\phi$ em Σ(ɿ$x\phi$), e $\phi(y)$ é o resultado de se colocar y no lugar das ocorrências livres de x em ϕ:

---

9   A rigor, até mesmo (17) é uma abreviatura para Russell, já que $\bullet$, $\equiv$ e = devem ser eliminadas mediante análise em alguma altura, em atenção a certos propósitos de Russell, quiçá usando a |, se for para levar a sério o comentário na introdução à segunda edição dos *Principia*. Eu nunca vi (17) vertida para uma notação verdadeiramente primitiva, isto é, para um formato que empregue apenas $\exists$ e |, e nem quero ver.

(18) $\Sigma(\imath x\phi) =_{df} \exists x(\forall y(\phi(y) \equiv y=x) \cdot \Sigma(x))$.

Mas isso não será mais o suficiente tão logo exemplos mais complexos sejam examinados. Whitehead e Russell trazem isso à luz com a quase-fórmula (19):

(19) $G\imath x\phi \supset \psi$.

Dependendo de como a definição (18) for aplicada, seria possível tomar (19) por uma abreviatura de (20) ou (21), que não são equivalentes no que diz respeito a condições de verdade:

(20) $(\exists x(\forall y(\phi(y) \equiv y=x) \cdot Gx) \supset \psi)$
(21) $\exists x(\forall y(\phi(y) \equiv y=x) \cdot (Gx \supset \psi))$.

Portanto, diferentemente de qualquer fórmula genuína de L'' (ou a linguagem dos *Principia*), uma quase-fórmula com a forma de (19) é, por ora, ambígua. Por conseguinte, algum tipo de modificação ou suplemento do sistema de abreviação é necessário, caso se espere que ele tenha alguma utilidade.

Vale a pena ressaltar essa observação no tocante a outro tipo de exemplo que é de interesse mais imediato. Dependendo de como (18) for aplicada, seria possível tomar a quase-fórmula $\neg G\imath x\phi$ por uma abreviatura de (22) ou (23), que não são equivalentes no que diz respeito a condições de verdade:

(22) $\neg \exists x(\forall y(\phi(y) \equiv y=x) \cdot Gx)$
(23) $\exists x(\forall y(\phi(y) \equiv y=x) \cdot \neg Gx)$.

(Aquela, diferentemente desta, pode ser verdadeira se nada satisfizer ϕ unicamente.) Whitehead e Russell adotam um suplemento bem desajeitado para o método de abreviação que usam, a fim de erradicar a ambiguidade nas suas quase-fórmulas: colocam uma cópia da descrição entre colchetes na frente da fórmula, o que constitui o escopo do quantificador existencial que vier ao caso. Deste modo, (22) e (23) são abreviadas para (22′) e (23′) respectivamente:

(22')   ¬[ıxϕ]G₁xϕ
(23')   [ıxϕ]¬G₁xϕ.

Preocupados que estão com fórmulas em que as descrições tomem o escopo menor, Whitehead e Russell permitem a si mesmos omitir a cópia entre colchetes da descrição sempre que estiver entendido que o escopo da descrição é o menor. Portanto, é possível simplificar (22'), mas não (23'), para ¬G₁xϕ, a partir de agora entendida de maneira inequívoca – afinal de contas, trata-se tão só de uma notação de abreviação sem consequências para a linguagem primitiva.

Usando essas convenções de escopo, a Teoria das Descrições pode ser resumida a duas proposições sucintas. A proposição central é a seguinte definição contextual:

*14.01 $[ıxϕ]Σ(ıxϕ) =_{df} ∃x(∀y(ϕ(y) ≡ y=x) • Σ(x))$.[10]

A segunda proposição só é relevante para afirmativas que aparentemente envolvam menção à existência. Para Russell, um termo singular genuíno não pode deixar de se referir; então, nenhuma letra de predicado na linguagem dos *Principia* faz as vezes de "existe". Mas uma afirmativa com a forma de "o F existe" é significativa, e Russell introduz um símbolo abreviativo, E!, que pode se ligar a uma descrição ıxϕ para criar um segundo tipo de quase-fórmula E! ıxϕ, que também deve ser entendida em termos de uma definição contextual:

*14.02 $E! ıxϕ =_{df} ∃x∀y(ϕ(y) ≡ y=x)$.

A Teoria das Descrições afirma que, no lugar de qualquer fórmula bem-formada que contenha uma descrição definida (não obstante a complexidade de Σ(ıxϕ) em *14.01), é possível colocar uma fórmula equivalente destituída de descrições.[11] Fica claro que usar

---

10   Do começo ao fim, usarei ıxϕ onde Russell usa (ıx)(ϕx). Essa convenção será aplicada em todos os contextos, mesmo quando eu estiver citando os *Principia*.

11   Num trabalho não publicado, Saul Kripke apresentou exemplos, as "hidras", assim chamadas por ele, que põem em dúvida a sistematicidade das expansões

ENCARANDO OS FATOS 139

a convenção abreviativa de Russell nada acrescenta ao poder de expressão de L''.

Tão logo se tenham provado certas regras de inferências derivadas para contextos verifuncionais, sobretudo,

*14.15 $(\imath x\phi=\alpha) \supset \{\Sigma(\imath x\phi) \equiv \Sigma(\alpha)\}$

*14.16 $(\imath x\phi=\imath x\psi) \supset \{\Sigma(\imath x\phi) \equiv \Sigma(\imath x\psi)\}$,

é útil, para os certos fins de prova, poder tratar as descrições definidas $s(x)$, $\sqrt{x}$, $\log x$, $\sin x$, $x + y$ e assim por diante *como se* fossem termos singulares.[12]

---

que somente usam *14.01 e *14.02. Que talvez existam dificuldades interessantes nessa área é o que Mates (1973) dá a entender; ele me disse que foi convencido pelo estudo de casos que Tarski inventou nos seminários em Berkeley.

12 A notação-*iota* é pouquíssimas vezes usada nos *Principia* depois de *14, "sendo necessária principalmente para nos conduzir a outra notação" (Whitehead e Russell, 1925, p.67), a saber, a notação-*de* da vírgula invertida: $R'z$ é usada como abreviação no lugar de "o objeto que guarda a relação R com z", e é introduzida por meio de mais uma definição contextual:

(i) $R'z =_{df} \imath x R x z$.

Russell chama tanto (i) como *14.01 de "definições contextuais" e, além disso, diz que $\imath x\phi$ e $R'z$ são ambas "definidas no uso". Repare que, em *14.01, conseguimos fórmulas inteiras em ambos os lados direito e esquerdo de $=_{df}$, ao passo que, em (ii), não. Isso é assim, segundo Russell, pois uma definição contextual tecnicamente não envolve fórmulas inteiras por natureza (o deslocamento quineano de termos para sentenças não é obrigatório). É claro que se pode facilmente refazer (i) em termos de fórmulas – basta anexar um predicado de um lugar a qualquer um dos lados – mas isso não teria qualquer valor para Russell. Em conformidade com (i), (ii) é analisada como (iii), que por sua vez é analisada, em conformidade com *14.01, como (iv):

(ii) $G(R'z)$
(iii) $G(\imath x R x z)$
(iv) $\exists x(\forall y(R y z \ldots y=x) \bullet Gx)$.

*14.01 difere de (i) por envolver *reestruturação lógica*. É somente no contexto de uma fórmula inteira que a análise de $\imath x\phi$ pode ser expressa. É claro, *no final das contas*, que isso vale para $R'z$ também.

Outro teorema útil para contextos verifuncionais nos *Principia mathematica* é *14.18:

*14.18 E! $\imath x\phi \supset \{\forall x \Sigma(x) \supset \Sigma(\imath x\phi)\}$.

Quer dizer, se existe exatamente uma única coisa que satisfaz ϕ, então essa coisa "tem qualquer propriedade que pertence a todas as coisas" (Whitehead e Russell, 1925, p.174). A descrição $\imath x\phi$

> tem (falando em termos formais) todas as propriedades lógicas dos símbolos que representam objetos diretamente... o fato de que se trata de um símbolo incompleto torna-se irrelevante para os valores de verdade das proposições lógicas em que ela ocorre. (p.180)

O fato de que Whitehead e Russell provam alguns teoremas interessantes sobre descrições definidas que foram determinadas contextualmente e que ocorrem em contextos verifuncionais não deve esconder a natureza quantificacional da Teoria das Descrições, que aparece com clareza não só nos próprios teoremas *14.01 e *14.02, mas também quando Russell fala de proposições *gerais* e de fatos *gerais*. Na época dos *Principia*, tendo mais ou menos aberto mão da ideia de proposições como entidades não linguísticas de utilidade teórica, Russell considerava que uma sentença verdadeira representa um fato. Mas, para evitar distrações desnecessárias que surgem no tocante a sentenças falsas, será conveniente, por ora, voltar alguns anos, quando Russell estava apresentando sua Teoria das Descrições pela primeira vez, para um período em que ele levava mais a sério a ideia de que proposições fossem entidades não linguísticas.

Para Russell, é possível ligar um termo singular, α, a um predicado de um lugar, "– é G", para expressar uma proposição que simplesmente não se poderia considerar ou expressar caso a entidade a que α se refere não existisse. Russell muitas vezes exprime isso dizendo que o referente de α é um *componente* de tal proposição, uma assim chamada proposição *singular*, cuja existência é dependente da existência do referente de α.

Uma sentença com a forma de "o F é G" *não* expressa uma proposição singular; expressa uma proposição *geral* (ou *quantificacio-*

nal), uma proposição que não é *sobre* uma entidade específica (descrita por "o *F*"), e cuja existência não é dependente da existência da entidade que, de fato, satisfaz o predicado *F* (se é que algo o satisfaz).[13] Quem não entende que, segundo Russell, "o *F* é *G*" expressa uma proposição *geral*, que "o *F*" *nunca* se refere, simplesmente não entende a teoria.

Dizer que a proposição expressa por uma sentença *S* é singular, na verdade, é justamente dizer que o sujeito gramatical de *S representa* um objeto e *contribui com* esse objeto para a proposição expressa por um proferimento de *S* (ou, se preferir, contribui com esse objeto para as condições de verdade de um proferimento de *S*). Dizer que uma sentença *S* expressa uma proposição *geral* é justamente dizer que o sujeito gramatical de *S* não é o tipo de expressão que representa um objeto ou contribui com um objeto para a proposição expressa por (ou para as condições de verdade de) um proferimento de *S*. Eis o cerne do posicionamento de Russell: sintagmas em português com a forma de "o *F*", bem como sintagmas com a forma de "todo *F*", "algum *F*" e assim por diante – ou seja, todos os "sintagmas denotativos" – são símbolos *incompletos:* são incompletos porque não "significam" ou "representam diretamente" objetos da maneira pela qual nomes próprios e predicados o

---

13 Para Russell, tudo isso está intimamente ligado a sua epistemologia e a sua psicologia. Da mesma maneira que nós conseguimos apreender a proposição expressa pelo proferimento de uma sentença com a forma de "todo *F* é *G*" ou "nenhum *F* é *G*" sem que se saiba quem ou o que satisfaz a matriz *Fx*, na verdade, independentemente de alguma coisa satisfazê-la ou não de fato, assim também nós conseguimos perfeitamente bem apreender a proposição expressa pelo proferimento de uma sentença com a forma de "o *F* é *G*" sem que saibamos quem ou o que satisfaz *Fx* e independentemente de alguma coisa satisfazê-la ou não de fato. Como às vezes se diz, nós conseguimos perfeitamente bem apreender a proposição expressa sem que se saiba quem ou o que é "denotado" por "o *F*", na verdade independentemente de alguma coisa ser ou não ser efetivamente "denotada" por ela. Por isso, não faz o menor sentido dizer que a existência da proposição depende da identidade da "denotação" de "o *F*"; portanto, a proposição expressa não é singular.

fazem.[14] O que não quer dizer, é claro, que não se conseguiria construir teorias segundo as quais "o F", "todo F" e assim por diante representassem entidades – funções de ordem superior, por exemplo, como em numerosas teorias que usam quantificadores generalizados – teorias que também fornecem as mesmas condições de verdade russellianas.

A literatura sobre a Teoria das Descrições de Russell contém várias queixas a respeito de suas propriedades formais, queixas que, ao que parece, cometem uma injustiça séria contra a teoria e o lugar dela numa teoria semântica da linguagem natural. Eis afirmações recorrentes dessa natureza: (i) Se ϕ é uma fórmula que contém um termo singular que se refira a A, e se a própria ϕ é satisfeita unicamente por A, então a descrição definida $\imath x\phi$ não é russelliana de verdade: trata-se de um termo singular que se refere a A. (ii) De modo artificial, a teoria de Russell priva as línguas de descrições definidas. (iii) Ela cria problemas de escopo. (iv) Na linguagem natural, não há um análogo da noção russelliana de escopo de uma descrição; ademais, qualquer teoria sobre forma lógica que tiver os recursos necessários para representar descrições que assumem diversos escopos terá uma natureza *ad hoc*. (v) A teoria de Russell não pode constituir uma contribuição séria para a semântica da linguagem natural porque as formas lógicas que ela produz têm uma relação muitíssimo pequena com a sintaxe superficial ou com o que conhecemos atualmente sobre a estrutura sintática à luz dos avanços na linguística teórica. (vi) Tentativas de fornecer teorias que produzam formas lógicas melhores entram em conflito com a teoria de Russell, que usa uma sentença privilegiada numa notação primitiva fixa para apreender a forma lógica de qualquer sentença particular

---

14 Em parte da literatura sobre Russell, existe uma tendência em favor da concepção de que a noção de símbolo incompleto é guiada por considerações em grande medida notacionais, e da consideração de que a teoria de Russell demanda o uso de uma fórmula privilegiada ao reproduzir a forma lógica de "o F é G". Ver, por exemplo, Evans (1977, 1982) e em especial B. Linsky (1992b). Para discussão, consultar o apêndice.

que contenha "o *F*". (vii) Tentativas de reproduzir sentenças que contenham descrições em termos de sentenças formais que empreguem quantificadores restritos devem se afastar fundamentalmente da teoria de Russell porque descrições não têm "significado isoladamente" e são "símbolos incompletos" que "desaparecem sob análise". (viii) A existência de descrições definidas complexas que contenham, como partes suas, sintagmas nominais quantificados relativamente aos quais pronomes (*"donkey"*) posteriores são anafóricos – por exemplo, em "o fazendeiro que comprou um burro o vacinou" – demonstra de maneira definitiva que, na linguagem natural, não se pode tratar descrições como unidades lógicas ou semânticas.

Como veremos, essas acusações não têm muita força e, ao que parece, são oriundas de equívocos a respeito da natureza inerentemente quantificacional da teoria de Russell, da distinção entre a teoria propriamente dita e a notação usada na sua implementação formal, e dos conceitos de escopo, incompletude, análise, definição contextual e ligação de variáveis.

4.5 Escopo

Um bom entendimento do conceito de *escopo* é vital para a compreensão do restante deste livro. Nesta seção, gostaria de falar sobre escopo unicamente no que tange a descrições definidas. No Capítulo 6, apresentarei uma explicação completamente geral que se aplica a toda e qualquer expressão que ocorra como parte de outra.

Uma função de verdade, de acordo com Whitehead e Russell, é "uma função cuja verdade ou falsidade só depende da verdade ou falsidade dos seus argumentos. Isso contempla todos os casos de que já tenhamos alguma vez nos ocupado" (1925, p.184). A restrição dos teoremas dos *Principia mathematica* a fórmulas que contenham descrições em contextos verifuncionais aparece com clareza em *14.3 a seguir, cujo intuito é declarar que, quando ϕ é satisfeita de maneira única, não interessa o escopo de $\imath x\phi$ para o valor de verdade de qualquer sentença verifuncional em que ela ocorra:

*14.3 $\forall f [\{\forall p \forall q ((p \equiv q) \supset f(p) \equiv f(q)) \bullet E! \imath x\phi\}$
       $\supset \{f([\imath x\phi]G\imath x\phi) \equiv [\imath x\phi]f(G\imath x\phi)\}]$.

É para a variável f assumir como valor funções de proposições (acrescentei o quantificador $\forall f$, que não figura nos *Principia*, mas respeitei o desejo dos autores de manter o teorema curto ignorando problemas de uso e menção que não criam confusão).[15] Whitehead e Russell concluem a discussão que fazem desse tópico com a observação de que "a proposição em que $\imath x\phi$ toma escopo mais amplo sempre implica a proposição correspondente em que ela toma escopo menor, mas a implicação inversa vale somente se (a) nós tivermos E! $\imath x\phi$ ou se (b) a proposição em que $\imath x\phi$ toma escopo menor implicar E! $\imath x\phi$" (p.186).

A restrição da permutação de escopo a contextos verifuncionais, que *14.3 exprime (ou tem por objetivo exprimir), passou despercebida a Quine (1953c, 1961) nas respostas dadas por ele à postulação que Smullyan (1948) fez de uma ambiguidade vericondicional em sentenças que contêm descrições e operadores modais. Espelhando-se na postulação, por parte de Russell, de ambiguidade de escopo em sentenças que contenham descrições e verbos psicológicos – de que Russell usou e abusou para enfrentar enigmas de substitutibilidade – Smullyan buscou caracterizar, em termos de escopo, aquilo que ele via como um exemplo da ambiguidade do mesmo tipo que aparece em contextos modais. Usando Px para "x enumera os planetas no nosso sistema solar", é possível obter as leituras (a) e (b) de cada uma das sentenças superficiais (24) e (25) a seguir:

---

15 Whitehead e Russell não recorrem a *14.3 nas provas subsequentes porque esse teorema usa proposições como valores de variáveis, "um aparato que não se faz necessário em qualquer outro lugar" (p.185). Eles procedem caso a caso, à medida que cada um surge. Repare que *14.3 não acarreta que o escopo de uma descrição *relativizada* – ou seja, uma descrição que contenha uma variável livre como $\imath x Mxy$ (que representa, digamos, "a mulher sentada diante dele" como ocorre em "todo homem conversava com a mulher sentada diante dele") – seja irrelevante em contextos verifuncionais. Para que E! $\imath x\phi$ seja verdadeira, $\imath x\phi$ não pode conter uma variável livre.

(24) Jorge queria saber se o número de planetas no nosso sistema solar > 7
(a) Jorge queria saber se $\exists x(\forall y(Py \equiv y=x) \cdot (x > 7))$
(b) $\exists x(\forall y(Py \equiv y=x) \cdot$ Jorge queria saber se $(x > 7))$.

(25) necessariamente o número de planetas no nosso sistema solar > 7
(a) necessariamente $\exists x(\forall y(Py \equiv y=x) \cdot (x > 7))$
(b) $\exists x(\forall y(Py \equiv y=x) \cdot$ necessariamente $(x > 7))$.

Como se sabe, Quine manifestou a opinião de que as interpretações de (24b) e (25b) trazem dificuldades filosóficas enormes. Por ora, basta fazer uma observação menor em prol de Smullyan (1947, 1948), que se enganou ao achar que havia atenuado as inquietações de Quine.[16] Conforme veio a admitir mais tarde, Quine cometeu um equívoco em *From a Logical Point of View*, de 1953, e novamente numa edição revista de 1961, quando acusou Smullyan de "propor uma alteração, em contextos modais, da conhecida lógica das descrições de Russell" ao "permitir que diferença de escopo tenha impacto sobre valor de verdade, mesmo nos casos em que a descrição em questão tem êxito em nomear [sic]" (1961, p.154). Na época da reimpressão de 1980 do livro, a acusação contra Smullyan na página 154 foi cortada. Num novo prefácio, Quine diz que a página em questão originalmente "continha críticas equivocadas a Church e Smullyan" (p.vii).[17] O trecho em questão na página agora reza assim:

---

16 Essa alegação é defendida por Neale (2000a), não obstante os (maus) argumentos e o conhecimento (deficiente) da literatura em Neale (1990) a esse respeito. Uma defesa mais meticulosa aparecerá em *Possibilities*.

17 Em 1975, durante sua estadia na Villa Serbelloni em Bellagio, Quine doou alguns de seus livros para a biblioteca, inclusive uma cópia da edição de 1961 de *From a Logical Point of View*. Na margem da página 154, ao lado da nota de rodapé em que ele acaba com Smullyan, Quine inscreveu "Kripke me convenceu de que Russell partilhava do posicionamento de Smullyan. Ver *Principia* p.184s. esp. *14.3: a condição explícita de extensionalidade".

Então, fazendo coro com Russell [1905], ele [Smullyan] explica a não substitutibilidade [em contextos modais] via divergências na estrutura dos contextos, o que Russell chamava de escopo das descrições. *Nota de rodapé:* A menos que uma descrição não chegue a nomear [*sic*], o escopo dela é indiferente a contextos extensionais. Mas ele ainda pode ter importância para os intensionais. (1980, p.154)

Menciono isso para evidenciar um engano que persiste nas discussões sobre o posicionamento de Smullyan quanto à não substitutibilidade em contextos modais: Smullyan *não* afirma que, recorrendo-se aos escopos das descrições, a substitutibilidade seja restaurada; seu posicionamento é que, na teoria de Russell, (i) descrições não são termos singulares e, portanto, não figuram na notação primitiva, e (ii) que, a partir de "necessariamente 9 > 7" e "9 = o número dos planetas", não se pode derivar a leitura falsa de (25), a saber (25b). As supostas existência e verdade (cf. Smullyan) ou ininteligibilidade (cf. Quine) de (25a) são irrelevantes para *este* ponto – o que *não* quer dizer que a observação de Smullyan minimize as objeções de Quine à lógica modal quantificada (não atenua).[18]

O erro interpretativo inicial de Quine acerca das aplicações da Teoria das Descrições de Russell a contextos modais foi repetido

---

18 Ao que parece, a situação no tocante a atitudes proposicionais e modalidade lógica se reflete alhures, como observaram Chisholm (1965), Føllesdal (1965), Sharvy (1969), Kaplan (1986) e outros. Se, como resultado de algum cataclismo astronômico, Mercúrio for absorvido para dentro do Sol no ano de 3001, o número de planetas será reduzido de 9 para 8 – supondo não haver consequências para outros planetas – mas 9 não seria, pois, reduzido. E, se "em 3001" funciona semanticamente como algum tipo de conectivo de um lugar – decerto existem tratamentos melhores – e se (ia) e (ib) são inteligíveis, então, no ano de 3002, um proferimento de (i) será verdadeiro quando lido como (ia), falso quando lido como (ib), em que > abrevia "excedido":

(i)   Em 3001, o número de planetas no nosso sistema solar > 8
       (a) Em 3001, $\exists x(\forall y(Py \equiv y=x) \cdot (x > 8))$
       (b) $\exists x(\forall y(Py \equiv y=x) \cdot$ em $3001(x > 8))$.

Perguntas difíceis sobre $\exists$ e tempo verbal precisam ser respondidas antes que esse tipo de observação possa ser devidamente desenvolvido.

por outros, o que levou, em alguns casos, a erros adicionais.[19] É natural que o fato de o erro ser tão difundido nos leve a especular sobre o porquê disso, sobretudo uma vez que Russell foi tão claro, já no ano de 1905, em "Sobre o denotar", ao dizer que a alteração do escopo de uma descrição – mesmo de uma cuja matriz seja satisfeita de maneira única – *pode* alterar o valor de verdade em construções não extensionais; é dessa maneira que ele lida com o enigma que envolve "Jorge IV queria saber se Scott era o autor de *Waverley*". (A observação é feita novamente nos *Principia*.) Suspeito que a resposta esteja no contraste entre, por um lado, a discussão sobre as descrições na introdução aos *Principia*, bem como nos comentários no fim de *14, e, por outro, a apresentação formal na teoria e daqueles teoremas que vierem ao caso. Por exemplo, na introdução, Whitehead e Russell dizem que, "quando E! $\imath x\phi$, podemos ampliar ou reduzir o escopo de $\imath x\phi$ à vontade, sem alterar o valor de verdade de qualquer proposição em que ela ocorra" (1925, p.70); e, no fim de *14, dizem, "quando E! $\imath x\phi$, o escopo de $\imath x\phi$ não interessa para o valor de verdade de qualquer proposição em que $\imath x\phi$ ocorra. Não é possível provar essa proposição em geral, mas é possível prová-la para cada caso em particular" (p.184). Mas, então, continuam eles, "é possível provar a proposição em geral quando $\imath x\phi$ ocorrer com a forma de $\chi \imath x\phi$, e $\chi \imath x\phi$ ocorrer no que podemos chamar de "função de verdade", ou seja, uma função cuja verdade ou falsidade só depende da verdade ou falsidade do seu argumento ou argumentos" (p.184). É o que diz o teorema *14.3, é claro.

Nesse terreno, os erros se agravam facilmente. Considere o que Hintikka (1968) tem a dizer:

> quando a teoria [das descrições] russelliana é colocada para funcionar em contextos modais e noutros contextos complicados, muito do seu êxito depende de uma escolha benfeita das convenções de escopo, e de

---

[19] Ver, por exemplo, Carnap (1947), Føllesdal (1966), Hintikka (1968), Hintikka e Kulas (1985), Hintikka e Sandu (1991), Kalish et al. (1980), Lambert (1991), B. Linsky (1992b, no prelo), L. Linsky (1966), Scott (1967), Thomason (1969), Wallace (1969), Wedberg (1984) e Wilson (1959b).

ajustes similares. Bem escolhidas aquelas, uma modificação conveniente na teoria resulta nalguma utilidade (cf., por exemplo, Smullyan [1948], Montague e Kalish [1959], Linsky [1966]), mas as razões mais profundas para a escolha permanecem sem explicação e imploram para serem analisadas. (p.5)

Até aqui, Hintikka está reforçando o erro original de Quine. Mas, a partir daí, ele não hesita em dizer:

> Donnellan [1966a, b] até mesmo defendeu que descrições definidas são usadas de duas maneiras essencialmente diferentes na linguagem comum. Não interessa se é possível captá-las fazendo malabarismos com as convenções de escopo; as razões para fazê-lo permanecerão obscuras.... Por isso, parece-me também que a importância teórica (ou falta dela) do uso engenhoso que Quine [1960, cap.5] e outros fazem da teoria das descrições para simplificar nossa "notação canônica" é entendida de uma maneira incompleta demais para que possa ser avaliada aqui. (p.5)

Essa passagem dá mostras de confusão. Para alguns filósofos, pareceu atraente explicar as leituras *de re* de sentenças que contêm descrições e dispositivos não extensionais em termos de algo semelhante a uma interpretação "referencial" (em vez de "atributiva" ≅ russelliana), proposta por Donnellan (1966a), da descrição em jogo. Por exemplo, Rundle (1965) faz essa sugestão para descrições em contextos modais, e Hintikka (1968), Stalnaker (1972) e outros sugerem que uma interpretação referencial pode ser usada para caracterizar, de uma maneira mais geral, as leituras *de re* de descrições em contextos não extensionais. Mas isso não dá certo. Cartwright (1968) e Kripke (1971, 1977) chamaram a atenção para o fato de que as tentativas de fornecer explicações estão mal orientadas, quer da distinção entre escopo amplo e escopo restrito, quer da distinção entre *de re* e *de dicto* em termos de uma distinção entre referencial e atributivo. Um falante pode fazer um uso *de re* de (25), ou da variante (26) sem usar a descrição definida "o número de planetas" de maneira referencial:

(26)   O número de planetas, seja lá qual for, é necessariamente ímpar.

A seguinte passagem tirada de Kripke deixa isso muito claro:

> Suponha que eu não faça a menor ideia de quantos planetas existem, mas que a teoria astronômica (por alguma razão) prescreva que é obrigatório que o número seja ímpar. Se digo, "o número de planetas (seja lá qual for) é ímpar", minha descrição é usada de maneira atributiva. Se eu for um essencialista, também direi, "o número de planetas (seja lá qual for) é necessariamente ímpar", pela razão de que todos os números ímpares são necessariamente ímpares; e meu uso é exatamente tão atributivo quanto no primeiro caso. (1977, p.9)[20]

O ponto, pura e simplesmente, é que a proposição expressa por um proferimento de (26) não é singular, mesmo que a descrição seja entendida *de re*. A teoria russelliana é totalmente coerente com esse fato. A proposição expressa é geral; consegue-se a leitura *de re* conferindo à descrição escopo amplo relativamente ao operador modal, como em (25b) citado. (A distinção *de dicto* e *de re* não consegue, no entanto, tomar o lugar da noção russelliana de escopo. Pode-se conceder a uma descrição um escopo intermediário relativamente aos escopos de dois operadores numa sentença, e a leitura da sentença não será *de re*, nem será plenamente *de dicto*. Deste modo, a noção russelliana de escopo pode ser usada para apreender as assim chamadas ambiguidades *de dicto-de re*, mas a distinção entre *de dicto* e *de re* nem sempre pode ser usada para apreender ambiguidades de escopo.) Conforme Kripke continua observando, deparamo-nos com a mesmíssima situação em descrições definidas em contextos de atitude. Suponha que Smith tenha uma curiosidade singular sobre o homem que mora no andar de cima: ele está curioso para saber se o homem é grego. Posso relatar corretamente esse estado de coisas dizendo

(27)   Smith quer saber se o homem que mora no andar de cima é grego.

---

20 Ver também Cartwright (1968).

com a descrição definida "o homem que mora no andar de cima" entendida *de re*. O que não quer dizer, porém, que eu tenha usado a descrição de maneira referencial. Talvez eu não tenha nenhum pensamento dependente de objeto, que venha ao caso, sobre o homem que mora no andar de cima, e nem a intenção de comunicar semelhante pensamento. Russell apreende essa leitura *de re* conferindo escopo máximo à descrição definida:

(27') $\exists x(\forall y(Hy \equiv y=x) \bullet$ Smith quer saber se x é grego).

Kripke também salienta que nenhuma distinção semântica binária consegue *tomar o lugar* da noção russelliana de escopo. Uma sentença como (28) é *triplamente* ambígua, conforme a descrição receba escopo máximo, intermediário ou mínimo:

(28)   Smith espera que Jonas acredite que o homem no andar de cima é grego
   (a) $\exists x(\forall y(Hy \equiv y=x) \bullet$ (Smith espera que (Jonas acredite que x é grego)))
   (b) Smith espera que $\exists x(\forall y(Hy \equiv y=x) \bullet$ (Jonas acredite que x é grego))
   (c) Smith espera que (Jonas acredite que $\exists x(\forall y(Hy \equiv y=x) \bullet x$ é grego)).

A leitura dada por (28b) nem é *de re*, nem completamente *de dicto*.[21]

Esses fatos demonstram de maneira bastante definitiva que as descrições entendidas *de re* não podem, em geral, ser identificadas com as descrições entendidas de maneira referencial, e que uma ambiguidade semântica entre as interpretações russelliana e referencial das descrições não consegue *tomar o lugar* nem da distinção

---

21   Vale lembrar, a situação se reflete nas descrições indefinidas. Como observa Kripke (1977), o exemplo seguinte é triplamente ambíguo, conforme seja dado escopo amplo, intermediário ou restrito a "um alto funcionário norte-americano":

   (i)   Hoover acusou os Berrigans de terem planejado sequestrar um alto funcionário norte-americano.

   É possível construir exemplos similares usando modalidades iteradas.

de re e *de dicto*, nem da distinção entre escopo amplo e escopo restrito, conforme manifestada em contextos não extensionais. Então, ainda que se conseguisse fornecer bons argumentos em favor da existência das interpretações referenciais de descrições definidas e indefinidas para alguns dos exemplos que consideramos, *ainda se teria necessidade da leitura de escopo amplo*.[22]

Não fossem os objetivos específicos dos *Principia*, Whitehead e Russell poderiam ter levado para o túmulo lógico suas convenções de abreviação. A ocorrência de uma descrição entre colchetes, usada para indicar escopo, marca, efetivamente, o escopo de um quantificador existencial e, por essa razão, funciona, ela mesma, um pouco como um quantificador. Então, por que não colocar, no lugar da *ocorrência original* da descrição à qual a ocorrência entre colchetes está vinculada na fórmula, uma *variável* ligada à ocorrência entre colchetes? Afinal de contas, trata-se tão só de uma notação abreviativa. Com essa simplificação, (29) diminui para (29′), e (30) diminui para (30′), produzindo de fato a notação da quantificação restrita (ver mais adiante):

(29) $\neg[1x\phi]G_1x\phi$
(29′) $\neg[1x\phi]Gx$
(30) $[1x\phi]\neg G_1x\phi$
(30′) $[1x\phi]\neg Gx$.

---

22 Com a publicação dos comentários terapêuticos de Kripke (1977) sobre escopo, a tendência a confundir as leituras referencial e de escopo amplo diminuiu enormemente. Hornstein (1984) propõe explicações tanto das descrições definidas como das indefinidas que são enfraquecidas pelo comportamento de tais expressões em contextos não extensionais. A teoria de Hornstein prevê (erroneamente) que somente leituras de escopo *amplo* para as descrições definidas estão disponíveis em sentenças como estas:

(i)   Ralph acredita que o homem que mora no andar de cima é um espião
(ii) João alega ter provado que o maior número primo se encontra em algum ponto entre 10^{27} e 10^{31}
(iii) O primeiro homem no espaço poderia ter sido norte-americano
(iv) O número de planetas é necessariamente ímpar.

Se essa sugestão notacional tivesse sido adotada, ∗14.01 e ∗14.02 teriam a seguinte aparência:

∗14.01′ $[\imath x\phi]Gx =_{df} \exists x(\forall y(\phi(y) \equiv y=x) \bullet Gx)$
∗14.02′ $[\imath x\phi]$ E! $x =_{df} \exists x \forall y(\phi(y) \equiv y=x)$.

Seria um verdadeiro avanço, mas não é o que Whitehead e Russell fazem, por razões que já foram aludidas.

Se estivéssemos dispostos, poderíamos acrescentar o operador *iota* diretamente a L'' por meio de outros símbolos de L''. Daria algum trabalho caso os símbolos compostos com o *iota* continuassem a ocupar as posições dos termos singulares sem que estivessem submetidos, contudo, a axiomas referenciais.[23] Seria muito mais fácil usar a notação quantificacional anterior que, sendo mais transparente, diz que as expressões com a forma de $\imath x\phi$ são operadores de um lugar que se ligam a variáveis:

(vii) $\forall s \forall k \forall j \forall \phi \forall \psi$ {$[\imath x_k \phi]\psi$ é satisfeita por s se e somente se $\exists x_k (\forall x_j (\phi(y) \equiv x_j = x_k) \bullet \psi)$ é satisfeita por s}.

Uma alternativa seria acrescentar o operador *iota* a L'' por meio da mesma regra sintática, mais um axioma semântico que não envolvesse outros símbolos primitivos de L'':

(viii) $\forall s \forall k \forall \phi \forall \psi$ {$[\imath x_k \phi]\psi$ é satisfeita por s se e somente se ϕ é satisfeita por exatamente uma sequência que difere de s no

---

23 Para dizer a verdade, há trabalho por fazer mesmo que os símbolos compostos com o *iota* ocupem as posições dos termos singulares e estejam submetidos a axiomas referenciais, como naquelas teorias não russellianas que tratam descrições como termos singulares. O trabalho é ocasionado pelo fato de que as descrições contêm fórmulas (por vezes, fórmulas quantificadas), mas ocupam nas fórmulas, apesar disso, as posições dos termos, o que torna impossível definir, primeiro, a classe dos termos e, depois, a classe das fórmulas, conforme se faz de praxe; é preciso definir as classes ao mesmo tempo. Esse fato frequentemente passa despercebido por aqueles que propõem teorias referenciais das descrições (ou de abstrações de classe e de funções, já que tocamos no assunto).

máximo na k-ésima posição, e ψ é satisfeita por toda sequência como essa}.

O lado direito de (viii) meramente codifica as condições de verdade russellianas. Daqui é um pulinho para entender a maneira pela qual a Teoria das Descrições se encaixa numa explicação sistemática da quantificação na linguagem natural: sintagmas nominais quantificados analisáveis em termos de quantificadores restritos.

4.6 Quantificação e notação

A notação-*iota* de Whitehead e Russell é perfeitamente adequada para a maioria das tarefas filosóficas e formais da presente obra, e, para algumas dessas, é até bem melhor que a notação da quantificação restrita que empreguei em *Descriptions*, porquanto pode ser usada de maneira a permitir que nos mantenhamos agnósticos no que diz respeito, em certos cenários, à possibilidade ou impossibilidade de tratar descrições como termos singulares em vez de sintagmas nominais quantificados. No entanto, gostaria de dizer algumas poucas coisas sobre quantificadores restritos aqui, a fim de lidar com uma inquietação que Gödel manifestou sobre a Teoria das Descrições de Russell, e com várias inquietações mais recentes que fermentaram em alguns cantos da literatura filosófica.

A implementação formal da Teoria das Descrições feita pelo próprio Russell sugere que existe um distanciamento cheio de consequências entre a sintaxe superficial e a forma lógica. Porém, depois de muito refletir, fica claro que o distanciamento tem pouco a ver com as descrições em si. Para caracterizar, na lógica-padrão de primeira ordem, as formas lógicas de sentenças quantificadas, "todo *F* é *G*" ou "algum *F* é *G*", temos de usar fórmulas que contêm conectivos sentenciais que a nada correspondem nas formas superficiais das sentenças. E, ao dirigirmos nossa atenção para sentenças como "exatamente dois *F* são *G*", temos de usar muitas outras expressões que a nada correspondem na sintaxe superficial, bem como repetições de uma quantidade de expressões que correspondem a algo:

(31) $\exists x \exists y((x \neq y \bullet Fx \bullet Fy \bullet Gx \bullet Gy) \bullet \forall z((Fz \bullet Gz) \supset (z=x \lor z=y)))$.

O caso que envolve descrições é sintoma de um problema mais amplo, cuja gravidade o caso das descrições nos ajuda a perceber; um problema que envolve o uso da notação-padrão de primeira ordem para caracterizar as formas lógicas de sentenças da linguagem natural. Do mesmo modo, se a teoria de Russell prevê que surgem ambiguidades de escopo quando, de fato, *existe* ambiguidade na linguagem natural, trata-se de uma virtude, não de um vício; e, se há qualquer "problema", ele diz respeito tão só ao fato de que o uso das convenções de abreviação de Russell pode, de vez em quando, demandar a inserção de indicadores de escopo com o objetivo de esclarecer qual das duas (ou mais) fórmulas inequívocas, na notação primitiva, está sendo abreviada por uma pseudofórmula em particular. Não faz o menor sentido dizer que a Teoria das Descrições de Russell padece de complicações atinentes a escopo.

Com o intuito de fornecer uma semântica sistemática da linguagem natural, é possível apreender a percepção profunda que Russell teve da lógica e semântica das descrições – que descrições não são termos singulares, que sentenças que contêm descrições definidas têm condições de verdade quantificacionais – sem empregarmos a notação dele (ou mesmo a notação da lógica-padrão de primeira ordem). A bem da verdade, uma notação mais perspícua, que nem é difícil de construir, já é usada em larga escala. Suponha que modificássemos nossa linguagem L'', simples e quantificacional, jogando fora os dois quantificadores irrestritos, $\forall$ e $\exists$ (e as regras de sintaxe e semântica que os acompanham), e introduzindo dois determinantes quantificacionais, *todo* e *algum*, dispositivos usados para criar quantificadores *restritos*. Um determinante D_k se liga a uma fórmula ϕ para compor um quantificador restrito com a forma de (32), ilustrado por (33) e (34):

(32) $[D_k : \phi]$
(33) $[todo_1 : homem\ x_1]$
(34) $[algum_1 : homem\ x_1]$.

E um quantificador restrito com essa forma se liga a uma fórmula ψ para compor uma fórmula com a forma de (35), ilustrado por (36) e (37):

(35) $[D_k : \phi]\psi$
(36) $[todo_1 : homem\ x_1]\ ronca\ x_1$
(37) $[algum_1 : homem\ x_1]\ ronca\ x_1$.

Para definir a verdade, é suficiente o acréscimo de axiomas como estes:

(i) $\forall s \forall k \forall \phi \forall \psi$ ($[todo_k : \phi]\psi$ é satisfeita por s se e somente se ψ é satisfeita por toda sequência que satisfaz ϕ e que difere de s no máximo na k-ésima posição)

(ii) $\forall s \forall k \forall \phi \forall \psi$ ($[algum_k : \phi]\psi$ é satisfeita por s se e somente se ψ é satisfeita por alguma sequência que satisfaz ϕ e que difere de s no máximo na k-ésima posição).

Nesse sistema, seria possível representar "nenhum homem ronca" com (38) ou (39) (de agora em diante, mas nem sempre, porei em prática a convenção, adotada num trabalho anterior (1993b), de suprimir a variável supérflua dentro do quantificador e vincular o índice dela diretamente ao predicado[24]):

(38) $\neg[algum_1 : homem_1]\ ronca\ x_1$
(39) $[todo_1 : homem_1]\ \neg ronca\ x_1$.

Mas é claro que seria possível contribuir para uma associação mais direta entre sentenças do português e nosso novo formalismo acrescentando a este um novo determinante quantificacional, *ne-*

---

24 Como observa Graff (2001), a eliminação do entulho (e não há nada além disso) possibilita que cheguemos um pouco mais perto do português, não só numa acepção superficial, mas também porque, fundamentalmente, ela nos possibilita considerar que os determinantes estejam, numa acepção lógica, vinculados aos predicados; o que, é claro, pressupõe que consoantemente axiomas de satisfação sejam feitos sob medida para os predicados. Seria possível também suprimir os dois-pontos sem fazer mal algum.

nhum, e um axioma apropriado. A sentença (40) estaria submetida ao axioma (iii):

(40) [*nenhum*$_1$: *homem*$_1$] *ronca* x_1
(iii) $\forall s \forall k \forall \phi \forall \psi$ ([*nenhum*$_k$: ϕ]ψ é satisfeita por s se e somente se ψ é satisfeita por nenhuma sequência que satisfaz ϕ e que difere de s no máximo na k-ésima posição).

O que talvez seja útil, especialmente se estivermos interessados na construção de uma teoria semântica sistemática do português que respeite fatos sobre estrutura sintática que a linguística teórica não contempla.

Pois bem, mas o que dizer das descrições definidas? A notação e o formalismo próprios dos *Principia* não são essenciais para a Teoria das Descrições, a menos que se tenham objetivos filosóficos ortogonais, como os tinha Russell. A bem da verdade, a teoria foi apresentada em "Sobre o denotar" sem esse formalismo e notação em questão, porém, nos *Principia*, a teoria foi apresentada de forma bem mais clara *com eles*. Seria um equívoco igualar a teoria com aquela implementação formal específica, apesar do fato de as consequências da teoria, com aquela notação, se esgotarem nas consequências de *14.01 e *14.02. Se quisermos, podemos usar a linguagem formal que contém quantificadores restritos, ou seja, podemos usar (41) para representar "o rei ronca":

(41) [*algum*$_1$: *rei*$_1$] [*todo*$_2$: *rei*$_2$] (x_1=x_2 • x_1 *ronca*).

Fazê-lo *não* seria o mesmo que apresentar a sério *uma alternativa* à Teoria das Descrições; seria escolher uma linguagem com a qual fazer a exposição dela, diferente da linguagem dos *Principia*.

Para dizer a verdade, não é preciso algo tão indireto como (41). Em português, a palavra "o" é um determinante de um lugar, juntamente com "todo", "algum", "nenhum" e assim por diante, portanto, seria possível acrescentar ao nosso formalismo, mais uma vez, outro determinante quantificacional, *o*, e um axioma apropriado.

ENCARANDO OS FATOS 157

A sentença (42) estaria submetida ao axioma (iv), que apreende perfeitamente bem as ideias perspicazes de Russell:

(42) $[o_1 : rei_1]$ *ronca* x_1
(iv) $\forall s \forall k \forall \phi \forall \psi$ ($[o_k : \phi]\psi$ é satisfeita por s se e somente se ψ é satisfeita pela sequência que satisfaz ϕ e que difere de s no máximo na k-ésima posição).

Usei na metalinguagem o determinante "o" da língua portuguesa de modo a tornar (iv) congruente com os axiomas dos demais determinantes, (i)–(iii) anteriormente. Deve-se entender que o lado direito de (iv) equivale a "ϕ é satisfeita por exatamente uma única sequência que difere de s no máximo na k-ésima posição, e ψ é satisfeita por toda sequência como essa".[25] A viabilidade de uma linguagem formal que contenha quantificadores restritos mostra que a linguagem dos *Principia* não é um ingrediente essencial de uma teoria da quantificação e da forma lógica, em particular, não é um ingrediente essencial da Teoria das Descrições concebida como um componente de uma semântica sistemática da linguagem natural.

A implementação da teoria mediante quantificadores restritos, que acabei de esboçar, tem muitos lados positivos. Primeiro, porque traz à luz as similaridades sintáticas e semânticas entre "todo",

---

25 Para discussão, ver Neale (1993a). É possível simplificar o axioma; no entanto, questões sobre sintaxe, semântica e sistematicidade dos axiomas (e da metalinguagem em que estão formulados), bem como questões sobre a distinção entre semântica e análise, têm uma ligação muito grande com a forma apropriada de qualquer definição de verdade que venha a desempenhar um papel sério numa teoria semântica da linguagem natural, e com a caracterização desse próprio papel. Variantes do axioma (iv) são facilmente produzidas para descrições plurais e duais, que são definíveis em primeira ordem exatamente como descrições singulares. "Os F são G" é verdadeira se e somente se existem ao menos dois F, e todo F é G. "Ambos os F são G" é verdadeira se e somente se existem exatamente dois F, e todo F é G. Para produzir a variante para "os", que se liga a um complexo nominal no plural, coloque "as sequências" no lugar de "a sequência"; para produzir uma para "ambos", coloque "[*ambos* $os_k : \phi$]" no lugar de "[$o_k : \phi$]" e coloque "ambas as sequências" no lugar de "a sequência".

"algum", "um", "o" e assim por diante; em segundo lugar, porque torna o escopo de uma descrição totalmente transparente na notação formal. Por exemplo, as fórmulas de Russell, (43) e (44), serão reproduzidas como (43′) e (44′) respectivamente:

(43) $\neg[\imath x_1 F x_1] G \imath x_1 F x_1$
(44) $[\imath x_1 F x_1] \neg G \imath x_1 F x_1$
(43′) $\neg[o_1 : F x_1] G x_1$
(44′) $[o_1 : F x_1] \neg G x_1$.

Usar uma notação com quantificadores restritos, no tocante a descrições, é dar um passo que Russell deixou de dar quando não simplificou sua notação abreviativa da maneira mencionada anteriormente, pela qual (43) se reduz a (43″), e (44) a (44″):

(43″) $\neg[\imath x_1 F x_1] G x_1$
(44″) $[\imath x_1 F x_1] \neg G x_1$.

Já foi esclarecido o porquê de Russell não ter feito essa simplificação elementar.

Em português, muitas sentenças que contêm dois ou mais sintagmas nominais quantificados dão margem a leituras distintas, ou seja, leituras com condições de verdade distintas; e, em muitos casos, é possível apreender as leituras em termos de escopo relativo; deste modo, é possível ler "todo homem gosta de alguma mulher" como (45′) ou (45″):

(45′) $[todo_1 : homem_1][alguma_2 : mulher_2]\ x_1\ gosta\ de\ x_2$
(45″) $[alguma_2 : mulher_2][todo_1 : homem_1]\ x_1\ gosta\ de\ x_2$.

A permutação de quantificadores nem sempre tem como resultado uma diferença nas condições de verdade. Por exemplo, as condições de verdade de "todo homem gosta de toda mulher" são insensíveis ao escopo relativo (o que reflete o fato de que $\forall x_1 \forall x_2 R x_1 x_2$ e $\forall x_2 \forall x_1 R x_1 x_2$ se equivalem):

(46′) $[todo_1 : homem_1][toda_2 : mulher_2]\ x_1\ gosta\ de\ x_2$
(46″) $[toda_2 : mulher_2][todo_1 : homem_1]\ x_1\ gosta\ de\ x_2$.

Todavia, (46′) e (46″) são fórmulas distintas (exatamente como o são $\forall x_1 \forall x_2 R x_1 x_2$ e $\forall x_2 \forall x_1 R x_1 x_2$) e, na medida em que seja preciso atribuir escopo a quantificadores na linguagem natural para efeito de interpretação, podemos dizer que "todo homem gosta de toda mulher" é ambígua quanto a estrutura sem ser ambígua quanto a condições de verdade. A igualdade de determinante quantificacional não é necessária nem suficiente para que uma ambiguidade de escopo crie uma ambiguidade de condições de verdade. "A maioria dos homens gosta da maioria das mulheres" é ambígua quanto a condições de verdade; "todo homem gosta da rainha" não é (como observado por Whitehead e Russell). Embora a motivação original, em lógica, para postular ambiguidades de escopo envolvesse ambiguidade de condições de verdade, é evidente que, *hoje em dia*, a estratégia certa para pensar sobre essas coisas, no contexto de uma teoria geral sobre escopo de quantificadores, é tratar com seriedade a ambiguidade estrutural, tenha ela ou não impacto sobre as condições de verdade.

É possível usar análogos de (43′) e (44′) – por conveniência puramente momentânea, inseri as variáveis outra vez nas matrizes – para representar as conhecidas ambiguidades que surgem na linguagem natural quando conectivos não extensionais e verbos de atitude proposicional ocorrem com descrições definidas.

(43′) $\neg[o_1 : Fx_1]Gx_1$
(44′) $[o_1 : Fx_1]\neg Gx_1$.

Por exemplo, talvez seja possível caracterizar as assim chamadas leituras *de dicto* e *de re* de (47) e (48) postuladas por Russell (1905) e Smullyan (1948) usando cada uma das sentenças (a) e (b) a seguir:[26]

---

26 O acréscimo de um axioma apropriado não é isento de complicações nem mesmo para □; existem escolhas difíceis que têm consequências para o resto da axiomatização e para o status filosófico dos próprios axiomas. Para discussão, ver Davies (1981).

(47) Jorge quer saber se Scott é o autor de *Waverley*

    (a) Jorge quer saber se [o_1 : x_1 *escreveu Waverley*] Scott = x_1
    (b) [o_1 : x_1 *escreveu Waverley*] Jorge quer saber se Scott = x_1

(48) necessariamente, nove é o número de planetas

    (a) □ [o_1 : x_1 *enumera os planetas*] 9 = x_1
    (b) [o_1 : x_1 *enumera os planetas*] □ 9 = x_1.

A afirmação de que (47) e (48) são ambíguas assim adquiriu como que um estatuto de ortodoxia e, em grande medida, ficou décadas sem ser contestada; como também a afirmação de que as ambiguidades se multiplicam, da maneira óbvia, quando (47) e (48) estão ainda mais profundamente encaixadas, por exemplo, em "Maria duvida que Jorge queira saber se Scott é o autor de *Waverley*".[27] Num trabalho interessante, Delia Graff contestou recentemente a ortodoxia, afirmando que uma sentença em que uma descrição se liga à cópula para formar um sintagma verbal é *sempre* equivalente à leitura que o russelliano obtém ao conferir escopo restrito à descrição. Entre outras coisas, isso acarreta a rejeição de (47b) e (48b) como leituras genuínas de (47) e (48), que talvez surpreenda algumas pessoas como um resultado desastroso.

A proposta de Graff dá a impressão de ter sido elaborada, ao menos em parte, com o objetivo de tratar as ocorrências da forma negada "*a não é o F*" como inequívocas, entendido que a descrição sempre assume escopo restrito.[28] As questões nem sempre ficam

---

27 Digo em grande medida porque Quine (1947, 1953e, 1961, 1980) tentou mostrar que (48b) é ininteligível, pelo menos quando se entende que □ expressa necessidade lógica ou analítica.

28 Não raro se diz que a correspondente indefinida, "*a não é um F*", é inequívoca; que, se "um *F*" é um sintagma nominal quantificado, então trata-se de um que continua com escopo restrito quando ligado à cópula desse jeito. Uma maneira de explicá-lo seria considerar que a prática aparentemente irrefletida, em lógica e filosofia, de tratar descrições definidas nessa posição como predicados normais está basicamente correta. O artigo de Graff é (*grosso modo*) uma tentativa de estender, às descrições definidas, essa análise predicativa das indefinidas.

bem-acentuadas com isso, mas, no final das contas, ao que parece, não sustentam essa proposta restringente. Considere o seguinte:

(49) Cícero é Túlio
(50) Cícero é o vencedor
(51) O vencedor é Cícero.

Sustenta-se geralmente – mas não universalmente – que a cópula em (49) exprime identidade, entendido que a sentença como um todo é relacional:

(49') Cícero = Túlio.[29]

O que levanta uma questão a respeito de sua sintaxe. Admite-se comumente que (49') tenha uma estrutura simétrica; porém, o mais provável é que a teoria linguística seja partidária de uma estrutura assimétrica, da qual "é Túlio" é um sintagma verbal:

(49'') $[_S [_{NP} \text{Cícero}][_{VP} \text{é} [_{NP} \text{Túlio}]]]$.

Decerto, nada nessa estrutura proíbe que ela seja *interpretada* como verdadeira se e somente se (49') é verdadeira.

Tem sido de praxe, já há algum tempo, considerar que a cópula se comporta da mesma maneira em (50) e (51), que essas sentenças se diferem de (49) unicamente pela presença da quantificação provocada pelas descrições.[30] Segundo essa explicação, as leituras de (50) e (51) serão (50') e (51') respectivamente:

---

29 Ver, por exemplo, Russell (1905), Smullyan (1947, 1948) e em especial as discussões de Kripke (1971) sobre (49), "Saul Kripke é Saul Kripke", "Héspero é Fósforo" e outros exemplos.

30 Mais uma vez, ver Russell (1905), Smullyan (1948) e Kripke (1971). Segui o exemplo em *Descriptions* (1990). Em particular, tratei dessa maneira tradicional as sentenças com a forma de "*a* é o *F*" e "o *F* é *a*" que ocorrem em afirmativas psicológicas e modais como (47) e (48). Dada minha longa – e, salta aos olhos, mal-orientada – discussão sobre (48) e sentenças modais similares, é esquisito que Graff alegue que eu não discuto descrições ligadas à cópula.

(50′) $[o_1 : vencedor\ x_1]\ \text{Cícero} = x_1$
(51′) $[o_1 : vencedor\ x_1]\ x_1 = \text{Cícero}$.

Se fôssemos abrir mão da ideia de que a cópula exprime identidade em (50) e (51), por certo também ficaríamos fortemente propensos a abrir mão dela no caso de (49), e vice-versa. Graff fornece um argumento interessante, em favor de abrir mão dela em (50), baseado numa suposta assimetria entre (52) e (53) (a negação de (50)) que, segundo uma explicação russelliana que já vai ficando repetitiva, devem ser ambíguas consoante a descrição ou a negação assuma o escopo mais amplo:

(52) Cícero não enfrentou o vencedor

   (a) $\neg[o_1 : vencedor\ x_1]\ \text{Cícero enfrentou}\ x_1$
   (b) $[o_1 : vencedor\ x_1]\ \neg\text{Cícero enfrentou}\ x_1$.

(53) Cícero não é o vencedor.

   (a) $\neg[o_1 : vencedor\ x_1]\ \text{Cícero} = x_1$
   (b) $[o_1 : vencedor\ x_1]\ \neg\text{Cícero} = x_1$.

Graff tem a impressão de que, embora (52) seja ambígua, a leitura de (53) tenha de ser (53a); a impressão de que (53b) seja uma leitura genuína é produto de uma ilusão, sugere ela, e precisa ser explicada em termos de implicaturas conversacionais.[31] Graff propõe obter o que ela considera o resultado certo tratando "é o F", conforme ocorra em estruturas como (50) e (53), como um predicado complexo ($Yx: Fx$) definido contextualmente da seguinte maneira:

(54) $\Sigma[(Yx : Fx)\alpha] =_{df} \Sigma[F\alpha \bullet \forall x(Fx \supset x=\alpha)]$.

Supondo generalização existencial, é evidente que a análise que Graff faz de (50) é equivalente à análise russelliana, (50′), pois diz

---

31 Ver Grice (1989), que tem uma diversidade de coisas interessantes para dizer, no capítulo "Presupposition and Conversational Implicature", sobre implicaturas que envolvem negação e descrições.

que Cícero vence (Cícero é um vencedor), e que todo vencedor é Cícero. É no tocante a (53) que as análises divergem: a análise russelliana providencia (53a) e (53b), contra a leitura solitária de Graff, equivalente a (53a).

Do mesmo modo, lá onde a análise quantificacional russelliana fornece (47a) e (47b) como leituras de (47), bem como (48a) e (48b) como leituras de (48), a análise de Graff fornece tão só (as leituras que equivalem às) leituras (a). Em lógica modal, uma tradição de peso é levar a sério tanto a leitura (a) como (b); mas talvez a tradição esteja enganada. Se a explicação griceana que Graff dá para a ilusão de (53b) pudesse ser transposta para explicar as "ilusões" de (47b) e (48b), então o posicionamento dela poderia parecer mais interessante.

Mas fica ainda a questão sobre (49) e (51). A análise de Graff das sentenças que contêm "o F" depois da cópula não se destina a ser *ad hoc*; destina-se a fluir diretamente de uma explicação abrangente de "o F". Por isso, a análise feita por ela precisa declarar que (50) e (51) são equivalentes, mas que (55) e (56), em que as descrições ocorrem na posição do sujeito, são ambíguas (a menos que seja para se montar, de novo, algum tipo de defesa usando implicaturas):

(55)   O vencedor não é Cícero
(56)   Necessariamente, o número de planetas é nove.

Na ausência de indícios que comprovem o contrário, continuarei a seguir a linha de conduta tradicional, que considera que as descrições sejam capazes de assumir escopo amplo nos exemplos que acabamos de examinar.[32] Cumpre salientar, no entanto, que nada

---

32 Uma última observação sobre a proposta de Graff. Se for para tratar "é" de modo idêntico em (49)–(51) e em (53), (55) e (56) – uma das vantagens que a proposta pretende ter sobre uma indiscutivelmente russelliana é evitar a multiplicação de significados da cópula nos sintagmas verbais – a semântica, digamos, de "é Cícero" tem de ser dedutível, por parte do autor da teoria, da semântica de "Cícero" e da semântica de Graff para "é o F", e tal semântica precisa declarar que (i) e (ii) sejam logicamente equivalentes:

de importante para o argumento principal deste livro dependerá de se admitir isso, visto que não precisarei recorrer, em momento algum, à existência das leituras de escopo amplo que Graff questiona. Até onde consigo averiguar, a suposta inexistência dessas leituras toca os problemas a que me dedico tão só de modo tangencial no Capítulo 11, em que se menciona que a existência das leituras de escopo amplo talvez seja algo que os preconizadores dos fatos e da lógica causal queiram explorar a fim de evitar certas dificuldades.

(i) Necessariamente, Cícero é Túlio
(ii) Necessariamente, Túlio é Cícero.

Mas não é nada óbvio se a proposta, tal como formulada, conseguirá fazer isso. Graff me faz saber que o posicionamento dela deve ser tido por provisório e que uma revisão modificada ou mais minuciosa talvez venha a aparecer num trabalho futuro.

5
GÖDEL:
FATOS E DESCRIÇÕES

5.1 Eliminação

Segundo Quine, termos singulares normais (constantes) são fundamentalmente redundantes: no lugar de qualquer sentença que contenha um termo singular normal, é possível colocar (sem perda, e de uma maneira sugerida pela Teoria das Descrições) uma sentença destituída desse termo. Termos singulares normais, nomes, por exemplo, não são mais do que "enfeites" (1970, p.25) ou "convenções de abreviação" práticas (1941a, p.41); a definição contextual é nossa "recompensa", no entender de Quine, "pelo reconhecimento de que a unidade de comunicação é a sentença, não a palavra" (1981, p.75).

A eliminação de certas expressões ou formas linguísticas pode, certamente, tornar mais fáceis as tentativas de prescindir de entidades que sejam dessa ou daquela forma, ou de prescindir de entidades específicas que pertençam a uma categoria que, não fossem elas, seria aceitável. Porém, a relação estreita entre semântica e ontologia não é justificativa para que a eliminação linguística e a eliminação ontológica sejam igualadas. No tocante à Teoria das Descrições de Russell, Gödel (1944), Quine (1966) e, sem dúvida, outros, deixaram transparecer uma tendência a fundi-las. A diferença é vista com mais clareza relativamente ao que Russell pensava, por um lado, sobre as classes e, por outro, sobre as descrições. Definindo *expressões* de classe contextualmente, Russell eliminou mediante definição as próprias *classes* (por assim dizer). Em contraste, ao definir descrições contextualmente, eliminou por definição as entidades (por assim dizer) que se passavam por pertencentes à categoria dos objetos (por exemplo, o rei da França e o quadrado redondo); mas não eliminou pela definição a *categoria* em questão. Na forma em que Russell a apresenta – dentro dos limites impostos pela notação e pela escolha dos símbolos primitivos – a Teoria das Descrições elimina uma classe de termos singulares aparentes, colocando, no lugar das sentenças que os contêm, sentenças que contêm variáveis, quantificadores irrestritos, conectivos e o sinal de identidade. (Com dispositivos de quantificação restrita, a mesma classe de termos singulares aparentes é eliminada, colocando no lugar das sentenças que os contêm, sentenças que contêm variáveis e quantificadores restritos.) Não há eliminação ontológica direta porque não se eliminam as entidades que as variáveis podem assumir como valor.

Russell certamente utilizou a Teoria das Descrições em benefício da ontologia; mas que fosse possível eliminar contextualmente, mediante definição, certos tipos de entidade não era um traço essencial da teoria. O principal benefício ontológico para Russell era deixá-lo tratar certas sentenças como verdadeiras ou falsas sem considerar que os sujeitos gramaticais delas (tampouco objetos diretos gramaticais) simbolizassem coisas que não existem, ideia que ele veio, com razão, a achar repugnante; o que lhe deu uma básica ontologia de entidades particulares, universais e fatos.

A teoria de Russell deve ser bem cativante para quem enaltece as virtudes do "extensionalismo" e da lógica de primeira ordem. Além do inegável êxito que ela tem a título de explicação da semântica de sintagmas descritivos, (i) a teoria não exige a postulação de novas entidades, (ii) evita suposições de existência problemáticas e lacunas de valor de verdade, (iii) possibilita um tratamento de descrições no interior da teoria da quantificação em primeira ordem mais identidade e (iv) apreende, como questão de lógica de primeira ordem, uma gama de inferências que envolvem descrições, por exemplo, o fato de que "o F é G" acarreta "existe ao menos um F", "existe no máximo um F'", "existe ao menos um G'", "algum F é G" e "todo F é G". Como diria Gödel (1944), ao definir o significado de sentenças que envolvem descrições em conformidade com os *14.01 e *14.02, Russell "evita quaisquer axiomas acerca da partícula 'o' em seu sistema lógico, ou seja, fica clara a analiticidade dos teoremas acerca de 'o'; é possível mostrar que estes seguem das definições explícitas do significado das sentenças que envolvem 'o'" (p.130).

Essas inegáveis virtudes levaram a numerosos exames da potencial aplicação a outros sintagmas nominais além dos sintagmas com a forma de "o F", por exemplo, sintagmas nominais possessivos ("a esposa de Sócrates", "a morte de Sócrates"), nomes próprios comuns ("Sócrates"), orações introduzidas por "que" ("que Sócrates morreu na prisão"), demonstrativos ("aquilo", "este vaso"), pronomes indexicais ("eu", "você"), pronomes anafóricos ("o" conforme ocorre em, por exemplo, "João deu um vaso para Maria; ele o comprou na Sotheby's").[1]

Qual a razão disso? Existem duas, creio. A primeira advém de um desejo, algo *a priori*, de eliminar termos singulares, desejo que dá a impressão de ser reflexo da contrapartida linguística de um princípio de parcimônia ontológica. A segunda é de natureza mais empírica. No decorrer da preparação de uma semântica da linguagem natural adequada e de uma explicação de muitos traços lógicos da linguagem natural, a possibilidade de analisar, em termos de descrições russellianas, sintagmas nominais complicados prometeu soluções imediatas para problemas lógicos e ontológicos persistentes.

Quine tem algumas ideias interessantes sobre a eliminação de termos singulares no tocante à Teoria das Descrições de Russell. A título de explicação de sintagmas descritivos, ele só vê benefícios

---

[1] Russell (1905) tratava sintagmas nominais possessivos como submetidos à Teoria das Descrições. Também defendeu que, de certos pontos de vista, seria preciso analisar nomes próprios comuns em termos de descrições definidas (um punhado de nomes logicamente próprios (basicamente, "isto" e "aquilo", bem como "eu" em alguns modos verbais) resistem à análise). O conteúdo exato dessa afirmação e a relevância que ela tem para a semântica, no que esta se distingue da pragmática, são discutíveis.

lógicos e filosóficos vindos da teoria. Parte do encanto para Quine é que, segundo essa explicação, descrições são analisadas em termos dos dispositivos da lógica extensional de primeira ordem bem-entendidos. Em segundo lugar, ele parece satisfeito com a ideia de que nomes próprios comuns possam ser reconcebidos "de maneira trivial" como descrições – e desse modo analisados em conformidade com a teoria de Russell. Os nomes são "enfeites", diz ele, e podem ser omitidos, "uma redundância conveniente" (1970, p.25). A exemplo de Wittgenstein no *Tractatus* (5.441, 5.47), ele diz que Fa é "equivalente" a (1):

(1) $\exists x(Fx \cdot a=x)$.

O nome a, pois, jamais precisa ocorrer numa fórmula, salvo no contexto $a=$; mas é possível reproduzir $a=$ como um simples predicado de um lugar, A, unicamente verdadeiro do objeto selecionado por a; então, é, na verdade, possível reproduzir Fa como

(2) $\exists x(Fx \cdot Ax)$,

uma expressão que não contém ocorrências de a; a bem da verdade, no lugar de todas as ocorrências de a – ou de qualquer outro nome – é possível colocar combinações de quantificadores, variáveis, conectivos e predicados não importa onde.

Duas dificuldades menores aparecem aqui. A primeira diz respeito à natureza do predicado A. É necessário que este valha unicamente para o referente de a, mas não está de todo claro que seja possível angariar tal predicado sem reintroduzir a ou recorrer implicitamente a algum princípio de um essencialismo linguístico, metafísico ou ostensivo (por exemplo, ostensão sob condições que, entende-se, garantem a unicidade). Como Church e Carnap, Quine (1947, 1962) torce o nariz para a ideia de que nomes correferenciais sejam sinônimos; veja bem, suponha que $a=b$ seja verdadeira; a e b deveriam ser intersubstituíveis *salva veritate* (*s.v.*), nem que seja em contextos verifuncionais, portanto, A deve ser verdadeiro do referente de b de maneira única (ou seja, o referente de a). Mas e se a

sair de uso deixando só *b* como nome dessa entidade? E se *a* nunca tivesse existido, para começar, e *b* fosse o único nome da entidade em questão? A menos que a existência de *A* fosse ontologicamente dependente da existência de *a* (em vez da entidade a que *a* se refere), *A* ainda seria verdadeiro daquela entidade em ambos os cenários. Portanto, a afirmação de Quine de que (2) é equivalente a *Fa* faz dele, ao que parece, adepto de alguma forma de essencialismo, porém, se fundada na ostensão, talvez não faça mal algum.

Em segundo lugar, caberia questionar a "paráfrase" quineana de *Fa* pelos seguintes motivos: entende-se que é da natureza de uma ocorrência de um nome aplicar-se a um único objeto, mas, no nosso entendimento, não é da natureza de uma ocorrência de um predicado que ele seja satisfeito por um único objeto; então a "paráfrase nos priva de uma garantia de unicidade que o nome propiciava" (1970, p.25). A réplica de Quine para essa observação é imediata: se unicidade é o que nos preocupa, podemos introduzi-la explicitamente, da maneira como Russell faz em suas análises de sentenças com descrições definidas. Ou seja, (2) pode ceder lugar para

(3) $\exists x(\forall y(Ay \equiv x=y) \cdot Fx)$,

que é a explicitação russelliana de $F\imath xAx$ (ou seja, $F\imath x(x=a)$). Daí tudo que se pode dizer usando nomes, garante Quine, pode ser dito usando fórmulas como (2) e (3), porque os objetos que os nomes nomeiam são os valores das variáveis. Além do mais, "nomes podem até mesmo ser restituídos à vontade, como uma redundância conveniente, por uma convenção de abreviação. Essa convenção seria tão só a recíproca do procedimento com o qual acabamos de eliminar os nomes" (1970, p.25-6). Uma predicação como *Fa* é uma abreviação de (2) – ou de (3), se a condição de unicidade for observada alhures. "De fato", acrescenta Quine, "trata-se um pouco da ideia por trás da teoria das descrições singulares de Russell" (p.26).

Daí, (i) Quine imagina uma linguagem em que os dispositivos de quantificação, variação, identidade, conexão verifuncional e predicação fazem o trabalho que associamos normalmente aos nomes, e (ii) considera que essa ideia é, em essência, um refinamento ou alteração da ideia de Russell de que nomes próprios normais possam ser analisados em termos de descrições definidas. No entanto, é preciso atentar para um pormenor do uso que Quine faz das descrições. Quine (1969, p.326-7) emprega a notação-*iota* de Russell só quando a descrição tem escopo mínimo, quando o que ele quer exprimir exige um escopo maior para a descrição, ele usa a forma não abreviada.

As "vantagens teóricas" de analisar nomes como descrições são "irresistíveis", diz Quine:

> no que diz respeito à teoria, toda a categoria dos termos singulares é, deste modo, arrasada; pois sabemos como eliminar descrições. Ao prescindirmos da categoria dos termos singulares, estamos prescindindo de uma fonte considerável de confusão teórica, para cujos exemplos chamei a atenção em discussões acerca do compromisso ontológico. (1953d, p.167)

Como Russell enfatizou desde o princípio, endossar a Teoria das Descrições tem consequências interessantes e de longo alcance para dificuldades lógicas que envolvem a substitutibilidade. Mas, como veremos em breve, em certos cenários, o uso que Quine faz de exemplos que envolvem a substituição de descrições teve a consequência lamentável de criar quase tanta confusão quanto erradicou.

A análise quantificacional de nomes feita por Quine é uma tentativa de levar a Teoria das Descrições de Russell às suas últimas consequências: eliminar *todos* os termos singulares constantes. Russell resistiu a esse extremo por razões epistemológicas a que Quine esteve alheio: Russell queria ancorar nos dados sensíveis pensamentos singulares sobre objetos particulares, e fornecer um meio de apreender tais pensamentos na linguagem usando as expressões demonstrativas mais simples. Hoje em dia, o extremo quineano caiu no desagrado, mas o meio-termo de Russell também, em que nomes normais são analisados de maneira descritiva. À luz do trabalho de Kripke (1971, 1980), agora é amplamente aceito que não é possível fornecer uma análise semântica adequada de nomes próprios normais nem os tratando como *sinônimos* de descrições definidas, nem fazendo com que suas *referências sejam fixadas* por descrição. De agora em diante, proponho tomar a Teoria das Descrições de Russell por uma teoria unicamente de descrições e tratar nomes como termos singulares. Na verdade, nada depende disso – se, por acaso, nomes exigissem análises descritivas, as conclusões tiradas aqui apenas seriam mais fortes – mas a exposição fica mais fácil.

5.2 Fatos e descrições

A Teoria das Descrições se encontra com a teoria dos fatos de Russell de maneiras interessantes. Para começar, visto que descrições definidas são tratadas de modo quantificacional, a sentença (4) representa um fato *geral*, cujas condições de individualização não fazem referência a qualquer indivíduo em particular:

(4)   O rei é mortal.

As similaridades sintáticas e semânticas entre "o" e outros determinantes quantificacionais, mencionadas no capítulo anterior, sugerem o uso da notação de van Fraassen para representar, como (5), o fato geral que (4) traz:

(5)   {⟨⟨O, REI⟩, MORTAL⟩}.

Podemos pensar que esse fato tem, como componentes, (i) o complexo lógico composto de (a) a propriedade de ser rei e (b) a relação-o (uma relação que vale entre pares de propriedades ⟨P, Q⟩ – representados aqui como ⟨⟨–, P⟩, Q⟩ – se e somente se existe exatamente uma coisa que tem P, e não existe nada que tenha P mas que não tenha também Q), e (ii) a propriedade de ser mortal.

Temos à disposição apenas o simplíssimo esboço de uma explicação russelliana dos fatos, despojada de muitas das características que eram importantes para o próprio Russell (por exemplo, a existência de "fatos negativos" e uma epistemologia dos dados sensíveis). Mas uma explicação enxuta é o que basta para o que vem pela frente. Não se espera que uma explicação russelliana dos fatos seja adepta da opinião de que toda sentença verdadeira representa um fato *distinto*, nem da opinião de que representa o *mesmo* fato.

Como salienta Davidson (1984), o desafio para quem preconiza os fatos é desenvolver algo que fique entre esses dois polos: se todas as sentenças verdadeiras representam o *mesmo* fato, a noção é inútil; se toda sentença verdadeira representa um fato *distinto*, então, como defende Strawson (1950a), não é possível que os fatos lancem luz sobre a verdade, pois são individualizados em termos de sentenças (ou afirmativas) verdadeiras.

Está no espírito de uma explicação russelliana dos fatos que uma sentença verdadeira pode ser reorganizada ou convertida numa sentença relacionada que represente o mesmo fato (a fim, digamos, de ressaltar uma expressão em particular tendo em vista alguma finalidade). Suponhamos que (6) seja verdadeira e represente o fato dado por (7):

(6)   Cícero denunciou Catilina
(7)   {⟨CÍCERO, ⟨DENUNCIOU, CATILINA⟩⟩}.

Então, é provável que se considere que as seguintes sentenças (obtidas respectivamente a partir de (6) por "passivização" e "topicalização") representem (7) também:

(8)   Catilina foi denunciado por Cícero
(9)   Foi Cícero quem denunciou Catilina.

Um caso mais interessante envolve termos singulares correferenciais. Se o fato representado por uma sentença verdadeira for determinado por sua sintaxe e suas partes, e somente por elas, então, duas sentenças verdadeiras $\Sigma[\alpha]$ e $\Sigma[\beta]$ representarão o mesmo fato caso difiram somente da seguinte maneira: a posição ocupada por um termo singular α em $\Sigma[\alpha]$ é ocupada por um termo singular correferencial β em $\Sigma[\beta]$. Por exemplo, tomando "Cícero" e "Túlio" por termos singulares correferenciais, tanto (6) como (10) representam (7):

(6)   Cícero denunciou Catilina
(10)   Túlio denunciou Catilina.[2]

---

[2] Sustenta-se comumente que a semântica definitiva de Russell trata nomes próprios normais, por exemplo, "Cícero" e "Túlio", como descrições definidas

Diferentemente, embora Cícero seja o autor de *De fato*, segundo Russell,

(11) O autor de *De fato* denunciou Catilina

representa um fato bastante diferente, o fato *geral* de que (i) exatamente um indivíduo escreveu *De fato*, e (ii) todo indivíduo que escreveu *De fato* também denunciou Catilina, ou seja, corresponde ao fato dado por (12):

(12) {⟨⟨O, ⟨ESCREVEU, *DE FATO*⟩⟩, ⟨DENUNCIOU, CATILINA⟩⟩}.

Cícero não é mais componente desse fato do que eu. Se Russell tivesse tratado "o autor de *De fato*" como um termo singular que se referisse a Cícero, (11) representaria (7). E, de acordo com Gödel (1944), a consequência disso teria sido surpreendente e devastadora, já que existe uma relação importante entre teorias dos fatos e teorias das descrições: se uma sentença verdadeira representa um fato, então, a fim de evitar o colapso de todos os fatos em um, quem preconiza os fatos deve abrir mão, quer (a) de um Princípio de Composição fregeano intuitivo e direto, quer (b) da ideia de que descrições definidas sejam expressões que pretendem representar coisas. Russell, no entender de Gödel, é capaz de evitar a conclusão desagradável de que todas as sentenças verdadeiras representam o mesmo fato ao negar que as descrições representem coisas, ou seja, ao tratá-las como símbolos incompletos.

5.3 Identidades na matriz

Como vimos no capítulo anterior, embora as descrições não sejam termos singulares segundo Russell, elas ainda assim podem conter *partes* que o são. O nome "França" é um termo singular, mas

---

disfarçadas, às quais se aplica sua Teoria das Descrições. Como salientei anteriormente, tratarei nomes próprios normais como termos singulares.

nem "a capital da França", nem "o rei da França" o são – embora a matriz daquela, diferentemente desta, seja satisfeita de maneira única. Seria um equívoco, como vimos, afirmar que, se uma descrição "o *F*" contém uma *parte* que é um termo singular, então a própria descrição deve ser um termo singular, um equívoco em pé de igualdade com a afirmação de que, se "todo *F*" contém uma parte que é um termo singular, então o próprio sintagma nominal deve ser um termo singular (se a afirmação fosse verdadeira, "o rei da França" e "o autor de *Waverley*" não seriam os exemplos que Russell teria usado correntemente).

Nada de importante é alterado quando uma descrição contém um termo singular que, por acaso, é um indexical ou um demonstrativo. A descrição "o homem que me deu isto" não é um termo singular, mas as ocorrências de "me" e "isto" o são (Russell (1905, 1959) usa "meu filho" e "o *atual* rei da França" como exemplos).

A observação geral é que uma descrição russelliana $\imath xRxa$ não é automaticamente um termo singular só porque *a* é um termo singular. Fato que suscita algumas observações interessantes. Primeiro, e se *R* expressasse a relação de identidade?[3] A expressão $\imath x(x=a)$ é *tecnicamente* uma descrição russelliana, contudo, mesmo entre os russellianos mais ferrenhos, existe uma tendência a considerá-la uma forma prolixa de *a*, o que *tecnicamente* ela não é (visto que se trata de um símbolo incompleto). O buraco é mais embaixo, porém. Vincular um predicado de um lugar *F* ao termo singular *a* produz *Fa*, ao passo que vinculá-lo a $\imath x(x=a)$ produz (13), que, segundo Russell, é mera abreviação de (14):

(13) $F\imath x(x=a)$
(14) $\exists x(\forall y(x=a \equiv y=x) \bullet Fx)$.

---

3   Sou um pouco cético quanto à ideia de que a identidade é uma relação genuína; suspeito também que conseguiríamos nos arranjar sem um predicado de identidade, pois é possível considerá-lo uma abreviação, sensível a contexto e ambígua, que jamais envolveria o que se pretende expressar por =. No entanto, não quero que nada neste ensaio seja influenciado por essa ideia.

E, enquanto *tecnicamente* (14) expressa uma proposição geral, fica o sentimento de que ela difere da proposição singular expressa por *Fa* só de maneira transitória. Em resumo, fica-se com a ideia de que, se existe uma diferença real entre *Fa* e (13), esta só consegue se manifestar no contexto de uma metafísica explícita aliada a uma explicação precisa da relação entre linguagem e realidade. Seria possível dizer quase o mesmo sobre a diferença entre *Fa* e (15),

(15) $\exists x(Fx \bullet a=x)$,

que, como observado anteriormente, Wittgenstein e Quine consideram equivalentes.

Já foi observado que Russell aceita que sentenças verdadeiras distintas representem o mesmo fato. Oficialmente, Russell tem de dizer que *Fa* e $F_1x(x=a)$, se verdadeiras, representam fatos distintos, pois aquela representa um fato singular, e esta um fato geral (não admitindo uma intersecção entre fatos singulares e gerais). Mas, ao mesmo tempo, ele certamente diria que *Fa* representa um fato só se $F_1x(x=a)$ representar também, e que não se pode conceber um estado em que o mundo esteja no qual somente uma delas represente um fato. *Fa* e $F_1x(x=a)$, entendidas como (14), são, de fato, logicamente equivalentes em sistemas-padrão, mas fica a impressão de que esse fato não toca o cerne da questão, que *Fa* e $F_1x(x=a)$ estão ligadas entre si de um modo mais estreito *do que esse*, que existe uma relação semântica (e talvez sintática) mais interessante que valha entre elas, uma relação que não vale entre *Fa* e, digamos, (16), à qual ela também é logicamente equivalente:

(16) $Fa \bullet (Gb \vee \neg Gb)$.

A diferença óbvia é que (16) contém um *predicado* e um *termo singular* que não figuram em *Fa*, expressões que contribuem com o que poderíamos chamar de um "conteúdo material". É tanto quanto basta para que alguém comece a pensar sobre subclasses especiais da classe de pares de sentenças que são logicamente equivalentes entre si. Considere o seguinte:

(17)   ¬¬Fa
(18) $Fa \cdot Fa$
(19) $(\lambda x Fx)a$.

Cada uma dessas sentenças é logicamente equivalente a Fa; mas parece que elas têm mais do que isso em comum com ela. Ramsey (1927) achava incompreensível que Fa e ¬¬Fa pudessem corresponder a fatos distintos, montando sua defesa, em parte, recorrendo à doutrina de que a conclusão de uma inferência formal deve estar "de certo modo contida nas premissas e não em algo novo" (p.48). A partir da existência do fato individual de que Fa, nós não deveríamos ser capazes de inferir a existência de um número infinito de fatos diferentes, como o fato de que ¬¬Fa e o fato de que ($Fa \cdot$ ¬¬Fa); na melhor das hipóteses, diz Ramsey, temos, neste caso, formas linguísticas distintas que representam o mesmo fato.[4]

Fa e (19) estão relacionadas pela conversão-*lambda*, e seria possível considerar que elas partilham de conteúdo material (ao menos em algumas maneiras de ler λx). Parece que é a essa impressão de equivalência material que Gödel (1944) está reagindo quando defende que a Teoria dos Fatos de Russell depende da Teoria das Descrições. Pois, ao que parece, Gödel achava que seria esforço em vão explicar a maneira pela qual Fa e (20) poderiam representar fatos distintos (supondo que o sinal de identidade seja parte do vocabulário lógico):

(20) $a = \imath x(x=a \cdot Fx)$,

em que se lê a descrição molecular $\imath x(x=a \cdot Fx)$ como "o único x tal que x é idêntico a a e x é F", e a é um termo singular (por exemplo, um nome), como no capítulo anterior. Esse assunto será em breve

---

4   Até onde o autor de uma teoria dos fatos esteja satisfeito com fatos "conjuntivos", quase a mesma observação poderia ser feita usando sentenças com as formas de "Fa e Gb", "Gb e Fa", "Fa mas Gb" etc. Usando a notação de van Fraassen, esse autor poderia dizer que cada uma dessas sentenças representa $\{\langle F, a\rangle \langle G, b\rangle\}$, ou é tornada verdadeira por ela.

tratado minuciosamente. Agora desejo apenas observar que a descrição molecular de Gödel se difere de a quanto ao conteúdo material – ou, se desejamos reservar a expressão "conteúdo material" para sentenças inteiras, Ga e (21) se diferem quanto ao conteúdo material porque (21) contém um predicado, F, que Ga não contém:

(21) $G\imath x(x=a \cdot Fx)$.

E, o que é importante, (21) se difere de (22) quanto ao conteúdo material pela mesma razão:

(22) $G\imath x(x=a)$.

Diferentemente de $\imath x(x=a)$, a descrição $\imath x(x=a \cdot Fx)$ de Gödel nem mesmo *aspira*, sob tratamento russelliano, a ser rejeitada com uma reprodução prolixa de a.

5.4 O Uno eleático

Gödel (1944) defende que existe uma relação importante entre teorias dos fatos e teorias das descrições: se uma sentença verdadeira representa um fato, então, a fim de evitar o colapso de todos os fatos em um, quem preconiza os fatos deve abrir mão, quer (i) de um Princípio de Composição fregeano intuitivo e direto, quer (ii) da ideia de que descrições definidas sejam expressões que pretendem representar coisas:

> Um exemplo interessante da análise de Russell dos conceitos lógicos fundamentais é o tratamento que ele dispensa ao artigo definido "o". Eis o problema: o que será que os assim chamados sintagmas descritivos (ou seja, sintagmas como, por exemplo, "o autor de *Waverley*" ou "o rei da Inglaterra") denotam ou significam, e qual será o significado das sentenças em que eles ocorrerem? A resposta aparentemente evidente de que, por exemplo, "o autor de *Waverley*" significa Walter Scott leva a dificuldades inesperadas. Pois, caso se admita o axioma adicional, aparentemente evidente, de que a significação de uma expressão complexa que contenha componentes que têm, eles próprios,

uma significação depende tão só da significação desses componentes (não da maneira pela qual essa significação é expressa), então segue que a sentença "Scott é o autor de *Waverley*" significa a mesma coisa que "Scott é Scott"; *o que, por sua vez, leva quase que inevitavelmente à conclusão de que todas as sentenças verdadeiras tenham a mesma significação (bem como todas as falsas).* (p.128-9; ênfase minha)

O argumento em favor dessa conclusão extraordinária – que examinarei em breve – é dado numa nota de rodapé inserida após a última sentença dessa passagem. Ao que parece, Gödel acha que Frege se vale mais ou menos das mesmas considerações ao defender que as sentenças se referem a valores de verdade: "Frege, na realidade, tirou essa conclusão; e o que ele quis dizer tem um sentido quase que metafísico que faz a gente lembrar um pouco da doutrina eleática do 'Uno'. 'O Verdadeiro' – na opinião de Frege – é analisado por nós de diferentes maneiras em proposições diferentes; e 'o Verdadeiro' é o nome que ele emprega para a significação comum a todas as proposições verdadeiras" (p.129). Como salienta Gödel, Russell nada diz de explícito sobre o Princípio de Composição, mas é razoável supor que, como Frege, ele levasse esse princípio a sério. Por isso, Russell adota outra saída: sua Teoria das Descrições nega que as descrições representem coisas, o que, diz Gödel, serve para salvar do colapso a Teoria dos Fatos dele.

À medida que o leitor revisar o argumento que estou prestes a atribuir a Gödel, é possível que, em diversos momentos, venham à mente inquietações ortogonais, mas no final das contas irrelevantes, sobre Inocência Semântica e Referência Direta (ver Capítulo 3). A irrelevância delas ficará clara assim que eu construir uma prova dedutiva, baseada no argumento de Gödel, que manifestamente não pressupõe nem a Inocência Semântica nem a Referência Direta (ou suas negações), nem uma teoria das descrições em especial, nem qualquer afirmação metafísica sobre os fatos. Por ora, só peço ao leitor que tenha paciência enquanto tento reconstruir o raciocínio de Gödel, que, como está, me parece inacabado, já que contém um pequeno número de pontas soltas e, quiçá, até mesmo uma incoerência indiscutível.

Por que é que Gödel acha que tratar descrições como termos singulares provocará um colapso de todos os fatos num único Grande Fato? Considere a seguinte descrição complexa, que contém uma identidade na sua matriz:

(23) $\imath x(x=a \cdot Fx)$.

De um ponto de vista formal, não há nada de mais com semelhante descrição, pois a matriz $(x=a \cdot Fx)$ dela é uma fórmula bem-formada. Portanto, segundo Russell, (24) é tão só uma abreviação da fórmula bem-formada (25):

(24) $G\imath x(x=a \cdot Fx)$
(25) $\exists x(\forall y((Fy \cdot y=a) \equiv y=x) \cdot Gx)$.

A notação da quantificação restrita deixa claro o conteúdo de (25):

(26) $[o\ x : x=a \cdot Fx]\ Gx$.

A afirmação que Gödel faz se resume a isto: se as sentenças verdadeiras representam fatos, e caso se considere que uma expressão com a forma de $\imath x\phi$ seja um termo singular genuíno que representa o único objeto que satisfaz ϕ, então, mobilizando princípios lógicos mínimos, relacionados com fórmulas que contenham descrições com a forma de (23), é possível demonstrar que todas as sentenças verdadeiras devem representar o mesmo fato.

Na nota de rodapé retirada da citação anterior, Gödel dá a entender uma prova dessa afirmação:

> As únicas suposições adicionais de que se precisaria para obter uma prova rigorosa seriam [G_1] que "$\phi(a)$" e a proposição "a é o objeto que tem a propriedade ϕ e que é idêntico a a" querem dizer a mesma coisa, e [G_2] que toda proposição "fala sobre alguma coisa", ou seja, pode ser colocada na forma de $\phi(a)$. Ademais, seria preciso usar o fato de que, para quaisquer dois objetos a . b, existe uma proposição verdadeira com a forma de $\phi(a, b)$ como, por exemplo, $a \neq b$ ou $a=a \cdot b=b$. (1944, p.129).

[G₁] A primeira suposição é menos preocupante do que a formulação de Gödel poderia dar a entender. A nota de rodapé não revela o que ele pretende dizer ao falar que *Fa* e (27) "querem dizer a mesma coisa":

(27) $a = \imath x(x=a \cdot Fx)$.

Um exame do corpo do texto citado anteriormente talvez pudesse sugerir que ele pretende dizer "significam a mesma coisa". Seja qual for a intenção de Gödel, tendo em vista o argumento que lhe atribuirei, é tanto suficiente quanto necessário que, se as descrições são termos singulares que simplesmente representam coisas, então *Fa* e (27) representam o mesmo fato.

[G₂] A segunda suposição de Gödel é que qualquer sentença que represente um fato pode ser colocada na forma predicado-argumento. Sem essa suposição, o estilingue dele mostrará apenas que todas as sentenças *atômicas* verdadeiras representam o mesmo fato – evidentemente, essa conclusão seria ainda assim devastadora para a maioria dos preconizadores dos fatos, mas Gödel acha que a conclusão mais abrangente pode ser provada. (É de supor que ele diria que "Sócrates roncava, e Platão roncava" pode ser reproduzida por "Sócrates é *um x tal que x roncava, e Platão roncava*", e que "todos os homens roncam" pode ser reproduzida por algo como "Sócrates é *um x tal que todos os homens roncam*" (admitindo um universo não vazio, o que não faz mal algum). Caso se achem essas conversões repugnantes, é possível ainda assim chegar ao fim do raciocínio de Gödel quanto a sentenças atômicas.)

[G₃] Uma terceira suposição – mencionada não na nota de rodapé, mas na citação do corpo do texto feita antes – é o Princípio de Composição: "a significação de uma expressão complexa que contenha componentes que têm, eles próprios, uma significação depende tão só da significação desses componentes (não da maneira pela qual essa significação é expressa)". Gödel considera essa suposição um "axioma aparentemente evidente" (tornarei à interpretação desse axioma).

Ao que parece, era de se esperar que a prova de Gödel de que todas as sentenças verdadeiras representam o mesmo fato procedesse da seguinte maneira. Suponha que estas três sentenças sejam todas verdadeiras:

(I) Fa
(II) $a \neq b$
(III) Gb.

Então, cada uma representa um ou outro fato; chame os fatos em questão de f_I, f_{II} e f_{III} respectivamente. Por [G_1], visto que (I) representa f_I, o mesmo vale para

(IV) $a = \imath x(x=a \cdot Fx)$.

Pela mesma suposição, visto que (II) representa f_{II}, o mesmo vale para

(V) $a = \imath x(x=a \cdot x \neq b)$.

Se uma descrição definida $\imath x \phi$ representa a única coisa que satisfaz ϕ, então ambas as descrições em (IV) e (V) representam a mesma coisa, a saber, a. Portanto, por [G_3], as sentenças (IV) e (V) representam o mesmo fato, ou seja, $f_I = f_{II}$. Por [G_1], visto que (III) representa f_{III}, o mesmo vale para

(VI) $b = \imath x(x=b \cdot Gx)$.

E, pela mesma suposição, visto que (II) representa f_{II}, o mesmo vale para

(VII) $b = \imath x(x=b \cdot x \neq a)$.

Uma vez mais, feita a suposição de que uma descrição definida $\imath x \phi$ represente a única coisa que satisfaz ϕ, as descrições em (VI) e (VII) representam a mesma coisa, a saber, b. Deste modo, por [G_3], as sentenças (VI) e (VII) representam o mesmo fato, ou seja, $f_{III} = f_{II}$. Portanto, $f_I = f_{II} = f_{III}$, ou seja, Fa e Gb representam o mesmo fato. *Mutatis mutandis* lá onde $a=b$ (em vez de $a \neq b$) for verdadeira. Deste modo, todas as sentenças verdadeiras representam o mesmo fato.[5]

---

5   Tirei proveito da comparação da minha reconstituição da prova de Gödel – uma variante preliminar da qual apareceu pela primeira vez num artigo que publiquei na *Mind* em 1995 – com as oferecidas por Olson (1987), Wallace (1969) e Wedberg (1966, 1984). A minha é bem mais parcimoniosa e conveniente para as tarefas presentes do que as reconstituições predecessoras; além do mais, tenho certeza de que a parcimônia dela apreende à risca as intenções de Gödel.
A primeira discussão desse argumento a ser publicada foi a de Bernays (1946), que parece não entender nada do que está em jogo nele. Bernays sugere que Gödel chega a essa conclusão porque não faz a separação entre o sentido (*Sinn*) e a referência (*Bedeutung*) de uma sentença, apesar de mencionar Frege ao longo de sua discussão da Teoria das Descrições de Russell. Parece que a observação de Bernays é que Fa e $a = \imath x(x=a \cdot Fx)$ têm sentidos diferentes. Mas isso é irrelevante. O argumento de Gödel diz respeito à relação entre descrições e fatos, não entre descrições e *modos de apresentação* dos fatos (que, em todo caso, Russell não tinha em mente). O equívoco de Bernays é repetido por Oppy (1997).
Que a prova de Gödel não mobilize abertamente a noção de equivalência lógica – a noção central para o estilingue de Church-Quine-Davidson – é reconhecido por Wedberg, Wallace, Parsons, Olson, Neale, Neale e Dever, Perry e Oppy. Burge e Davidson reconhecem que o argumento de Gödel é diferente do de Church quanto à forma, mas não discutem a natureza da diferença. A possibilidade de modificar a prova à moda de Church de maneira que tenha a mesma diferença crucial que a de Gödel tem com relação à original é mencionada por Dale (1978), Taylor (1976, 1985) e Widerker (1983) – embora, na realidade, somente Widerker mencione Gödel nesse tocante. Não se encontra nesses artigos um reconhecimento explícito de que um argumento com a forma modificada possa ser formulado de maneira que fique apoiado em premissas a rigor mais fracas. Dale comenta, com razão, que as afirmações sobre equivalência lógica são mais fáceis de justificar no contexto da prova modificada. Em sua discussão do estilingue de Quine (1960), Sharvy (1969) faz a observação de que seria possível reformular o argumento usando premissas mais fracas, ou seja, recorrendo a uma noção mais estreita do que a suposta equivalência lógica de ϕ e "o número x tal que $((x = 1) \cdot \phi)$ ou $((x = 0) \cdot \neg\phi)$", a suposta equivalência operante no estilingue de Quine. Føllesdal (1983) observa de passagem que nem todas as variantes do estilingue envolvem a permutação de equivalentes lógicos; porém, não menciona Gödel nesse tocante.

O argumento de Gödel certamente é válido; contudo, não está claro se $[G_1]$–$[G_3]$ e a suposição de que as descrições definidas são termos singulares formam um conjunto coerente; e não está claro, portanto, se o argumento é válido somente num sentido desinteressante. Se as descrições são termos singulares e se, como exige $[G_3]$, o que uma descrição representa depende só do que seus componentes representam (e não da maneira pela qual isso é expresso), então não é evidente que a gente deva considerar que (I) e (IV) representam o mesmo fato:

(I) Fa
(IV) $a = \imath x(x=a \cdot Fx)$.

Pois, aceitando que $[G_3]$ e a suposição de que as descrições são termos singulares são verdadeiras, (IV) dá a impressão de ser uma afirmativa de identidade; desta forma, caberia achar que ela deveria representar o mesmo fato que (VIII), ao menos à luz de *algumas* teorias que tratam as descrições como termos singulares:

(VIII) $a = a$.

Porém, a menos que *já* se sustente *previamente* que todas as sentenças verdadeiras representem o mesmo fato, é implausível em extremo sustentar que (I) e (VIII) representem o mesmo fato. Em resumo, não está claro se a suposição $[G_1]$ é congruente com a suposição de que as descrições sejam termos singulares, o que talvez prive, ao que parece, o argumento de Gödel de seu interesse imediato. No entanto, como demonstrarei no Capítulo 8, é possível criar uma variante do argumento de Gödel, sem máculas e baseada em operadores, que não faça suposições semânticas ou metafísicas controversas e que tenha uma relação de peso com as teorias dos fatos.

Voltando para a discussão do próprio Gödel, se as descrições definidas são tratadas não como termos singulares, mas em conformidade com a Teoria das Descrições de Russell – cuja motivação, como vimos, é independente – então é de se esperar que as coisas fiquem um pouco diferentes. Presume-se que a ameaça do colapso dos fatos seja evitada de imediato. O ponto principal de Gödel nesse tocante é que, segundo Russell, visto que as descrições não representam coisas (não se trata de termos singulares), não se consegue obter nem (IV) nem (V) uma da outra mediante a substituição de expressões que representem a mesma coisa,

(IV) $a = \imath x(x=a \cdot Fx)$
(V) $a = \imath x(x=a \cdot x \neq b)$,

por conseguinte, de [G_3] não segue que (IV) e (V) representem o mesmo fato.[6] *Mutatis mutandis* para (VI) e (VII). Daí que Russell escapa à conclusão "eleática", sugere Gödel, por ser um russelliano sobre descrições definidas.

Contudo, ao que parece, o colapso imaginado por Gödel pode ser bloqueado por Russell antes mesmo de chegarmos a examinar a relação entre (IV) e (V). Se as descrições são tratadas em conformidade com a teoria de Russell, e se os fatos são individualizados, como o são para Russell, por seus componentes, então não parece que (I) e (IV) representam o mesmo fato:

(I) Fa
(IV) $a = \imath x(x=a \cdot Fx)$.

Aquela representa um fato singular; esta, um fato geral. Mas, ao mesmo tempo, como vimos na seção anterior, deve existir uma relação estreitíssima entre esses fatos. É fato que (I) se e somente se é fato que (II), e não só no sentido material de "se e somente se". E, visto que (I) e (IV) partilham de conteúdo material, poderíamos ficar tentados a dizer que (IV) corresponde ao fato que Fa.

Por sorte, tendo em vista o que me propus, não preciso me pronunciar sobre essas coisas. Estou em busca de uma restrição decisiva sobre as teorias dos fatos, o que não é algo que se consiga obter só com o argumento que atribuí, tal como está, a Gödel. A esta altura, podemos tirar a seguinte lição da discussão de Gödel: quem quiser

---

6 Isso corresponde ao fato de que (IV) e (V), segundo Russell, representam fatos gerais diferentes com componentes diferentes: a propriedade de ser F é um componente do fato correspondente a (IV), mas não do fato correspondente a (V).

sustentar que as descrições são termos singulares e que, por conseguinte, representam (significam, referem-se a, designam) coisas, e sustentar, ao mesmo tempo (em conformidade com o Princípio de Composição), que as sentenças representam fatos (ou qualquer outra coisa) determinados pelo que suas partes representam, deve sustentar também que (I) e (IV) representam fatos diferentes ou, então, aceitar que todas as sentenças verdadeiras representam o mesmo fato.

Russell, no entender de Gödel, é capaz de escapar à conclusão de que todas as sentenças verdadeiras representam o mesmo fato negando que as descrições representem coisas, ou seja, negando que sejam termos singulares e, por conseguinte, negando que (IV) e (V) representem os mesmos fatos. Não precisamos, pois, nos preocupar com a questão de saber se seria possível forçar Russell a aceitar que (I) e (IV) representam o mesmo fato.

Porém, Gödel não estava de todo convencido de que Russell não estivesse num aperto: "não consigo deixar de ter a impressão de que o problema levantado... foi apenas contornado pela teoria das descrições de Russell e de que há algo por trás dele que ainda não foi completamente entendido" (1944, p.130). Gödel nada diz sobre a natureza da inquietação dele, mas o meu palpite é que ele estava reagindo a um traço superficial da teoria de Russell, que o emprego de quantificadores restritos, por exemplo, mostrou ser dispensável. A implementação que Russell fez de sua própria teoria compreendia a definição contextual de descrições, de modo que, na notação primitiva, elas "desaparecem sob análise"; e Gödel talvez deva ter achado que excluir da notação primitiva as descrições seria uma manobra formal que, encobrindo a dificuldade filosófica real, apenas criaria a *ilusão* de solução; o que parece corroborado pelo próximo (e último) parágrafo de Gödel sobre o assunto:

> Parece que existe um único quesito puramente formal pelo qual nós podemos preferir a teoria das descrições de Russell. Definindo, da maneira mencionada acima, o significado das sentenças que envolvem descrições, ele evita quaisquer axiomas acerca da partícula "o" em seu

sistema lógico, ou seja, fica clara a analiticidade dos teoremas acerca de "o"; é possível mostrar que estes seguem das definições explícitas do significado das sentenças que envolvem "o". Frege, ao invés, tem de admitir um axioma acerca de "o", que decerto também é analítico, mas somente no sentido implícito de que segue do significado dos termos não definidos. Um exame mais detido, no entanto, mostra que essa vantagem da teoria de Russell sobre a de Frege só subsiste se nós interpretarmos as definições como meras abreviações tipográficas, não como introdutoras de nomes para objetos descritos pelas definições, um traço comum a Frege e Russell. (p.130-1)[7]

A última sentença dessa passagem é instrutiva. Em primeiro lugar, é importante entender que, segundo a Teoria das Descrições de Russell, *14.01 e *14.02 *são* abreviações tipográficas e que os sintagmas descritivos *não* são introduzidos como nomes dos objetos descritos pelas definições.[8] Em segundo lugar, Gödel achava que algumas das dificuldades centrais dos *Principia* surgiram precisamente porque Russell se recusava a admitir que classes e conceitos fossem objetos reais. A minha suspeita é de que as inquietações de Gödel sobre a eliminação das classes pela definição contextual das expressões que pretendem se referir a elas talvez tenham ofuscado seu pensamento sobre a definição contextual das descrições. Há uma importante diferença ontológica: definir contextualmente as expressões de classe propiciou a Russell uma maneira de eliminar, mediante definição, as próprias *classes* (por assim dizer); definir contextualmente as descrições lhe propiciou uma maneira de eliminar mediante definição o rei da França e o quadrado redondo (por assim dizer), mas não lhe propiciou uma maneira de eliminar

---

7 Lá pelo fim do artigo, Gödel discute "se (e em que sentido) os axiomas dos *Principia* podem ser considerados analíticos" (p.150). No *Nachlass* de Gödel, uma página anotada de uma separata do seu artigo de 1944 (p.150) traz o comentário "Th. der natürlichen Zahlen nachweislich nicht analytisch im Kantschen Sinn" ("A teoria dos números naturais [é] demonstravelmente não analítica no sentido kantiano"). Ver Gödel (1990: ii. 314).

8 Pelas razões dadas por Kripke (1980), as abreviações seriam *rígidas* se tal fosse o caso, e as descrições (comumente) não o são.

os objetos mediante definição. Em terceiro lugar, em 1943 e 1944, não era evidente o lugar que as descrições, quando analisadas de modo que as sentenças que as contêm recebam condições de verdade quantificacionais concedidas pela teoria de Russell, deveriam ocupar numa explicação geral da quantificação. Como a última sentença de Gödel evidencia, as possibilidades apresentadas foram apenas duas naquela época: (i) as descrições são meras abreviações tipográficas que desaparecem sob análise, ou (ii) são termos cujas referências são fixadas quantificacionalmente (por satisfações sobrepostas, por exemplo). Porém, trabalhos subsequentes sobre quantificação e sobre a sintaxe e semântica da linguagem natural revelaram uma possibilidade melhor: (iii) uma descrição "o *F*" é um sintagma nominal quantificado em pé de igualdade com "todo *F*", "algum *F*", "nenhum *F*" etc. O fato de que é possível implementar a teoria de Russell com uma teoria da quantificação restrita deve dissipar inquietações sobre o banimento artificial das descrições e, também, as confusões sobre os "símbolos incompletos" (ver o apêndice).

No Capítulo 8, mostrarei que é possível construir, partindo do estilingue de Gödel, uma prova dedutiva que demonstra toda espécie de fatos interessantes sobre os fatos, sobre a semântica das descrições e sobre os limites da lógica supostamente não extensional. Mas há um pouquinho mais de trabalho pela frente antes disso.

6
EXTENSIONALIDADE

6.1 Extensões e conectivos sentenciais

Grande parte da filosofia contemporânea envolve manobras no interior de contextos linguísticos regidos por operadores modais, causais, deônticos e outros operadores supostamente não extensionais. Para que manobras desse tipo sejam eficazes, elas devem respeitar as propriedades lógicas e outras propriedades semânticas dos contextos em que ocorrem. Um fato lamentável no tocante a muito da filosofia técnica atual é que a importante fundamentação lógico-semântica não está devidamente consumada (se é que está consumada), sendo essa uma razão por que tantos trabalhos em metafísica, ética, filosofia da mente e filosofia da linguagem se resumem a disparates. Nos últimos cinquenta anos, houve grande progresso na compreensão da lógica, estrutura e uso da linguagem. A filosofia técnica, na ausência de uma gramática lógica, dificilmente é digna, nesta época, do nome "filosofia". No devido tempo, defenderei que uma prova formal baseada no estilingue de Gödel impõe uma exigência severa sobre discursos não extensionais. Mas, antes, sejamos claros quanto ao que "extensional" e "extensionalidade" querem dizer.

A ocorrência do nome "Helena" na sentença "Helena saiu voluntariamente" poderia ser considerada como se referindo a ou representando Helena. Pré-teoricamente, no entanto, é muito menos usual –

na verdade, não é natural – dizer que a própria sentença "Helena saiu voluntariamente" ou as ocorrências de "saiu", "voluntariamente" e "saiu voluntariamente" se referem a coisas. Poderia parecer gratuito, então, buscar por partes do mundo que possam corresponder a todas as partes das sentenças. Contudo, muitos filósofos interessados em construir teorias do significado para línguas naturais designaram entidades para servir como referentes de expressões para além de nomes e outros dispositivos de referência singular.

Para evitar controvérsias, adotei um vocabulário teórico preciso e estipulei que termos, predicados, sentenças e conectivos sentenciais têm, sem exceção, *extensões*. Considere uma linguagem formalizada L, simples, que contenha apenas nomes (constantes individuais), predicados e conectivos verifuncionais. As extensões dos vários tipos de expressão são estipuladas da seguinte forma: (i) a extensão de um nome é simplesmente seu referente (em vista das preocupações presentes, vamos concordar em excluir nomes que não referem, se é que existem tais expressões); (ii) a extensão de um predicado n-ário é o conjunto de n-tuplos de que o predicado é verdadeiro; (iii) a extensão de uma sentença é seu valor de verdade;[1] (iv) a extensão de um conectivo n-ário é uma função de n-tuplos de valores de verdade para valores de verdade (tais funções são *funções de verdade*; de onde vem a ideia de que conectivos que têm funções de verdade como suas extensões são *verifuncionais*). Uma semântica extensional para L atribui a cada expressão complexa ζ de L uma extensão baseada na sintaxe de ζ e nas extensões das partes de ζ. (Para sentenças atômicas: $\text{Ext}(\Re\alpha) = \text{Verdade sse Ext}(\alpha) \in \text{Ext}(\Re)$, $\text{Ext}(\Re\alpha\beta) = \text{Verdade sse} \langle \text{Ext}(\alpha), \text{Ext}(\beta) \rangle \in \text{Ext}(\Re)$ etc. em que $\Re$ é

---

[1] Dada (ii), (iii) não é de todo arbitrária: dois predicados n-ários $\Re$ e $\Re'$ têm a mesma extensão se e somente se $(\forall x_1 \ldots x_n)(\Re(x_1 \ldots x_n) \equiv \Re'(x_1 \ldots x_n))$ é verdadeiro. Caso uma sentença possa ser considerada um predicado 0-ário (isto é, uma expressão que se une a zero termos para formar uma sentença), então duas sentenças ϕ e ψ têm a mesma extensão se e somente se $(\phi \equiv \psi)$ é verdadeiro. Dessa maneira, como observa Carnap (1947, p.26), parece "natural", de acordo com essa explicação, tomar os valores de verdade das sentenças como suas extensões.

um predicado. Para sentenças não atômicas: Ext($\neg\phi$) = Verdade sse Ext(ϕ) = Falsidade, Ext(($\phi \bullet \psi$)) = Verdade sse Ext(ϕ) = Verdade e Ext(ψ) = Verdade etc.)

No que diz respeito a L, a classe das assim chamadas "entidades extensionais" é simplesmente a classe que consiste em objetos, conjuntos de n-tuplos de objetos, os dois valores de verdade e funções de n-tuplos de valores de verdade para valores de verdade, isto é, a classe que consiste em todas e tão somente aquelas entidades capazes de servir de extensões para nomes, predicados, sentenças ou conectivos de L. Não há nada de profundo ou misterioso a propósito dessa classe: ela é determinada por *estipulação*, pois a classe de entidades capazes de servir como extensões de termos, predicados, sentenças e conectivos de L foi determinada por estipulação. Qualquer entidade que não esteja nessa classe é, por definição, uma entidade não extensional, no que diz respeito a L. (Não usarei "não extensional" e "intensional" de maneira intercambiável; é útil reservar o termo "intensionalidade" para um tipo restrito de não extensionalidade.)

6.2 Escopo

Apesar de o conceito de escopo estar presente em obras anteriores, a palavra "escopo" foi usada pela primeira vez, na acepção que se tornou corrente, por Whitehead e Russell nos *Principia* (substituindo a terminologia anterior de Russell de "ocorrências" (primárias, secundárias, terciárias...) de símbolos). Mas é surpreendente quanta confusão prevalece entre filósofos acerca do *conceito* de escopo e de por que dizemos que o escopo de tal e qual é assim e assado. Quem quer que tenha estudado lógica básica pode dizer quais são os escopos das ocorrências de $\neg$ e $\bullet$ em (1), concebida como uma sentença da linguagem L usada anteriormente:

(1) $\neg(\neg Fa \bullet Ga)$

O escopo da primeira ocorrência de $\neg$ é o todo de (1). O escopo da segunda ocorrência é $\neg Fa$. O escopo de $\bullet$ é ($\neg Fa \bullet Ga$). Vamos refletir, por um momento, sobre por que dizemos essas coisas, sobre a maneira pela qual escopo se relaciona com composicionalidade, e sobre qual a importância de expressões terem escopos na linguagem natural.

Escopo é uma noção sintático-semântica primitiva: diz respeito à maneira pela qual a avaliação semântica é guiada pela composição. Em toda linguagem de interesse, há expressões moleculares, expressões cujos componentes últimos são expressões atômicas. A maneira de compor uma expressão complexa numa linguagem formalizada – sua sintaxe – nos diz qual é o escopo de qualquer parte de uma expressão que possa nos interessar. Um equívoco fundamental acerca desse conceito vem à luz, quando se diz, por exemplo, que "somente operadores têm escopos".[2]

As limitações de L se refletem com clareza no fato de que contenha apenas um tipo de expressão complexa: a sentença. Esse fato tende a nos tornar preguiçosos, a nos fazer aceitar a primeira caracterização de escopo que pareça nos dar o que desejamos. Poderíamos começar dizendo que, em L,

(S1)   o escopo de um conectivo sentencial n-ário ● ("bola") que ocorre numa sentença S é simplesmente a sentença que resulta da associação de ● com n sentenças $\phi \ldots \phi_n$, isto é, a menor sentença em S contendo tanto ● quanto $\phi \ldots \phi_n$

---

2 Ver, por exemplo, Patton (1997), que emprega exatamente essas palavras. É claro que, com certo engenho, pode-se fazer com que qualquer expressão funcione como um operador, sendo que, em tal caso, seria verdade dizer que "apenas operadores têm escopos". No entanto, não é isso que Patton tem em mente. Ele está criticando Kripke e Dummett: "As pessoas, Kripke e Dummett, para mencionar apenas duas, atribuem livremente *escopos* a termos singulares, o que é incoerente, visto que somente operadores têm escopos" (p.251). Diferentemente de Dummett e Kripke, Patton não meditou sobre o que *vem a ser* escopo. Não é minha intenção sugerir que ele seja o único; na verdade, hesitei em importunar Patton aqui, uma vez que essa deficiência é tão comum. Porém, a exposição de Patton tem a virtude de ser excepcionalmente clara.

como componentes, isto é, a menor sentença em S contendo ⑧ como componente.

(S1) é verdadeira, mas temos de resistir à tentação de tomá-la como se fornecesse uma *definição* de escopo. Se pararmos neste tradicional e irrefletido local de parada, não fazemos jus à generalidade e simplicidade fundamental do conceito de escopo. Estamos a caminho de uma compreensão melhor de escopo (mas não ainda de uma definição), ao observarmos que, em L,

(S2)   o escopo de um conectivo sentencial n-ário ⑧ que ocorre numa sentença S é a menor sentença em S que contenha ⑧ como componente *próprio*.

É claro que acrescentar "próprio" não faz grande diferença quando estamos perguntando pelo escopo de um conectivo sentencial. Porém, seria um engano concluir, a partir disso, que não estamos avançando, mas apenas acrescentando uma redundância.

A ideia linguística no cerne do conceito de escopo é simplesmente que dois ou mais componentes se unem para formar um componente maior. Poderíamos dizer que, em L,

(S3)   o escopo de um componente α – *qualquer componente* – de uma sentença S é a menor sentença em S que contenha α como componente próprio.

Então, em $\neg Fa$, o escopo de $\neg$ é $\neg Fa$, e o escopo de Fa é também $\neg Fa$. O escopo de F é Fa, e o escopo de a é também Fa. Nada se altera ao examinarmos expressões mais complexas. Em $(\neg Fa \bullet Ga)$, o escopo de $\bullet$ é toda a sentença, sendo também o escopo de $\neg Fa$ e Ga. Em Rab, os escopos de R, a e b são todos Rab. Constatamos agora que não há nada de *ad hoc* ou arbitrário em nossas respostas às questões acerca dos escopos das ocorrências de $\neg$ e $\bullet$ em (1) acima. Perguntar pelo escopo de um componente é pedir informações sobre quaisquer componentes com que ele tenha diretamente se associado para formar um componente maior, isto é, consiste em perguntar por aquele componente maior.

Somos levados, assim, à definição geral, aplicável não apenas a *L*, cujos únicos componentes complexos são sentenças inteiras, mas a linguagens que contêm outras formas de componentes complexos (por exemplo, quantificadores restritos ou sintagmas nominais complexos):

(S4) o escopo de um componente α – *qualquer* componente – de uma sentença *S* é o menor *componente* de *S* que contenha α como componente próprio.

(A ambiguidade em "Gui comprou figos e pêssegos maduros" poderia, então, ser considerada uma ambiguidade de escopo que poderia ser resolvida, ao se esclarecer (seja por análise sintática ou por tradução para uma variante formalizada do português) se o adjetivo "maduros" se une a "pêssegos" ou a "figos e pêssegos".)

Dessa maneira (e concebendo "sentença" como "fórmula" a fim de incluir as sentenças abertas daquelas linguagens que empregam tais dispositivos), fica evidente que escopo é um conceito que se aplica a *qualquer* linguagem composicional, seja formalizada ou natural. Porém, escopo é um conceito *cuja utilidade semântica depende de a linguagem sob exame usar escopo, tal como linguagens formalizadas normais, para tornar transparentes as relações semânticas*. Assim considerado, é evidente que escopo não coincide exatamente com a gramática *superficial* da linguagem natural. Atestam isso conhecidas "ambiguidades de escopo": "um médico examinou todas as vítimas", "ninguém se encontrou com o rei da França", "traga sua tia ou venha só e beba muito uísque". Contudo, uma questão interessante, investigada pelas mais respeitáveis correntes da linguística teórica, é se existe um nível de representação linguística, um nível relevante para a interpretação semântica, em que escopo tenha, de fato, o papel desejado.[3]

---

3 No que tange a quantificações múltiplas, a motivação original, em lógica, para se permitirem permutações de escopo de quantificadores foi o desejo de capturar leituras com condições de verdade distintas. Mas, como se sabe, a permutação de quantificadores nem sempre resulta nessa diferença. Por exemplo, nem

as condições de verdade de (i) nem de (ii) são sensíveis a qual quantificador tiver escopo mais amplo:

(i) todo filósofo respeita todo lógico.
(ii) algum lógico respeita algum filósofo.

Mas não há como evitar o fato de que escopos ainda devem ser atribuídos no estabelecimento de traduções de (i) e (ii) na notação padrão de primeira ordem. Todo trabalho inteligível na corrente de linguística teórica que tentar caracterizar um nível sintático de "forma lógica" respeita esse fato, declarando que tanto (i) quanto (ii) são a manifestação superficial de duas estruturas subjacentes distintas, mas logicamente equivalentes. Isso poderia surpreender alguns, como se introduzisse uma redundância desnecessária, mas a impressão é ilusória. Em primeiro lugar, teóricos precisam se esforçar em buscar a teoria mais geral e esteticamente satisfatória, e o fato de que nenhuma diferença de condição de verdade resulta de permutações de escopo em *algumas* sentenças simples não é de grande importância em si mesmo. Em segundo lugar, ao contrário do que alguns afirmaram, a fim de produzir tais exemplos, não é nem necessário nem suficiente usar duas vezes o mesmo determinante quantificacional. Isso pode ser facilmente mostrado pela adoção da notação de quantificadores restritos. É evidente que essa igualdade de determinante não é *necessária*, a partir do fato de que pares de leituras de (iii) e (iv) são equivalentes:

(iii) a rainha possui uma bicicleta
 $[a_1 : rainha_1] [uma_2 : bicicleta_2] x_1$ possui x_2
 $[uma_2 : bicicleta_2] [a_1 : rainha_1] x_1$ possui x_2.
(iv) todo criminoso conversou com o delegado
 $[todo_1 : criminoso_1] [o_2 : delegado_2] x_1$ conversou com x_2
 $[o_2 : delegado_2] [todo_1 : criminoso_1] x_1$ conversou com x_2.

(De fato, isso foi observado por Whitehead e Russell nos *Principia*). Que a igualdade de determinante não é *suficiente* segue do fato de que, por exemplo, "a maioria" não é autocomutativo. As duas leituras de (v) não são equivalentes (uma observação que creio ter sido feita pela primeira vez por Nicholas Rescher):

(v) a maioria dos criminosos atira na maioria dos delegados
 $[maioria_1 : criminoso_1] [maioria_2 : delegado_2] x_1$ atira em x_2
 $[maioria_2 : delegado_2] [maioria_1 : criminoso_1] x_1$ atira em x_2.

A verdadeira lição de moral que tiramos ao refletir sobre (i)–(iv) é que uma teoria da forma lógica é bem mais do que uma teoria que associa uma sentença de uma linguagem formalizada bem-comportada a cada sentença da linguagem natural. Se nossas melhores sintaxe e semântica disserem ambas (ou jun-

Há um descompasso óbvio entre a sintaxe das linguagens formalizadas elementares esboçadas anteriormente e a sintaxe do português. Considere (2):

tamente implicarem) que há duas "formas lógicas" distintas associadas a uma determinada sequência, então será ridículo afirmar que a sequência em questão não é a forma superficial das duas sentenças distintas, simplesmente porque as duas presumidas "formas lógicas" são logicamente equivalentes. Minha sugestão aqui não é aquela conhecida de que condições de verdade não são individualizadas de maneira suficientemente fina para servir como proposições ou significados. Esse tema é irrelevante para o presente tópico. (Observe que, apesar de os pares de leitura de (i)–(iv) serem equivalentes, os axiomas de uma definição da verdade se aplicam numa ordem diferente, sendo que, nessa medida, ainda há margem para que o semanticista vericondicional diga que sentenças (concebidas como pares de forma "lógica" e forma "superficial") diferem quanto a um interessante aspecto *semântico*. Sobre esse tópico, ver Larson e Segal 1995). Minha observação é muito mais simples. Todos nós aceitamos que a sequência "o cachorro do meu vizinho é um incômodo" é a manifestação superficial de duas sentenças distintas com condições de verdade distintas, e não nos importamos em dizer isso, ainda que as duas sentenças sejam escritas e soem semelhantemente. De maneira idêntica, todos aceitamos que "Gui vendeu um carro a Maria" e "Maria comprou um carro de Gui" são manifestações superficiais de duas sentenças com as mesmas condições de verdade. Dessa maneira, nem a "igualdade superficial" nem a "igualdade vericondicional" das duas presumidas sentenças é suficiente para demonstrar que uma única sentença esteja, na verdade, sob escrutínio. Não há tampouco razão para acreditar que isso seja demonstrado pelo *ajuste* da igualdade superficial com a igualdade vericondicional. Não há, portanto, razão para rejeitar a opinião de que cada uma das (i)–(iv) é a manifestação superficial de um par de sentenças. Às vezes, temos de deixar a teoria decidir. Se nossas melhores sintaxe e semântica dizem que há duas sentenças distintas correspondentes a uma única sequência, que assim seja. Hornstein (1984) defendeu que a ausência de diferença nas condições de verdade para os pares associados a (iii) e (iv) sustenta sua opinião de que descrições *não* são sintagmas nominais quantificados normais, que admitem várias atribuições de escopo, mas são sempre interpretadas como se tomassem escopo máximo, algo que ele considera poder ser explicado, supondo que descrições são mais semelhantes a sintagmas nominais referenciais do que quantificacionais. Como detalhadamente defenderam Soames (1987) e Neale (1990), os argumentos de Hornstein e sua posição estão contaminados de problemas filosóficos e técnicos tão severos que são ininteligíveis, quando não estão claramente errados.

(2)   ¬(Fa • ¬Gb)

O escopo do primeiro sinal de negação ¬ é a sentença inteira, o escopo do sinal de conjunção • é a subsentença (Fa • ¬Gb), e o escopo do segundo sinal de negação é a subsubsentença ¬Gb. Tudo isso é prontamente compreendido ao vermos a árvore de estrutura sintagmática de (3), que se poderia extrair imediatamente da sintaxe-padrão que escreveríamos para L.

(3)
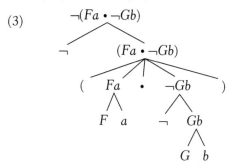

Em termos de geometria de árvores, o escopo de uma expressão (como já definido) é simplesmente o primeiro nódulo que a domina propriamente (de maneira similar nas linguagens da lógica proposicional, lógica de primeira ordem e suas extensões modais).[4] Seguindo a tradição lógica e filosófica, a distinção sintática e semântica em L foi feita entre predicados de um e de dois lugares. Em termos de geometria de árvores, a diferença sintática entre uma sentença contendo um predicado de um lugar e uma sentença contendo um predicado de dois lugares se mostra claramente em (4) e (5):

(4)   (5)

---

[4] Ao considerar escopo na linguagem natural, o escopo de uma expressão é o primeiro nódulo *ramificado* que a domina propriamente. A razão disso é a possibilidade (em algumas teorias) de nódulos não ramificados relativamente a, por exemplo, substantivos e verbos intransitivos. Não precisamos nos preocupar com isso aqui.

Visto que o escopo de uma expressão é simplesmente o primeiro nódulo que a domina propriamente, em (4), F e a estão sob o escopo um do outro, assim como "Alvinho" e "tropeçou" estão sob o escopo um do outro numa sentença análoga em português, como "Alvinho tropeçou". Mas, quando o assunto é (5), nossa linguagem formalizada e o português se separam. Em (5), R, a e b estão todos sob o escopo uns dos outros. Em particular, a está sob o escopo de R. Mas, numa sentença análoga em português, como "Alvinho respeita Beto", "Alvinho" não está sob o escopo do verbo "respeita" (apesar de estar sob o escopo do *sintagma verbal* "respeita Beto"):

(6)
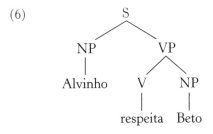

Em (6), "respeita" se une ao termo singular "Beto" para formar uma expressão (um sintagma verbal) que se une ao termo singular "Alvinho" para formar uma sentença. Isto é, "respeita" funciona como um formador-de-predicado-de-um-lugar, ele mesmo de um lugar. Não há problema em dizer que ele funciona como um predicado de dois lugares, contanto que se tenha em mente que as relações sintáticas que ele mantém com os dois termos singulares que funcionam como seus "argumentos" são bastante diferentes.

A situação é surpreendentemente similar, quando nos voltamos para supostos conectivos, a respeito dos quais Quine (1953a, c, 1960) e Davidson (1980) se preocuparam. As palavras portuguesas "e" e "ou" parecem ser, ao menos num de seus usos, conectivos de dois lugares. Dessa maneira, uma sentença de forma "ϕ e ψ" pareceria ter a seguinte árvore:

(7)

ENCARANDO OS FATOS 199

Tendo em mente a simplicidade sintática das linguagens formalizadas preferidas dos filósofos, inúmeras vezes, expressões como "se", "somente se", "a menos que", "antes", "depois", "porque", "apesar de", "quando" e "enquanto" são tratadas como conectivos de dois lugares. Para os propósitos deste livro, adotarei essa orientação (ingênua). Da perspectiva de se fornecer uma teoria sintática do português, essas expressões deveriam, quase ao certo, ser tratadas de uma maneira mais complexa, talvez como componentes de conectivos de um lugar complexos. De acordo com essa explicação, as estruturas sintáticas básicas, digamos, de "ϕ porque ψ" e "porque ψ, ϕ" são dadas, respectivamente, por (8) e (9):

(8)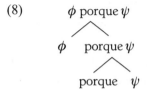

(9)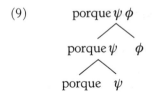

O mesmo para "ϕ se ψ" e "se ϕ, ψ", "ϕ antes de ψ" e "antes de ψ, ϕ", e assim por diante.[5]

---

5 É como se tais estruturas pudessem "rodar" em torno do nódulo dominante da sentença, ao menos em português. Curiosamente, crianças dominam "ϕ antes de ψ" e "depois de ϕ, ψ" antes de dominar "antes de ψ, ϕ" e "ψ depois de ϕ" (ver Clark 1971 e Johnson 1975). Isso concordaria com – e talvez definitivamente sustentaria – as opiniões de Grice (1989) acerca de proferimentos de "ϕ e ψ" que sugerem, *ceteris paribus*, que o evento descrito por ϕ precedeu o evento descrito por ψ (em que ϕ e ψ descrevem eventos que podem ser temporalmente ordenados), fato que Grice atribui a uma submáxima (contextualmente anulável) de conversação que prescreve ordem.

Por essa razão, expressões como "se Helena saiu", "antes de Helena sair", "porque Helena saiu" etc. são expressões complexas que se unem a uma sentença para formar outra sentença. Em outras palavras, são conectivos sentenciais complexos. Muito do que tenho a dizer de agora em diante diz respeito a certas propriedades lógicas de conectivos e de expressões que formam *partes* de conectivos, como "se", "somente se", "antes", "depois", "porque", "quando" e "enquanto". Porém, para que as coisas continuem simples, vou compartilhar da ficção habitual de que essas expressões sejam conectivos de dois lugares, ao lado de "e" e "ou" (assim como muitas vezes compartilhamos da ficção habitual de que verbos transitivos sejam predicados de dois lugares). Isso torna mais fácil manter o foco da discussão sobre as importantes questões lógicas e semânticas ora examinadas. Qualquer dano que, por acidente, resultasse dessa posição poderia ser facilmente reparado se tudo fosse transposto para um formato que se conformasse a uma sintaxe mais adequada.

6.3 Conectivos extensionais e não extensionais

Operadores extensionais associam *extensões* a extensões, isto é, operam sobre as *extensões* de seus operandos. Considere uma expressão ⑧($\phi \ldots \phi_n$) composta de um operador n-ário ⑧ e dos operandos $\phi \ldots \phi_n$. ⑧ é um operador extensional se e somente se a extensão de ⑧($\phi \ldots \phi_n$) não depender de nenhuma característica de ⑧ e $\phi \ldots \phi_n$, a não ser suas *extensões* (a estrutura sintática do todo da expressão ⑧($\phi \ldots \phi_n$) fornece tudo o mais que se fizer necessário). Entre esses operadores que operam sobre fórmulas e produzem fórmulas, façamos a distinção entre os que são capazes de se ligar a variáveis (por exemplo, quantificadores) e os que não o são (por exemplo, os conectivos verifuncionais, na sua acepção habitual). Chamemos de *conectivos* o último grupo. Visto que eles nos levam das *extensões* de expressões para as *extensões* de expressões maiores, a classe dos conectivos *extensionais* é subclasse da classe dos operadores extensionais: um conectivo n-ário ⑧ é extensional se e somente se a extensão de ❽$(\phi \ldots \phi_n)$ não depender de nenhuma característica de ❽ e $\phi \ldots \phi_n$, a não ser de suas *extensões*. Portanto, um conectivo ❽ é extensional se e somente se toda sentença com a mesma extensão (isto é, valor de verdade) que a sentença ϕ_k (sendo que $1 \le k \le n$) puder substituir ϕ_k na sentença ❽$(\phi \ldots \phi_n)$ para produzir uma sentença com a mesma extensão (isto é, valor de verdade) que ❽$(\phi \ldots \phi_n)$. Visto ter sido estipulado que a extensão de uma sentença é um valor de verdade, a classe dos conectivos *extensionais* é a mesma coisa que a classe dos conectivos *verifuncionais*.

Uma sentença ϕ é *extensional* se e somente se sua extensão for determinada por sua sintaxe e pelas extensões de suas partes. Se $\phi \ldots \phi_n$ são sentenças extensionais, e ❽, um conectivo extensional, então qualquer parte de ❽$(\phi \ldots \phi_n)$ pode ser substituída por uma expressão coextensional (da mesma categoria sintática) para produzir uma sentença que tem a mesma extensão (isto é, valor de verdade) que ❽$(\phi \ldots \phi_n)$. Portanto, um conectivo extensional (isto é, verifuncional) ❽ com escopo amplo permite, dentro de seu escopo, a substituição *salva veritate* (de agora em diante, *s.v.*) de termos, predicados e sentenças coextensionais (supondo, é claro, que o termo, predicado ou sentença a ser substituído não esteja no escopo de uma expressão não extensional).

Os problemas de que desejo tratar exigem que consideremos a possibilidade de conectivos (em português ou linguagens formalizadas destinadas a espelhar partes do português) que sejam não extensionais. Quine e Davidson usaram argumentos-estilingue para colocar em dúvida a viabilidade de tais conectivos. Gostaria de colocar essas preocupações provisoriamente entre parênteses. O máximo que é preciso para os propósitos imediatos é apreender a diferença *pretendida* entre conectivos extensionais e (supostamente) não extensionais.

Às vezes, as expressões a seguir são tratadas (em alguns de seus usos) como conectivos não extensionais: "necessariamente" ($\Box$), "possivelmente" ($\Diamond$), "provavelmente", "demonstravelmente", "visto que", "porque", "antes", "depois", "às vezes", "comumente", "hoje", "ontem", "intencionalmente", "voluntariamente" e "livremente".⁶ Por ora, basta sermos sensíveis ao fato de que, *caso* tais expressões sejam conectivos, sua natureza *não extensional* pode ser facilmente estabelecida: sentenças com a mesma extensão nem sempre podem ser substituídas entre si *s.v.* nos seus escopos. Por exemplo, se □ fosse extensional, então □φ e □ψ teriam o mesmo valor de verdade, sempre que φ e ψ tivessem o mesmo valor de verdade. Mas esse não é o caso. As sentenças "9 > 7" e "Sócrates faleceu em 399 a.C." têm o mesmo valor de verdade, mas (10) e (11) não:

(10)   □(9 > 7)
(11)   □(Sócrates faleceu em 399 a.C.)

Por isso, □ não é extensional. Poderíamos dizer que o valor de verdade de □φ depende de características de φ que não seja o seu valor de verdade (ver abaixo). A diferença pretendida entre conectivos extensionais e não extensionais é clara: conectivos extensionais permitem a substituição *s.v.* de sentenças coextensionais; conectivos não extensionais, não. (De maneira equivalente, um conectivo ❽ é extensional se e somente se tiver uma tabela de verdade completa.)

A fim de manter a discussão o mais simples possível e de evitar digressões acerca de problemas semânticos independentes dos aqui discutidos, coloquemos entre parênteses a existência de quaisquer operadores supostamente não extensionais que não sejam conectivos (por exemplo, adjetivos e verbos como "falsificado", "suposto", "temer" e "querer"). Naqueles casos em que X é uma determinada ocorrência de uma expressão, podemos agora dizer que (i) X ocupa uma *posição extensional* e (ii) X ocorre em *contexto extensional* se e somente se (iii) X não estiver no escopo de algum conectivo não extensional.

---

6   É claro que é possível tratar, por exemplo, "necessariamente" e "possivelmente" como quantificadores (sobre "mundos possíveis") ao invés de conectivos na minha acepção.

6.4 Conectivos intensionais

Se ⊛ é um conectivo extensional n-ário, então a extensão de ⊛$(\phi \ldots \phi_n)$ é determinada pela extensão de ⊛ e de $\phi \ldots \phi_n$. Mas suponha que ⊛ seja um conectivo *não extensional*. Quais propriedades de ⊛ e $\phi \ldots \phi_n$ determinam a extensão de ⊛$(\phi \ldots \phi_n)$? Inspirando-se na distinção de Frege entre *sentido* e *referência*, vários filósofos tentaram responder a essa questão, para determinados valores de ⊛, ao postularem um segundo nível de "valor semântico" para suplementar extensões. Por exemplo, Carnap (1947) e aqueles influenciados por ele sugeriram que cada expressão tem uma *intensão*, bem como uma extensão, e que, para certos conectivos ⊛ não extensionais de interesse, a extensão de ⊛ e as *intensões* de $\phi \ldots \phi_n$, juntas, determinam a extensão de ⊛$(\phi \ldots \phi_n)$.

Considere os conectivos modais □ e ◊ (sendo que □ϕ é concebido como $\neg \Diamond \neg \phi$). Permitindo-nos falar momentaneamente dos assim chamados "mundos possíveis", uma ideia comum é tomar a intensão de uma expressão por *uma função de mundos possíveis para extensões*. De acordo com essa explicação, (i) a intensão de um termo singular é uma função (possivelmente parcial) de mundos possíveis para objetos;[7] (ii) a intensão de um predicado n-ário é uma função de mundos possíveis para *conjuntos de n-tuplos ordenados de objetos*; e (iii) a intensão de uma sentença é uma função de mundos possíveis para *valores de verdade*.

No que diz respeito a □ e ◊, a resposta para nossa pergunta original – "se ⊛ for um conectivo *não extensional*, quais propriedades de ⊛ e $\phi \ldots \phi_n$ determinam a extensão de ⊛$(\phi \ldots \phi_n)$?" — está, agora, à vista. A extensão, digamos, de □ϕ é determinada (em parte) pela extensão de □. Além disso, a extensão de □ deve ser uma função de algum ζ para extensões potenciais de □ϕ, isto é, uma função de ζ para valores de verdade. É evidente que ζ não pode ser

---

7   Se todos os termos singulares são "designadores rígidos", na acepção de Kripke (1980), então a extensão de um termo singular será uma função *constante* (porém, uma vez mais, possivelmente parcial).

uma extensão potencial (isto é, um valor de verdade) de ϕ, pois, do contrário, $\Box$ seria um conectivo extensional. Mas, caso ξ seja a *intensão* potencial de ϕ, tudo se encaixa perfeitamente. A extensão de $\Box$ é simplesmente uma função de intensões para valores de verdade, isto é, uma função *de* funções de mundos possíveis para valores de verdade, *para* valores de verdade. Portanto, a extensão de $\Box\phi$ é determinada pela (a) *extensão* de $\Box$ e pela (b) *intensão* de ϕ. Dizemos que $\Box$ e $\Diamond$ são conectivos *intensionais* porque operam sobre as *intensões* de seus operandos.

Sendo X uma determinada ocorrência de uma expressão, podemos dizer que (i) X ocupa uma *posição intensional*, e que (ii) X ocorre num *contexto intensional* se e somente se (a) X estiver no escopo de um conectivo intensional, e (b) qualquer conectivo em cujo escopo se encontra X for intensional ou extensional.

Carnap (1947) foi muito claro em seu uso de "extensional" e "intensional", tendo reconhecido que a classe dos contextos não extensionais não se resume à classe dos contextos intensionais. Contudo, vários filósofos e linguistas usam "intensional" e "intensionalidade" de maneiras mais soltas, encorajando, por conseguinte, discussões acerca da "intensionalidade de relatos de atitude proposicional" e discussões acerca de construções de atitude que envolvem "operadores intensionais" e assim por diante. (Certamente isso tem algo a ver com o fato de "intensional" e "intencional" serem homofônicos.) Discussões como essas agitam águas que já estão turvas, podendo levar a equívocos filosóficos criados pela sobreposição de contextos modais e psicológicos. Não há uma razão evidente para acreditar que as modalidades lógicas ou metafísicas e as atitudes psicológicas compartilhem uma lógica – não, elas *não* compartilham – nem há tampouco razão para acreditar que discussões acerca de "mundos possíveis" sejam de qualquer utilidade para refletir sobre a semântica de relatos de atitudes proposicionais – não, *não* são. Se precisamos de um termo técnico para empregar em relatos e construções de atitude, podemos convencionar o termo "atensional", aplicado de maneira uniforme a contextos, construções e operadores (conectivos inclusos). Na medida em que desejamos agrupar contextos, construções e operadores não extensionais, já existe para isso uma palavra perfeitamente apropriada: "não extensional". Há tão somente desgraça à espera daqueles que muito facilmente amontoam construções que envolvem as atitudes proposicionais e construções que envolvem modalidade lógica ou metafísica.

A esta altura, é bom relembrar de que maneira as noções de mundos possíveis e intensões foram relacionadas a várias outras na literatura. (1) Enquanto alguns filósofos se inclinaram a ter mundos possíveis por primitivos, outros estiveram tentados a considerá-los conjuntos de estados de coisas (consistentes). Outros ainda, como Fine (1982), foram tentados a considerá-los "fatos muito grandes". (2) Uma ideia comum é igualar a intensão de uma sentença à *proposição* que ela expressa, caracterizando a noção de proposição em termos de *mundos possíveis*. A ideia básica é a seguinte: se a intensão de uma sentença é uma função de mundos possíveis para valores de verdade, então (supondo uma caracterização extensional de funções), a intensão de uma sentença pode ser tida por um conjunto de mundos possíveis, a saber, aqueles em que a sentença é verdadeira. Além disso, esse conjunto de mundos pode ser chamado de "proposição". Essa noção de proposição corresponde à habitual noção filosófica de *condição de verdade* de uma sentença, isto é, a condição na qual ela é verdadeira. Alcançamos, desse modo, as conhecidas posições de que (i) a intensão de uma sentença é sua condição de verdade, e (ii) o valor de verdade de uma sentença intensional $\Box\phi$ depende da *condição de verdade* de ϕ (enquanto que o valor de verdade da sentença extensional $\neg\phi$ depende tão somente do *valor de verdade* de ϕ). Isso poderá sugerir a alguns – por exemplo, àqueles que consideram a noção de condição de verdade de uma sentença como mais básica do que a noção de um mundo possível – que podemos perfeitamente falar sobre as intensões de expressões sem invocar, de maneira alguma, mundos possíveis.

7
Princípios de inferência

7.1 Observações introdutórias

Há uma elegante estratégia, que devemos essencialmente a Quine (1953e, 1960), para investigar construções não extensionais: (i) tome qualquer conectivo sentencial n-ário ⑧, qualquer sentença verifuncional ϕ e qualquer sentença composta ⑧(… ϕ …); (ii) examine as consequências dedutivas de substituir a ocorrência de ϕ em ⑧(… ϕ …) por outra sentença ϕ' obtida diretamente de ϕ usando princípios de inferência que são válidos em contextos verifuncionais. É importante observar que, nessa estratégia, os princípios de inferência *não* são aplicados exatamente a ⑧(… ϕ …), mas a uma ocorrência da sentença extensional ϕ no seu interior, ou seja, a uma ocorrência de ϕ no escopo de ⑧. Tendo isso em mente, gostaria de expor, de uma maneira um tanto não ortodoxa e com uma terminologia não ortodoxa, vários princípios de inferência comuns em lógica extensional.

7.2 Um princípio de substitutibilidade para equivalentes materiais

Princípios de inferência têm por objetivo preservar a verdade. Dois princípios de inferência filosoficamente úteis que podem ser empregados em contextos extensionais dizem respeito à substituição de sentenças coextensionais e termos singulares coextensionais.

O *Princípio de Substitutibilidade para Equivalentes Materiais* (PSEM) pode ser assim formulado:

PSEM: $\dfrac{\phi \equiv \psi \quad \Sigma(\phi)}{\Sigma(\psi)}$

Por ora, esse princípio deve ser lido como dizendo que, se duas sentenças ϕ e ψ têm o mesmo valor de verdade, e $\Sigma(\phi)$ é uma sentença verdadeira contendo ao menos uma ocorrência de ϕ, então $\Sigma(\psi)$ é também verdadeira, sendo $\Sigma(\psi)$ o resultado da substituição de, ao menos, uma ocorrência de ϕ em $\Sigma(\phi)$ por ψ.

Um *contexto* é extensional se e somente se permitir a substituição *salva veritate* (*s.v.*) de termos, predicados e sentenças coextensionais. Portanto, é um truísmo que PSEM seja um princípio que pode ser usado de maneira válida numa sentença ϕ que ocorre num contexto extensional. Abreviando, vamos dizer que contextos extensionais são +PSEM (em contraposição a −PSEM).

Ampliando a terminologia de uma maneira não problemática, mas extremamente útil, vamos dizer que um conectivo extensional ❽ é +PSEM, no sentido de que ❽ autoriza o uso de PSEM em qualquer sentença ϕ em seu escopo (supondo, é claro, que ϕ não ocorra no escopo de um conectivo não extensional). A fim de evitar confusão, permita-me explicitar essa ideia com precisão:

Um conectivo *n*-ário ❽ é +PSEM se e somente se, para toda sentença verdadeira ❽(... $\Sigma(\phi)$ ...) em que $\Sigma(\phi)$ é uma sentença extensional que figura como operando de ❽, se ϕ e ψ são sentenças com o mesmo valor de verdade, então a substituição da sentença $\Sigma(\phi)$, contida em ❽(... $\Sigma(\phi)$ ...), por $\Sigma(\psi)$ produz uma sentença verdadeira ❽(... $\Sigma(\psi)$ ...).

7.3 Um princípio de substitutibilidade para termos singulares

O *Princípio de Substitutibilidade para Termos Singulares* (PSTS) pode ser assim formulado:

PSTS: $\dfrac{\alpha = \beta}{\Sigma(\alpha)}$ ou: $\dfrac{\Sigma(\alpha)}{\alpha \neq \beta}$
$\;\;\;\dfrac{\Sigma(\alpha)}{\Sigma(\beta)}$

Esse princípio apenas diz que, se dois termos singulares α e β têm a mesma extensão (isto é, se $\alpha = \beta$ é uma afirmativa verdadeira de identidade), e $\Sigma(\alpha)$ é uma sentença verdadeira contendo, ao menos, uma ocorrência de α, então $\Sigma(\beta)$ é também verdadeira, sendo $\Sigma(\beta)$ o resultado da substituição de, ao menos, uma ocorrência de α em $\Sigma(\alpha)$ por β.

Há uma dificuldade patente em aplicar PSTS: ele pressupõe uma resposta clara à pergunta: *quais sintagmas nominais que ocorrem no singular gramatical são termos singulares?*[1] Suponhamos, provisoriamente, que a classe dos termos singulares contenha apenas o seguinte: (i) nomes próprios ordinários (pressupondo não serem descrições truncadas), (ii) os demonstrativos simples "este" e "aquele", (iii) demonstrativos complexos, como "este homem" e "aquele homem", (iv) os pronomes de primeira e segunda pessoa do singular, "eu", "me" e "você", e (v) ao menos algumas ocorrências dos pronomes pessoais da terceira pessoa "ele", "o", "ela" e "a" (incluindo aquelas ocorrências que Quine (1960) diz funcionarem como variáveis ligadas a quantificadores). A fim de que as coisas comecem a funcionar, estipularei simplesmente que uma descrição como "o príncipe" é russelliana, portanto, que *não* é um termo singular, mas um sintagma nominal quantificado, junto a seus irmãos "um príncipe", "um único príncipe", "nenhum príncipe", "algum príncipe", "cada príncipe" etc., dando-me o direito de redesenhar as fronteiras da classe dos termos singulares, caso

---

1 Não há um critério *sintático* para determinar se um termo é singular. "Sócrates", "ele", "aquele príncipe", "o príncipe", "um príncipe", "um único príncipe", "somente um príncipe", "nenhum príncipe", "príncipe algum", "algum príncipe", "cada príncipe" e "todo príncipe" são todos gramaticalmente singulares. Precisamos tomar uma decisão baseada em argumentos ou juízos *semânticos*.

essa caracterização provisória se mostre, de alguma maneira, deficiente.

Um contexto é extensional apenas se permitir a substituição *s.v.* de termos singulares coextensionais. Portanto, é um truísmo que PSTS seja uma regra válida de inferência para termos que ocorrem em contextos extensionais. Abreviando, vamos dizer que contextos extensionais são +PSTS (em contraposição a −PSTS).

Em conformidade com a convenção introduzida relativamente a PSEM, vamos dizer que um conectivo extensional ⑧ é +PSTS, no sentido de que ⑧ autoriza o uso de PSTS em qualquer sentença ϕ em seu escopo (supondo, é claro, que ϕ não ocorra no escopo de um conectivo não extensional). Mais precisamente:

> Um conectivo n-ário ⑧ é +PSTS se e somente se, para toda sentença verdadeira ⑧(... $\Sigma(\alpha)$ ...) em que $\Sigma(\alpha)$ é uma sentença extensional que figura como operando de ⑧, se α e β são termos singulares coextensionais, então a substituição da sentença $\Sigma(\alpha)$, contida em ⑧(... $\Sigma(\alpha)$ ...), por $\Sigma(\beta)$ produz uma sentença verdadeira ⑧(... $\Sigma(\beta)$ ...).

É claro que um contexto ou conectivo que seja +PSEM é também +PSTS; porém, não há nada que garanta o inverso (para demonstrá-lo, um argumento seria necessário).[2]

---

[2] De maneira similar, nenhum argumento em favor da conclusão de que conectivos intensionais sejam PSTS veio à tona. Num artigo anterior (1995), defendi ser possível provar imediatamente que conectivos intensionais são +PSTS por meio do seguinte argumento: se α e β são termos que se referem ambos a x, e $\Re$ é um predicado extensional de um lugar, então $\Re\alpha$ e $\Re\beta$ têm a mesma condição de verdade – $\Re\alpha$ e $\Re\beta$ são ambas verdadeiras se e somente se x é $\Re$. Se ⑧ é um operador intensional, então, por definição, o valor de verdade de ⑧$\Re\alpha$ não depende de nenhuma característica de $\Re\alpha$, a não ser de sua condição de verdade, e o valor de verdade de ⑧$\Re\beta$ não depende de nenhuma característica de $\Re\beta$, a não ser de sua condição de verdade. Mas $\Re\alpha$ e $\Re\beta$ têm a mesma condição de verdade (são ambas verdadeiras se e somente se x é $\Re$). Disso segue que ⑧$\Re\alpha$ é verdadeira se e somente se ⑧$\Re\beta$ é verdadeira. Portanto, ⑧ é +PSTS. Infelizmente, o argumento ou tira proveito de uma ambiguidade quanto a "condição de verdade", ou pressupõe sua própria conclusão.

7.4 Um princípio de substitutibilidade para equivalentes lógicos

A exemplo de Tarski e da prática comum, vamos dizer que ϕ e ψ são logicamente equivalentes se e somente se ϕ e ψ têm o mesmo valor de verdade em qualquer modelo. Podemos, então, declarar outra regra de inferência, o *Princípio de Substitutibilidade para Equivalentes Lógicos* (PSEL):

PSEL: $\dfrac{\phi \vDash \dashv \psi \quad \Sigma(\phi)}{\Sigma(\psi)}$

Por ora, esse princípio deve ser lido de modo a afirmar que, se duas sentenças ϕ e ψ são logicamente equivalentes, e $\Sigma(\phi)$ é uma sentença verdadeira contendo, ao menos, uma ocorrência de ϕ, então $\Sigma(\psi)$ é também verdadeira, sendo $\Sigma(\psi)$ o resultado da substituição de, ao menos, uma ocorrência de ϕ em $\Sigma(\phi)$ por ψ.

PSEL é claramente uma regra que pode ser aplicada com validade a uma sentença ϕ ocorrendo num contexto extensional (isto é, um contexto que seja +PSEM). Abreviando, vamos dizer que contextos extensionais e conectivos extensionais são +PSEL (em contraposição a −PSEL).

Continuando com a útil extensão da terminologia introduzida anteriormente, vamos dizer que um conectivo extensional ❽ é +PSEL, no sentido de que ❽ autoriza o uso de PSEL em qualquer sentença ϕ em seu escopo (supondo, é claro, que ϕ não ocorra no escopo de um conectivo não extensional). Mais precisamente:

> Um conectivo n-ário ❽ é +PSEL se e somente se, para toda sentença verdadeira ❽(... $\Sigma(\phi)$ ...) em que $\Sigma(\phi)$ é uma sentença extensional ocorrendo como operando de ❽, se ϕ e ψ são sentenças logicamente equivalentes, então a substituição da sentença $\Sigma(\phi)$, contida na sentença original ❽(... $\Sigma(\phi)$ ...), por $\Sigma(\psi)$ produz uma sentença verdadeira ❽(... $\Sigma(\psi)$ ...).

Os conectivos modais □ e ◊ são +PSEL quando concebidos como expressando modalidades lógicas ou analíticas. Quando concebidos como expressando modalidades metafísicas, é comum considerá-los +PSEL (apesar de que, em se tratando de filosofia, há dissidentes).

7.5 Um princípio de inferência envolvendo "exportação"

Os princípios de inferência examinados até aqui envolvem a substituição, numa fórmula, de uma expressão por outra, apesar de não ser necessário caracterizar os princípios dessa maneira. Gostaria, agora, de expor um princípio de inferência que não pode ser caracterizado em termos de uma substituição tão simples assim, um princípio muitas vezes conhecido como GE, "generalização existencial". Haja vista a maneira não ortodoxa pela qual estou expondo os princípios de inferência, é preciso tomar cuidado aqui. Por ora, gostaria de declarar o que *eu* chamo de "GE" assim:

$$\text{GE: } \frac{\Sigma(x/\alpha)}{\exists x \Sigma(x)}$$

sendo $\Sigma(x)$ qualquer fórmula extensional contendo *ao menos uma* ocorrência da variável x, e sendo $\Sigma(x/\alpha)$ o resultado da substituição de *toda* ocorrência da variável x em $\Sigma(x)$ pelo termo singular α (fechado) (é possível haver também outras ocorrências de α em $\Sigma(x)$).

GE é um princípio de inferência válido quando aplicado a sentenças extensionais. Um conectivo extensional ❽ é +GE, no sentido de que ❽ autoriza o uso de GE em qualquer fórmula ϕ em seu escopo (supondo, é claro, que ϕ não ocorra no escopo de um conectivo não extensional). Mais precisamente:

> Um conectivo n-ário ❽ é +GE se e somente se, para toda sentença verdadeira ❽(... $\Sigma(x/\alpha)$ ...) em que $\Sigma(x/\alpha)$ é uma sentença extensional ocorrendo como operando de ❽, é também verdadeira a sentença $\exists x$ ❽(... $\Sigma(x)$ ...).

Questões sobre contextos de atitudes proposicionais no que concerne a GE são sabidamente complexas, como enfatizou Quine

(1943, 1953c, 1956, 1960). Tendo em vista a exposição, suponha que (1) seja verdadeira, e (2), falsa:

(1)   Felipe ignora que Túlio denunciou Catilina.
(2)   Felipe ignora que Cícero denunciou Catilina.

Usando a terminologia de Quine, a diferença de valor de verdade indica que contextos de atitude são "referencialmente opacos", no sentido de serem −PSTS. (Há uma pequena dificuldade aqui, pois Quine usa, às vezes, exemplos envolvendo descrições definidas para exemplificar opacidade referencial, especialmente ao considerar contextos modais). A principal preocupação de Quine é a inteligibilidade de um exemplo como (3), cuja verdade se pode inferir de (1) se contextos de atitudes são +GE:

(3) $\exists x$(Felipe ignora que x denunciou Catilina).

Quine, então, faz sua famosa pergunta: "Que objeto é esse, que denunciou Catilina sem que, contudo, Felipe soubesse do fato? Túlio, isto é, Cícero? Mas supor isso entraria em conflito com o fato de que [2]* é falso" (1943, p.118).[3]

---

*   Inserção de Neale. (N. T.)
3   Quine observa que não devemos confundir a sentença aparentemente ininteligível "$\exists x$(Felipe ignora que x denunciou Catilina)" com a sentença falsa "Felipe ignora que $\exists x(x$ denunciou Catilina)". Essa observação suscita um problema interessante. Repare que a seguinte inferência é válida:

(i) $\dfrac{\text{Felipe acredita que Cícero denunciou Catilina}}{\text{Felipe acredita que } \exists x(x \text{ denunciou Catilina})}$

No entanto, a tentativa de apreender sua validade em termos de um princípio de inferência que se espera funcionar como uma variante de GE com "menor escopo" tem armadilhas óbvias, não sendo a menor delas a existência de elementos que importam a negação, como traz à luz a observação de Quine (1943, p.148) acerca da invalidade do seguinte:

(ii) $\dfrac{\text{Felipe ignora que Túlio denunciou Catilina}}{\text{Felipe ignora que } \exists x(x \text{ denunciou Catilina})}$

O contraste entre a validade de (i) e a invalidade de (ii) é obviamente relacionado à negação importada por "ignora" − constatamos o mesmo com "duvida",

7.6 Um princípio de substitutibilidade para descrições definidas

Passo, agora, para duas regras de substituição menos conhecidas. Caso descrições definidas sejam tratadas em conformidade com a teoria de Russell – ou qualquer outra teoria que não trate esses dispositivos como termos singulares – então, como Russell e outros observaram, substituições envolvendo descrições não são diretamente autorizadas por PSTS.[4] Esse tópico merece atenção, já que, muitas vezes, filósofos que lançam mão de ou professam lealdade à Teoria das Descrições de Russell não são justos com aquilo que lhe é essencial e, por conseguinte, se veem em dificuldades lógicas de que nos ocuparemos em breve.

Segundo a explicação de Russell, aquilo que tem a aparência de ser uma afirmativa de identidade envolvendo um ou dois sintagmas descritivos não é, na verdade, nada disso. A forma geral de uma afirmativa de identidade é $\alpha = \beta$, em que α e β são termos singulares. Da maneira como PSTS foi formulado, o que autoriza sua aplicação é a verdade de uma afirmativa que tenha essa forma. Porém, numa análise russelliana de sintagmas descritivos, as formas lógicas de sentenças cujas formas superficiais gramaticais sejam "$a = $ o F" e "o $G = $ o F" são dadas pelas seguintes fórmulas quantificacionais.

(1) $\exists x(\forall y(Fy...y = x) \cdot \underline{x = a})$
(2) $\exists x(\forall y(Fy...y = x) \cdot \exists u(\forall v(Gv...v = u) \cdot \underline{u = x}))$

"é cético", "não acredita" etc. Além disso, é claro que a invalidade de (ii) espelha a de (iii):

(iii) $\dfrac{\neg \text{ Túlio admirava Catilina}}{\neg \exists x(x \text{ admirava Catilina})}$

De maneira similar, em sistemas modais, deseja-se poder inferir de $\Diamond Fa$ para $\Diamond \exists x Fx$, mas não de $\neg \Diamond Fa$ para $\neg \Diamond \exists x Fx$. Aqui há muitos problemas difíceis que, na minha opinião, ainda não foram satisfatoriamente resolvidos na literatura.

4   Ver, em particular, Russell (1905, esp. p.47 e 51-2), Whitehead e Russell (1925, *14), Church (1942), Smullyan (1947, 1948) e Fitch (1949, 1950).

Nem (1) nem (2) são afirmativas de identidade. Cada uma é uma afirmativa quantificacional que *contém* uma importante afirmativa de identidade (sublinhada) como parte própria.

A verdadeira força dessa observação vem à luz uma vez que tivermos refletido sobre a natureza das derivações em lógica de primeira ordem com identidade. A inferência em (3) é obviamente válida (segundo a definição normal de validade):

(3)
[1] Cícero = Túlio
[2] Cícero roncava
[3] Túlio roncava

A fim de fornecer uma derivação formal da conclusão a partir das premissas, podemos usar PSTS, que admite uma passagem direta de [1] e [2] para [3]:

1   [1] $c = t$ premissa
2   [2] Sc premissa
1,2   [3] St 1, 2, PSTS

Agora considere (4), que parece ser um argumento muito semelhante.

(4)
[1] Cícero = o maior dos oradores romanos
[2] Cícero roncava
[3] O maior dos oradores romanos roncava

Certamente isso é válido. Porém – e esta é uma observação importante – *se* descrições definidas forem russellianas, então elas não são termos singulares, portanto não podemos aplicar PSTS para passar *diretamente* das linhas [1] e [2] para a linha [3] no argumento formalizado análogo na lógica de primeira ordem com identidade. Lendo Rx como "x é o maior dos oradores romanos", poderia ser tentador explicitar uma derivação como:

1   [1] $c = \imath x Rx$ premissa
2   [2] Sc premissa
1,2   [3] $S\imath x Rx$ 1, 2, PSTS

Um russelliano aceita que a conclusão segue das premissas, mas rejeita essa derivação em particular: é ilegítima porque PSTS somente pode ser invocado onde houver uma afirmativa de identidade, e uma afirmativa de identidade tem *termos singulares* em ambos os lados do sinal de identidade. Como Church (1942) observou (durante sua repreensão a Quine (1941a) por ter aplicado esse tipo de inferência direta num contexto supostamente não extensional): "Com base nos *Principia* ou na *Mathematical Logic* do próprio Quine... toda dedução formalizada deve se referir às formas não abreviadas das sentenças em questão" (p.101). A premissa [1] não é uma afirmativa de identidade. Segundo a explicação de Russell e novamente usando as palavras de Quine (1941a), trata-se de uma "mera abreviação" de uma afirmativa quantificacional complexa. De fato, a suposta derivação é apenas uma abreviação da seguinte derivação ilegítima:

1   [1] $\exists x(\forall y(Ry \equiv y = x) \bullet x = c)$ premissa
2   [2] Sc premissa
1,2 [3] $\exists x(\forall y(Ry \equiv y = x) \bullet Sx)$ 1, 2, PSTS

Dizer que a derivação é ilegítima é dizer que PSTS não autoriza a passagem direta da linha [2] para a linha [3] com base na verdade do item da linha [1]. *Não* é dizer que o argumento é inválido – ele *é* válido – nem é dizer que não se pode *derivar* o item da linha [3] dos itens das linhas [1] e [2] usando regras normais de inferência, que incluem, é claro, PSTS. De fato, é um exercício rotineiro – cuja importância lógica e filosófica é enfatizada nos melhores textos de introdução à lógica – fornecer a derivação pertinente:

1   [1] $c = \imath x Rx$ premissa
2   [2] Sc premissa
1   [3] $\exists x(\forall y(Ry \equiv y = x) \bullet c = x)$ 1, def. de $\imath x$
4   [4] $(\forall y(Ry \equiv y = \alpha) \bullet c = \alpha)$ suposição
4   [5] $c = \alpha$ 4, $\bullet$ -ELIM
2,4 [6] $S\alpha$ 2, 5, PSTS[5]

---

5   Essa aplicação específica de PSTS supõe que variáveis e nomes temporários funcionem como termos singulares autênticos. Estou completamente à vontade

4	[7]	$\forall y(Ry \equiv y = \alpha)$	4, •-ELIM
2,4	[8]	$(\forall y(Ry \equiv y = \alpha) \cdot S\alpha)$	6,7, •-INTR
2,4	[9]	$\exists x(\forall y(Ry \equiv y = x) \cdot Sx)$	8, GE
1,2	[10]	$\exists x(\forall y(Ry \equiv y = x) \cdot Sx)$	3, 4, 9, IE
1,2	[11]	$S\iota xRx$	10, def. de ιx

Num sistema puramente extensional, seria maçante proceder assim todas as vezes em que se desejasse provar algo envolvendo uma ou mais descrições, e seria prático ter um método infalível para encurtar essas provas. Whitehead e Russell admitiram isso e reduziram sua carga de trabalho ao demonstrar que, apesar de descrições não serem termos singulares autênticos (em seu sistema), se um predicado *F* se aplica a exatamente um objeto (isto é, se houver exatamente uma coisa na sua extensão), em contextos verifuncionais, a descrição ιxFx pode ser tratada *como se fosse* um termo singular para os propósitos de uma derivação. Como observado anteriormente, o seguinte teorema nesse sentido é provado por eles para contextos verifuncionais:

*14.15 $(\iota x\phi = \alpha) \supset \{\Sigma(\iota x\phi) \equiv \Sigma(\alpha)\}$.

(Lembre-se da convenção de Whitehead e Russell de que a ausência de indicador de escopo [$\iota x\phi$] assinala que a descrição tem escopo mínimo.) *14.15 diz que, se o objeto particular que α representa é o único objeto que satisfaz a fórmula ϕ, então, novamente, como Whitehead e Russell diriam, pode-se "substituir verbalmente" a descrição $\iota x\phi$ por α ou vice-versa (em contextos verifuncionais). (Obviamente, a derivação dada anteriormente pode ser refeita para provar a mesma coisa.) Caso descrições sejam tratadas em conformidade com a teoria de Russell, é um engano acreditar que, ao se realizar uma "substituição verbal" desse tipo, simplesmente se está aplicando PSTS diretamente. *14.15 *não* é PSTS, é uma *regra derivada de inferência* que pode ser aplicada em contextos verifun-

---

com essa suposição, como, na realidade, estavam Whitehead e Russell. Não é óbvio como ela poderia ser contestada, mas é uma suposição ainda assim.

cionais, uma regra que autoriza certas substituições, quando o referente de um determinado termo singular é idêntico ao objeto único que satisfaz uma determinada fórmula. Naturalmente, Whitehead e Russell provam o teorema análogo a *14.15, em que ambos os sintagmas nominais são descrições.

*14.16 $(\imath x\phi = \imath x\psi) \supset \{\Sigma(\imath x\phi) \equiv \Sigma(\imath x\psi)\}$.

Isso quer dizer que, se o objeto único que satisfaz a fórmula ϕ é idêntico ao objeto único que satisfaz a fórmula ψ, então pode-se "substituir verbalmente" a descrição $\imath x\psi$ pela descrição $\imath x\phi$ ou vice-versa (em contextos verifuncionais).

Com base em *14.15 e *14.16, podemos acrescentar uma quarta regra de inferência (na verdade, um trio de regras) à nossa coleção, $\imath$-SUBSTITUIÇÃO.

$$\imath\text{-SUBS:}\quad \frac{\imath x\phi = \imath x\psi\quad \Sigma(\imath x\phi)}{\Sigma(\imath x\psi)} \quad \frac{\imath x\psi = \alpha\quad \Sigma(\imath x\phi)}{\Sigma(\alpha)} \quad \frac{\imath x\phi = \alpha\quad \Sigma(\alpha)}{\Sigma(\imath x\phi)}$$

$\imath$-SUBS é uma regra válida de inferência quando a descrição $\imath x\phi$ ocorre num contexto extensional. Abreviando, vamos dizer que contextos extensionais são +$\imath$-SUBS (em oposição a −$\imath$-SUBS). Continuando com nossa útil extensão da terminologia, observemos que um conectivo extensional ❽ é +$\imath$-SUBS, no sentido de que ❽ autoriza o uso de $\imath$-SUBS em qualquer sentença ϕ em seu escopo (supondo, é claro, que ϕ não ocorra no escopo de um conectivo não extensional). Mais precisamente:

> Um conectivo n-ário ❽ é +$\imath$-SUBS se e somente se, para toda sentença verdadeira ❽(… $\Sigma(\imath x\phi)$ …) em que $\Sigma(\imath x\phi)$ é uma sentença extensional que figura como operando de ❽, se $\imath x\phi = \imath x\psi$, então a substituição da sentença $\Sigma(\imath x\phi)$, contida na sentença original ❽(… $\Sigma(\imath x\phi)$ …), pela sentença $\Sigma(\imath x\psi)$ produz uma sentença verdadeira ❽(… $\Sigma(\imath x\psi)$ …).

(Não é preciso incluir aqui os segundo e terceiro alomórficos de $\imath$-SUBS.) Nenhum problema residual que diga respeito a escopo é suscitado aqui relativamente às teorias das descrições para as quais questões de escopo são importantes (por exemplo, a de Russell): escopos permanecem constantes no que tange a ❽. É claro que ʀ-SUBS é redundante se descrições são tratadas como termos singulares, sendo sua tarefa feita por PSTS.

E, sem dúvida, é tão somente *por* contextos extensionais serem +ʀ-SUBS que Whitehead e Russell introduzem termos descritivos nos *Principia* (e, por meio deles, expressões condensadas de forma $R'x$): eles simplificam tanto fórmulas quanto provas. Acrescentando tais regras a um sistema dedutivo extensional, podemos, então, apreender, de maneira formalizada, a inferência de "Cícero = o maior dos oradores romanos" e "Cícero roncava" para "o maior dos oradores romanos roncava":

1   [1] $c = \imath x R x$ premissa
2   [2] Sc premissa
1,2   [3] $S \imath x R x$ 1, 2, ʀ-SUBS

No que diz respeito a contextos verifuncionais, não há reflexos interessantes das diferenças formais entre PSTS e ʀ-SUBS para um russelliano. A distinção se torna ativa apenas na medida em que houver contextos e conectivos linguísticos que sejam +PSTS, mas −ʀ-SUBS. Para russellianos, é comum considerar os conectivos modais de um lugar □ e ◊ como +PSTS e −ʀ-SUBS, ao menos quando esses dispositivos são concebidos expressando necessidade e possibilidade no sentido metafísico esclarecido por Kripke (1971, 1980).[6] É evidente que □ e ◊, assim concebidos, são −ʀ-SUBS. Considere o seguinte argumento:

---

6   As concepções metafísicas de necessidade e possibilidade de Kripke certamente *não* são as concepções estritas (lógicas ou analíticas) que Quine (1941a, 1943, 1947, 1953a, c) estava atacando originalmente. Contudo, Quine (1953c, 1960, 1961, 1962) parece considerar, de fato, que uma passagem da modalidade lógica à modalidade metafísica é o que se faz necessário para restaurar a substitutibilidade. Há muitos problemas delicados aqui. Fiz uma tentativa preliminar de resolver os problemas lógicos e semânticos em Neale (2000). Um exame mais detalhado será incluído em *Possibilities*.

(5) $\dfrac{\begin{array}{l}\Box(9>7)\\ 9=\text{o número de planetas}\end{array}}{\Box(\text{o número de planetas}>7)}$

Certamente há um modo de ler a conclusão desse argumento de maneira que seja falsa, lendo, a partir disso, o argumento como inválido (suas premissas são verdadeiras). Esclarece-o apresentar o argumento da seguinte forma:

1	[1]	$\Box(9>7)$	premissa
2	[2]	$9 = \imath x P x$	premissa
1,2	[3]	$\Box(\imath x P x > 7)$	1, 2, $\Box$+1-SUBS

em que (i) a descrição $\imath x P x$ faz as vezes de "o número de planetas" e (ii) "$\Box$+1-SUBS" abrevia "a suposição de que $\Box$ seja +1-SUBS", e (iii) a ausência de qualquer indicador de escopo [$\imath x P x$] indica que a descrição tem escopo restrito, em conformidade com a convenção de Whitehead e Russell, discutida anteriormente. Segundo a explicação de Russell, a conclusão $\Box(\imath x P x > 7)$ tão somente abrevia (6):

(6) $\Box \, \exists x(\forall y(Py \equiv y = x) \bullet x > 7)$.

No entanto, (6) não é verdadeiro. Portanto, o argumento, assim apresentado, é inválido. Isso basta para mostrar que $\Box$ é −1-SUBS. Caso $\Box$ fosse +1-SUBS, a descrição "o número de planetas", $\imath x P x$, poderia substituir "9" *s.v.* no escopo de $\Box$.

O fato de que a conclusão de (5) é ambígua quanto ao escopo não infringe, de maneira alguma, a observação feita há pouco, que dizia tão somente que $\Box$ não é +1-SUBS. A ambiguidade em questão é muito bem apreendida por uma análise russelliana de descrições. Se descrições têm escopo restrito, como em (6) (que explicita $\Box \imath x P x > 7$), temos uma falsidade; porém, se tiver escopo amplo, como em (7) (que explicita [$\imath x P x$]$\Box(\imath x P x > 7)$), temos uma verdade:

(7) $\exists x(\forall y(Py \equiv y = x) \bullet \Box(x > 7))$.

Como se sabe, Quine suscitou inquietações a respeito da ininteligibilidade de (7); porém, não precisamos nos deter tampouco nesse tópico. Nem a suposta *ininteligibilidade* nem a suposta *verdade* de (7) tem algum papel a desempenhar no estabelecimento de que, sob tratamento russelliano de descrições, □ seja −1-SUBS. (Na verdade, (7) é derivável de "□(9 > 7)" e "9 = 1xPx", supondo que □ seja +PSTS. Ver a seguir.)

Na medida em que descrições sejam tratadas em conformidade com a teoria de Russell, o malogro de □ em ser +1-SUBS não significa que □ seja −PSTS. Na verdade, é plausível supor que □ seja +PSTS. Como Kripke defendeu, nomes próprios se referem *rigidamente* – uma expressão se refere rigidamente a um objeto X se e somente se ela se refere a X em todos os mundos (metafisicamente) possíveis em que X exista. Portanto, nomes correferenciais, visto que são rígidos, são intersubstituíveis no escopo de □ e ◊ *s.v.*:

(8)
□ Cícero é humano
Cícero = Túlio
───────────────
□ Túlio é humano

Podemos explicitar (8) da seguinte maneira, em que "□+PSTS" abrevia "a suposição de que □ seja +PSTS":

1	[1]	□ Cícero é humano	premissa
2	[2]	Cícero = Túlio	premissa
1,2	[3]	□ Túlio é humano	1, 2, □+PSTS.[7]

---

[7] A validade de (8) e a invalidade de (5) (na leitura tencionada) suscita problemas interessantes para Frege. Visto que (8) é válido, "Cícero" e "Túlio" se referem a suas referências costumeiras em "□ Cícero é humano" e "□ Túlio é humano". Entretanto, Frege certamente está impedido de dizer que "Cícero é humano" e "Túlio é humano" se referem a suas referências costumeiras (Verdade) quando ocorrem nessas sentenças modais, pois, do contrário, *toda sentença* com a mesma referência (isto é, toda sentença verdadeira) seria substituível *s.v.*, por exemplo, por "Cícero é humano" quando estivesse, dessa maneira, subordinada a □, tornando □ verifuncional. Parece que Frege deve dizer, a essa altura,

Kaplan (1989a) defendeu que demonstrativos simples e indexicais, como "isso", "aquilo", "ele" (em alguns de seus usos), "eu" e "você" também se referem rigidamente (relativamente à configuração de parâmetros contextuais). Afirmar que □ e ◊, concebidos metafisicamente, são +PSTS é afirmar que *todos* os termos singulares se referem rigidamente. Uma vez que descrições tenham sido removidas da classe dos termos singulares, como insiste o russelliano, isso parece plausível.

Repare que, caso □ seja +PSTS, então está explicada a validade do seguinte argumento:

(9)
$$\frac{9 = \imath x P x \quad\quad\quad\quad}{\Box(9 > 7) \quad\quad\quad\;}$$
$$[\imath x P x]\Box(\imath x P x > 7).$$

Isso é prontamente aceito ao se examinarem (i) a forma não abreviada do argumento e (ii) uma prova explicitada na linguagem não abreviada.

---

que nomes têm suas referências costumeiras quando ocorrem no escopo de □, enquanto predicados *n*-ários, nos mesmos ambientes, não se referem nem a suas referências costumeiras nem a seus sentidos costumeiros, mas a funções de *n*-tuplos de objetos a pensamentos (isto é, a funções de *n*-tuplos de referências costumeiras de termos singulares a sentidos costumeiros de sentenças). Dadas as condições de identidade de pensamentos sugeridas pela carta de Frege para Husserl (discutida no Capítulo 3), essa parece ser uma abordagem promissora. Mas a invalidade de (5) mostra que ainda há mais tarefas à espera de Frege: ele deve abrir mão da ideia de que descrições sejam termos singulares. Pois, se descrições são termos singulares, e termos singulares se referem a suas referências costumeiras em contextos modais, então (5) tem de ser tão válido quanto (8). Aceitar a posição de Russell de que descrições não são termos singulares seria um progresso autêntico da parte de Frege. Não somente permitiria a Frege lidar com contextos modais, mas também lhe daria os meios para explicar as incontestáveis ambiguidades de escopo envolvendo descrições em contextos modais e de atitude na linguagem natural, algo que parece frustrá-lo, caso descrições sejam tratadas como termos singulares. É claro que é discutível quanto Frege se importava com a semântica da linguagem natural.

(i) De acordo com uma explicação russelliana de descrições, o argumento em (9) é tão somente uma abreviação do seguinte:

(10) $$\frac{\exists x(\forall y(Py \equiv y = x) \cdot x = 9)}{\Box 9 > 7}$$
$$\overline{\exists x(\forall y(Py \equiv y = x) \cdot \Box(x > 7))}$$

Repare que nenhum material descritivo foi inserido no escopo de $\Box$ na passagem da linha [2] para a linha [3]. O que *foi* inserido no lugar de "9" é uma *variável*. O que autoriza isso? A suposição de que $\Box$ seja +PSTS.

(ii) Isso se tornará completamente transparente quando a prova inteira – que não se apoia no princípio derivado de inferência 1-SUBS – estiver exposta:[8]

1	[1]	$\exists x(\forall y(Py \equiv y = x) \cdot x = 9)$	premissa
2	[2]	$\Box 9 > 7$	premissa
3	[3]	$(\forall y(Py \equiv y = \alpha) \cdot \alpha = 9)$	suposição
3	[4]	$\alpha = 9$	3, $\cdot$ -ELIM
2,3	[5]	$\Box(\alpha > 7)$	2, 4, $\Box$+PSTS
3	[6]	$\forall y(Py \equiv y = \alpha)$	3, $\cdot$ -ELIM
2,3	[7]	$(\forall y(Py \equiv y = \alpha) \cdot \Box(\alpha > 7))$	5, 6, $\cdot$ -INTR
2,3	[8]	$\exists x(\forall y(Py \equiv y = x) \cdot \Box(x > 7))$	7, $\Box$+GE
1,2	[9]	$\exists x(\forall y(Py \equiv y = x) \cdot \Box(x > 7))$	2, 3, 8, $\Box$+IE.

Analogamente, uma prova pode ser construída em que $\Box$ seja substituído, por exemplo, por "Jorge IV tinha curiosidade de saber se", de maneira a apreender as observações análogas feitas por Russell acerca dos contextos de atitudes proposicionais. Na verdade, foi certamente esse fato sobre a Teoria das Descrições de Russell no que concerne a relatos de atitudes proposicionais que, primeiramente, deu a dica aos lógicos modais. Além disso, essa explicação de como

---

8 Permita-me enfatizar que apenas faço uma observação: *se* (i) descrições são russellianas, e *se* (ii) $\Box$ é +PSTS, então (iii) a conclusão de (10) é imediatamente dedutível de suas premissas. A *inteligibilidade* de tal quantificação (que Quine contestou) é algo ainda *sub judice*.

a Teoria das Descrições de Russell remove qualquer ameaça à afirmação de que □ seja +PSTS é intimamente relacionada à explicação de Gödel de como é possível que a adoção dessa teoria remova instantaneamente qualquer ameaça de que fatos russellianos entrem em colapso. Isso ficará claro assim que uma variante do estilingue de Gödel, generalizada e com operadores, for apresentada.

8
EQUIVALÊNCIA LÓGICA

8.1 Observações introdutórias

A prova implícita no artigo de Gödel (1944), discutida no Capítulo 5, certamente lembra um argumento de colapso mais conhecido que aparece na resenha feita por Church (1943a) do livro *Introduction to Semantics* de Carnap (1942). Carnap tinha se afastado de Frege ao considerar que sentenças designam *proposições* – as quais tomava por algo semelhante a *estados de coisas* – ao invés de valores de verdade. O argumento de Church tinha por objetivo mostrar que, no sistema de Carnap, sentenças não poderiam designar proposições sob pena de acarretar que todas as sentenças verdadeiras designam a mesma proposição. (É provável que Carnap (1947) tenha aceitado o argumento de Church, passando a considerar valores de verdade, ao invés de proposições, como os referentes de sentenças.)

Apesar de recorrer à "suposição aparentemente gratuita", assim denominada por Kaplan (1964, p.13), de que sentenças logicamente equivalentes tenham a mesma referência, Church vê seu argumento como uma "reprodução, em forma mais exata graças à terminologia semântica de Carnap", do argumento de Frege em favor da ideia de que uma sentença designa um valor de verdade (p.301). Variantes do argumento de Church foram utilizadas para vários fins filosóficos. Quine (1953c, 1960) usa uma variante para impossibilitar que se recorra a conectivos sentenciais não extensionais. Davidson (1980,

1984) usa variantes desse argumento para impossibilitar que se recorra a conectivos sentenciais causais e fatos e, desse modo, impossibilitar teorias da correspondência.

Entre os argumentos de Church (1943a) e Gödel (1944), uma diferença superficial é Church usar o operador de abstração λx – em que $\lambda x\phi$ é lido como "a classe de todo x tal que ϕ" – enquanto Gödel (implicitamente) usa o operador $\imath x$ das descrições definidas. (Por ora, adotarei uma sintaxe que observa o uso do operador λ próprio a Church em vez daquela que se tornou preferida em teoria linguística contemporânea, que usarei mais à frente para formular regras de abstração e eliminação.) Essa diferença superficial não deve encobrir o fato de que Gödel e Church estão em completa harmonia quanto à eliminação (via definição contextual) de dispositivos supostamente formadores de termos, como $\imath x$, λx, μx, Kx etc. Como já mencionado, Gödel salienta que, se $\imath x$ não pertencer aos símbolos primitivos e se receber uma definição contextual russelliana, seu estilingue não poderá ser usado para demonstrar que, caso sentenças verdadeiras representem fatos, todas as sentenças verdadeiras representam o mesmo fato. De maneira similar, Church (1943a, p.302-3) salienta que, se λx não pertencer aos símbolos primitivos e se receber uma definição contextual como a seguinte,

(1) $\quad \lambda xFx = \lambda xGx =_{df} \forall x(Fx \equiv Gx)$,

então seu estilingue não poderá ser usado para demonstrar que, caso sentenças designem proposições, todas as sentenças verdadeiras designam a mesma proposição.

Uma alternativa à definição contextual em (1) seria tomar λxFx por uma descrição definida ("o conjunto de coisas que são F") que pudesse ser analisada em conformidade com a teoria de Russell. Essa sugestão foi feita por Quine (1941a), que propõe (2), e por Smullyan (1948), que propõe (3), na qual α é uma variável de classe, e $[\lambda xFx]$ é um marcador de escopo similar ao $[\imath xFx]$ de Whitehead e Russell:

(2) $\quad \lambda xFx =_{df} \imath\alpha(\forall x(Fx \equiv x \in \alpha))$
(3) $\quad [\lambda xFx]G\lambda xFx =_{df} \exists\alpha(\forall x(Fx \equiv x \in \alpha) \bullet G\alpha)$.

Church, Quine e Davidson admitem que não faz muita diferença se descrições ou abstrações de classe são usadas ao se arquitetar o estilingue básico. Por razões epistemológicas, prefiro a descrição (definível em primeira ordem) à abstração; por isso examinarei apenas as variantes que empregam descrições.

A diferença *importante* entre os estilingues de Gödel e Church é que este explora supostas *equivalências lógicas*, como aquelas entre (4) e (5),

(4) ϕ
(5) $a = \imath x(x=a \cdot \phi)$

ou aquelas entre (4) e (6),

(6) $\imath x(x=a) = \imath x(x=a \cdot \phi)$.

No frigir dos ovos, Church, Quine e Davidson se valem de uma manobra lógica mais condescendente do que a de Gödel.

8.2 A estratégia quineana

Prontos para dar início à investigação da lógica dos conectivos supostamente não extensionais, usaremos esta estratégia quineana: (i) tome qualquer conectivo n-ário ❽, qualquer sentença extensional ϕ e qualquer sentença composta ❽(... ϕ ...); a seguir, (ii) examine as consequências dedutivas de substituir a ocorrência de ϕ em ❽(... ϕ ...) por outra sentença ϕ' obtida diretamente de ϕ usando princípios de inferência reconhecidos como válidos em contextos verifuncionais. Os princípios de inferência *não* são aplicados exatamente a ❽(... ϕ ...), mas a uma ocorrência da sentença extensional ϕ no seu interior, ou seja, uma sentença ϕ no escopo de ❽.

Peço que o leitor desconsidere ideias sobre qualquer conectivo não extensional em particular. Gostaria de proceder da maneira mais abstrata possível a fim de evitar ser distraído por ideias preconcebidas acerca da semântica deste ou daquele conectivo, ideias que poderiam ter a ver com as opiniões de cada um no que tange a, digamos, necessidade, causação, tempo, fatos ou estados de coisas, ou com preocupações semânticas inoportunas acerca de, por exemplo, rigidez, referência direta ou inocência semântica.[1]

A prova quineana que estou prestes a expor será o componente central de vários argumentos dedutivos cujo fim é mostrar que uma inconsistência resulta da postulação de um conectivo não extensional que autorize, sem reservas, o uso de 1-SUBS (ou seus análogos para abstrações de classe) juntamente a alguns outros princípios de inferência em seu escopo. A inconsistência aparece (*grosso modo*) porque descrições e abstrações contêm *fórmulas* como partes próprias. Permitir a permutação desses dispositivos quando as fórmulas neles contidas são satisfeitas pelo mesmo objeto equivale a permitir a permutação das próprias fórmulas. Uma vez suposto um princípio adicional de inferência ligeiramente fraco – a prova aludida por Gödel (1944) é mais interessante do que as propostas por Church, Quine e Davidson em virtude da natureza precisa do princípio adicional – as fórmulas em questão podem ser retiradas de seus contextos regidos pelo operador *iota* a fim de tornar os conectivos supostamente não extensionais demonstravelmente extensionais.

Como salientou Quine em suas primeiras queixas quanto à lógica modal, parece que substituições envolvendo descrições em contextos modais não preservam a verdade (parece inválida a inferência a partir de "□ nove é maior do que sete" e "nove = o número de planetas em nosso sistema solar" para "□ o número de planetas em nosso sistema solar é maior do que sete"). Em certo sentido, constatar isso é constatar muito pouco; em outro sentido, porém, é vislumbrar algo importante: um argumento que poderia ser usado para derivar uma completa inconsistência a partir das seguintes suposições: (i) □ é um conectivo não verifuncional, e (ii) □ é +1-SUBS. O que decorre do exemplo envolvendo "o número de planetas" não é exatamente uma inconsistência – trata-se tão somente de uma

---

[1] A propósito do ganho em manter separados problemas lógicos e não lógicos nas incursões ao terreno do não extensional, ver Kaplan (1986).

sentença que parece ser falsa ("□ o número de planetas em nosso sistema solar é maior do que sete") a partir de premissas que são verdadeiras ("□ nove é maior do que sete" e "nove = o número de planetas em nosso sistema solar"). A hipótese de Quine era que, se pudéssemos controlar □ com mais um princípio plausível de inferência, talvez pudéssemos, então, derivar uma completa inconsistência; e, se pudéssemos tornar suficientemente inócuo o princípio de inferência adicional, talvez a inconsistência se generalizaria para *todos* os conectivos não extensionais, não somente os modais. A exemplo de Church (1943a), ele recorreu a um princípio de inferência para permutar sentenças logicamente equivalentes.

Quine (1953c, e, 1960) oferece três variantes do argumento que desejo expor, mas todas têm os mesmos ingredientes essenciais, estrutura e conclusão pretendida: todo conectivo ❽ que (i) permita o que ele denomina "a substitutibilidade dos idênticos" e (ii) que seja +PSEL é, na verdade, um conectivo extensional. Em nome da conveniência da exposição e da continuidade da dialética, vou escolher a variante de 1960.[2] Contudo, antes da exposição do argumento,

---

2   Ao formular sua variante de 1960 do argumento, Quine opta por usar uma construção de atitude, porém, (a) nada na variante de 1960 depende de uma construção não extensional em particular, (b) o alvo *formal* de Quine são conectivos extensionais de maneira um tanto genérica, (c) seus alvos *filosóficos* principais eram conectivos modais, e (d) as variantes de Quine (1953c, e) não usam construção de atitude e são, além disso, formuladas com o fim de mostrar que se generalizam para *todos* os conectivos não extensionais. Para uma confirmação explícita da generalidade, ver o último parágrafo de Quine (1961, 1980), bem como as primeiras preocupações de Quine (1941a) quanto à própria ideia de uma lógica não verifuncional. Na verdade, Quine foi o primeiro a propor um estilingue geral, baseado em conectivos, sendo sua intenção discutir em termos puramente formais, sem se enredar na semântica deste ou daquele conectivo. Seria um pesquisador medíocre aquele que reclamasse de ele ter usado um estilingue somente contra modalidade lógica, e um filósofo medíocre aquele que enxergasse uma sobreposição ilícita de contextos modais e de atitude em qualquer tentativa de expor um estilingue geral usando as variantes de Quine (1953c e 1960). Suponho que poderia ser defendido de maneira pedante que os estilingues de Quine são, estritamente falando, menos ambiciosos que os de

será útil expor uma variante mais simples que contém uma lacuna interessante.

8.3 Uma prova incompleta com conectivos

Seja ⑧ qualquer conectivo tanto +PSEL quanto +1-SUBS. Sejam "⑧+PSEL" e "⑧+1-SUBS" respectivamente abreviações de "a suposição de que ⑧ seja +PSEL" e "a suposição de que ⑧ seja + 1-SUBS". A partir das premissas ϕ, ψ e ⑧ ϕ, parece que poderíamos provar ⑧ ψ:

1	[1]	ϕ	premissa
2	[2]	ψ	premissa
3	[3]	⑧ϕ	premissa
3	[4]	⑧$(a = \imath x(x = a \cdot \phi))$	3, ⑧+PSEL
1,2	[5]	$\imath x(x = a \cdot \phi) \equiv \imath x(x = a \cdot \psi)$	1, 2, def. de $\imath x$
1,2,3	[6]	⑧$(a = \imath x(x = a \cdot \psi))$	4, 5, ⑧+1-SUBS
1,2,3	[7]	⑧ψ	6, ⑧+PSEL

Consequências filosóficas da suposta validade dessa prova são tiradas ao interpretarmos ⑧ como "o fato de que ϕ = o fato de que

---

Church, Gödel e Davidson, por sua intenção ter sido aplicá-los somente a linguagens contendo quantificadores concebidos ligando variáveis através de conectivos supostamente não extensionais. Isto é, (a) se a formulação oficial, por Quine, de seus estilingues for entendida não enquanto envolvendo conectivos imaginados como +1-SUBS, mas conectivos imaginados não criando contextos "referencialmente opacos", e (b) sua definição oficial de "opacidade referencial" *para os propósitos de seus estilingues* não for em termos de substituição, mas em termos *do fracasso da quantificação* (como sugerido em várias passagens), então, *de maneira trivial*, sua intenção oficial era que estilingues se aplicassem tão somente a linguagens que tentam quantificar em contextos não extensionais. É claro que isso tornaria os estilingues de Quine *oficialmente* menos interessantes do que se acha normalmente. Quine sustentava que alguém que pretendesse tirar proveito de uma linguagem supostamente não extensional, *desejaria*, de fato, quantificadores nessa linguagem; portanto, toda essa observação é definitivamente sem interesse tanto filosófica quanto historicamente. Nesta nota de rodapé, devo muito a Quine pela discussão.

( )", ou "a afirmativa de que ϕ corresponde ao fato de que ( )", ou "o fato de que ϕ fez que seja o caso que ( )", ou "é uma exigência moral (/legal/constitucional) que ( )", ou qualquer outro conectivo que, à primeira vista, alguém pudesse estar tentado a considerar +PSEL e +1-SUBS. Alternativamente, visto que a prova pode ser reformulada de maneira a que ❽ seja um conectivo de dois (de três etc. ...) lugares, ele poderia ser interpretado como "a afirmativa de que ( ) corresponde ao fato de que ( )", ou "o fato de que ( ) = ao fato de que ( )" ou "o fato de que ( ) fez que seja o caso que ( )".[3]

Não adianta contestar a prova alegando que uma descrição $\imath x\phi$ não é bem-formada ou não é interpretável a menos que toda fórmula atômica que estiver em sua matriz contenha no mínimo uma ocorrência de x que possa se ligar a $\imath x$. Ainda que fosse em geral estranho usar algo análogo a essa descrição no discurso normal ou teórico, nenhuma dificuldade formal está envolvida na compreensão dessa descrição.

Contudo, o argumento tem, de fato, um ponto fraco. Para ser levado a sério, precisa ser suplementado por uma semântica precisa de descrições definidas. Em primeiro lugar, ambas as linhas [4] e [6] contêm descrições definidas, e a noção de *equivalência lógica* é invocada na passagem da linha [3] para a linha [4] e da linha [6] para a linha [7]. Em alguns tratamentos de descrições, a equivalência lógica vale, mas em outros, não.[4] Em segundo lugar, considera-se que a linha [5] tem de ser justificada pela semântica de descrições,

---

[3] Reiterando brevemente uma observação feita antes (ver Capítulo 2) sobre o argumento de Davidson contra fatos, não é necessário que cada fórmula atômica dentro da matriz de uma descrição $\imath x\phi$ contenha uma ocorrência de x. Portanto, de nada valeria reclamar que provas com conectivos baseadas no estilingue de Church (diferentemente daquelas baseadas no estilingue de Gödel que veremos no próximo capítulo) se valem de descrições ilícitas em virtude de terem sentenças fechadas em suas matrizes.

[4] Como revelam as observações de Church a respeito de definições contextuais de abstrações de classe, se o argumento for reformulado usando abstrações de classe, uma observação análoga surge acerca da equivalência lógica e da semântica precisa de abstrações de classe.

supondo que ϕ e ψ sejam ambas verdadeiras. (É preciso também observar que o tratamento de descrições suposto pelo argumento determina se PSTS deve ou não substituir *ɩ*-SUBS enquanto regra de inferência mobilizada na passagem das linhas [4] e [5] para a linha [6].)

Se descrições são analisadas em conformidade com a teoria de Russell, então a prova é válida. Primeiramente, de acordo com essa explicação, (7) é tão somente uma abreviação da sentença de primeira ordem (8):

(7) $a = \imath x(x=a \bullet \phi)$
(8) $\exists x(\forall y((y=a \bullet \phi) \equiv y=x) \bullet x=a)$.

E (8) concorda com ϕ quanto ao valor de verdade em todos os modelos. Em segundo lugar, de acordo com essa explicação, se ϕ e ψ são ambas verdadeiras, então, também o é (9), que é apenas uma abreviação de (10):

(9) $\imath x(x=a \bullet \phi) = \imath x(x=a \bullet \psi)$
(10) $\exists x(\forall y((y=a \bullet \phi) \equiv y=x) \bullet \exists z(\forall w((w=a \bullet \psi) \equiv w=z) \bullet x=z))$.

Portanto, o argumento é válido, e a prova, perfeitamente legítima. Sabemos, então, que, *se* descrições são russellianas, e se ❽ é +PSEL e +*ɩ*-SUBS, então ❽ autoriza a substituição *s.v.* de verdades por verdades. Consequências filosóficas para teorias de fatos são suscitadas caso se tente ler ❽ como "o fato de que ϕ = o fato de que ( )". Certamente, alguns filósofos sentiram-se tentados a ler essa expressão como simultaneamente +PSEL e +*ɩ*-SUBS, mas as consequências dessa manobra agora são consideradas terríveis: para quaisquer duas sentenças verdadeiras ϕ e ψ, "o fato de que ϕ = o fato de que ψ" será verdadeira; por conseguinte, todos os fatos se dissolvem em um.

Além disso, será que sabemos que ❽ autoriza a substituição de falsidades por falsidades, isto é, que ❽ é +PSEM (ou seja, verifuncional) quando descrições são russellianas? As premissas da prova anterior são ϕ, ψ e ❽ ϕ, e a conclusão é ❽ ψ. Ou seja, parece que a prova mostra que ❽ ϕ conduz a ❽ ψ quando ϕ e ψ são verdadeiras. O que queremos saber é se ❽ ϕ conduz a ❽ ψ quando ϕ e ψ são *materialmente equivalentes*, não apenas quando são ambas verdadeiras. Ou seja, queremos saber se existe uma prova válida a partir das premissas ($\phi \equiv \psi$) e ❽ ϕ para a conclusão ❽ ψ. (Não podemos supor que isso já foi provado, pois não é verdade *em geral* que, se ϕ, ψ, χ/ζ é uma prova válida, então também o é ($\phi \equiv \psi$), χ/ζ.) Se assim for, então ❽ autoriza a substituição *s.v.* de equivalentes materiais, sendo, por conseguinte, +PSEM.

Tal como se encontra, a seguinte prova não é de todo suficiente:

1	[1]	$\phi \equiv \psi$	premissa
2	[2]	❽ϕ	premissa
2	[3]	❽$(a = \imath x((x=a \bullet \phi) \vee (x=b \bullet \neg\phi)))$	2, ❽+PSEL
1,2	[4]	$\imath x((x=a \bullet \phi) \vee (x=b \bullet \neg\phi))$	
		$= \imath x((x=a \bullet \psi) \vee (x=b \bullet \neg\psi))$	1, def. de '$\imath x$'
1,2	[5]	❽$(a = \imath x((x=a \bullet \psi) \vee (x=b \bullet \neg\psi)))$	3, 4, ❽+1-SUBS
1,2	[6]	❽ψ	5, ❽+PSEL

Não é suficiente porque, na semântica russelliana que supomos para descrições, o item na linha (10), que abrevia [4], é *falso* quando ϕ e ψ são ambas falsas:

(10) $\exists x(\forall y((y=a \bullet \phi) \equiv y=x) \bullet \exists z(\forall w((w=a \bullet \psi) \equiv w=z) \bullet x=z))$.

8.4 Uma prova completa com conectivos

Quine (1960) precaveu-se contra esse problema (que frequentemente é ignorado), e, na sua própria variante do estilingue, usa descrições projetadas para evitá-lo. O método é difícil de manejar, mas eficaz. Ao invés de $\imath x(x=a \bullet \phi)$, ele usa uma descrição *sob a garantia de ser unicamente satisfeita*: $\imath x((x=a \bullet \phi) \vee (x=b \bullet \neg\phi))$.[5] Colocando

---

5 Na verdade, $\imath x((x=1 \bullet \phi) \vee (x=0 \bullet \neg\phi))$, que Quine abrevia como $\delta\phi$ "seguindo Kronecker" (1960, p.148). Repare na similaridade com o operador K de Carnap (1937): para Carnap, $(Kx)m(x > 7)$ é lido como "o menor inteiro positivo x até (e incluindo) m tal que '$x > 7$' é verdadeira, mas 0 se esse inteiro não existir".

essa descrição no lugar de ɿx(x=a • φ) e colocando ɿx((x=a • ψ) ∨ (x=b • ¬ψ)) no lugar de ɿx(x=a • ψ), temos a seguinte prova válida:

1	[1]	$\phi = \psi$	premissa
2	[2]	❽ϕ	premissa
2	[3]	❽$(a = ɿx((x=a • \phi) \vee (x=b • \neg\phi)))$	2, ❽+PSEL
1,2	[4]	$ɿx((x=a • \phi) \vee (x=b • \neg\phi))$ $= ɿx((x=a • \psi) \vee (x=b • \neg\psi))$	1, def. de 'ɿx'
1,2	[5]	❽$(a = ɿx((x=a • \psi) \vee (x=b • \neg\psi)))$	3, 4, ❽+ɿ-SUBS
1,2	[6]	❽ψ	4, ❽+PSEL.

A passagem da linha [2] para a linha [3] está justificada porque, segundo a explicação russelliana de descrições pressuposta a esta altura, (11) abrevia (12), que é logicamente equivalente a ϕ:

(11) $a = ɿx((x=a • \phi) \vee (x=b • \neg\phi))$
(12) $\exists x(\forall y(((y=a • \phi) \vee (y=b • \neg\phi)) \equiv y=x) • x=a)$.[6]

E, diferentemente da linha [4] na prova anterior, a linha [4] *desta* prova, abreviando (13),

(13) $\exists x(\forall y(((y=a • \phi) \vee (y=b • \neg\phi)) \equiv y=x) •$
          $\exists z(\forall w(((w=a • \psi) \vee (w=b • \neg\psi)) \equiv w=z) • x=z))$

será verdadeira não somente quando ϕ e ψ forem ambas verdadeiras, mas também quando forem ambas falsas, isto é, sempre que a linha [1] for verdadeira. Portanto, alcançamos a conclusão de que, *se des-*

Uma disposição alternativa seria usar abstrações de classe ao invés de descrições: $\hat{x}(x=a • \phi) = \hat{x}(x=a • \psi)$ será verdadeira quando ϕ e ψ forem falsas, pois ambas as abstrações vão selecionar a classe vazia. Esse é o caminho tomado por Quine em seus estilingues (1953a, c).

6   Usando o critério de Quine (1936), segundo um tratamento russelliano de descrições, ϕ e (12) têm o mesmo valor de verdade para todas as interpretações de seu vocabulário não lógico. (De maneira equivalente, e seguindo Tarski, as sentenças são verdadeiras exatamente nos mesmos modelos; de maneira equivalente, são interdedutíveis.) Com muita probabilidade, o que incitou Quine a afirmar que $\delta p = 1$ e p são logicamente equivalentes foi esse fato.

crições são russellianas, então, *se* ⑧ é +1-SUBS e +PSEL, então ⑧ é também +PSEM, isto é, verifuncional.[7] Em outras palavras, a seguinte combinação de características para um conectivo ⑧ é inconsistente:

(14)   −PSEM   +PSEL   +1-SUBS.

Indiscutível nestas circunstâncias, esse resultado não vai preocupar, porém, todos os proponentes das lógicas não extensionais. *É preciso examinar sistemas individuais e suas interpretações.*
Não é certo que um lógico modal dos dias de hoje trabalhando com uma concepção metafísica de necessidade vá se incomodar. Lógicos modais estão predispostos de antemão a acreditar que □ seja −1-SUBS, em grande medida em virtude dos exemplos apresentados por Quine relativamente a uma concepção analítica de necessidade, exemplos que, como percebeu Kripke (1971, 1980), persistem numa concepção metafísica. Considere o seguinte argumento, em que, no escopo de □, "nove" é substituído pela descrição "o número de planetas em nosso sistema solar":

---

[7] Usando a convenção de abreviação de Quine (ver as duas notas de rodapé anteriores), a prova pode ser assim reformulada:

1	[1]	$p \equiv q$	premissa
2	[2]	⑧p	premissa
2	[3]	⑧$(\delta p = 1)$	2, ⑧+PSEL
1	[4]	$\delta p = \delta q$	1, def. de δ
1,2	[5]	⑧$(\delta q = 1)$	3, 4, ⑧+1-SUBS
1,2	[6]	⑧q	5, ⑧+PSEL

Consequentemente, não adianta contestar o uso *por Quine* de provas-estilingue que usam descrições (como Oppy (1997) o faz) alegando que o uso dessas provas é incompatível com a eliminação desses dispositivos por Quine (lembrar-se de que Quine deseja reduzir sentenças contendo termos singulares a sentenças contendo quantificadores, variáveis, o sinal de identidade, predicados e conectivos verifuncionais). Quando termos singulares são eliminados, a reinterpretação por Quine do argumento é direta: 1-SUBS é interpretado como abreviação de um princípio de inferência no qual as descrições nele contidas recebem suas expansões russellianas em conformidade com *Principia* *14.01, *14.02, *14.15 e *14.16.

(15) $\dfrac{\Box(9>7)}{\Box(\text{o número de planetas} > 7)}$
9 = o número de planetas em nosso sistema solar

O fato de que (15) é inválido (quando □ tem escopo amplo) mostra que □ não é +₁-SUBS. (A suposta existência de uma leitura (verdadeira) distinta da conclusão, na qual a descrição teria escopo amplo, é irrelevante para esta observação). O desfecho de tudo isso é que, se Quine tratar descrições como russellianas, (a) as equivalências lógicas necessárias para seu estilingue estão asseguradas, mas (b) a conclusão do argumento será endossada pelos lógicos modais dos dias de hoje, a saber, que □ não possui o conjunto de características listadas em (14).

Nada disso importa à questão de se □ é ou não é +PSTS. (É claro que, nas décadas de 1940 e 1950, Quine propôs outros argumentos para se acreditar que □ seja −PSTS quando interpretado como expressando necessidade analítica ou lógica, porém, esses argumentos não podem ser diretamente transpostos para a interpretação metafísica preferida de muitos lógicos modais de hoje, uma interpretação que Quine atacou por outras razões.) Portanto, nenhum argumento contra a possibilidade de tratar □ como um conectivo sentencial não extensional advém do estilingue quineano que acabou de ser examinado. Na medida em que □ é tratado como +PSEL, parece que muitos lógicos modais, hoje em dia, querem atribuir-lhe a combinação listada em (16):

(16)   −PSEM   +PSEL   +PSTS

E a prova quineana não tem relação com a viabilidade *dessa* combinação quando descrições são submetidas a um tratamento russelliano.

A única maneira de converter o estilingue de Quine num argumento contra conectivos sentenciais não extensionais (e, por conseguinte, um argumento contra a viabilidade de □) seria articular um tratamento de descrições como termos singulares e assegurar que esse tratamento autorize as supostas equivalências lógicas. A fim de demonstrar essa conclusão mais interessante, precisaríamos (i) reformular a linha [5] da prova anterior da seguinte maneira:

1,2   [5']   **8**$(a = \imath x(x=a \bullet \psi))$ 3, 4, **8**+PSTS

isto é, com **8**+PSTS substituindo **8**+$\imath$-SUBS na passagem das linhas [3] e [4] para a quinta linha, e (ii) precisaríamos fornecer uma semântica de descrições definidas que não somente as trate como termos singulares e torne válido o item na linha [4], mas, simultaneamente, torne válidas as supostas equivalências lógicas que justificariam a passagem da linha [2] para a linha [3], bem como a passagem da linha [5] para a linha [6]. Na análise russelliana de descrições, tudo fica claro e tudo é automático; porém, num tratamento referencial, escolhas difíceis devem ser feitas acerca das contribuições de descrições inapropriadas para uma teoria da verdade, decisões que têm uma relação crucial com alegações de equivalências lógicas – jamais $\imath x((x=a \bullet \phi) \vee (x=v \bullet \neg\phi))$ será inapropriada, mas é de se desejar que a semântica dessa descrição decorra de uma semântica geral de descrições que forneça uma semântica viável para aquelas que *são* inapropriadas.

É claro que, se *Quine* a fizesse, seria uma manobra surpreendentemente estranha recorrer explicitamente a um tratamento referencial de descrições: como observado antes, sua opinião é que a Teoria das Descrições de Russell pode ser usada para eliminar nomes e outros termos singulares em favor de dispositivos de quantificação, predicação, identidade e ligação verifuncional, sendo que ele advoga essa eliminação por razões ontológicas, semânticas e lógicas. Mas não há garantia de que Quine tenha razão quanto a isso; portanto, no interesse de um exame abrangente do recém-construído estilingue com conectivos, devemos explorar as consequências do tratamento referencial de descrições. Claramente, devemos fazer isso de qualquer maneira, pois poderíamos esbarrar numa teoria superior à de Russell. No entanto, como ilustrarei mais à frente, é muito pouco evidente que exista, de antemão, uma teoria referencial plausível que simultaneamente (a) autorize as equivalências lógicas de que Quine precisa, (b) forneça uma explicação plausível de descrições cujas matrizes não sejam satisfeitas, e (c) respeite o significado intuitivo do operador de descrição que o referencialista lhe atribuiu: se a matriz $\Sigma(x)$ contendo ao menos uma ocorrência da variável x (e nenhuma ocorrência livre de qualquer outra variável) é satisfeita unicamente por A, então a descrição $\imath x\Sigma(x)$ deve se referir a A.

9
EQUIVALÊNCIA GÖDELIANA

9.1 Princípios de conversão para descrições

Estamos agora à altura de expor em formato quineano, usando conectivos, uma prova-estilingue baseada no argumento que atribuí a Gödel no Capítulo 5.[1] Na linguagem natural, parece haver maneiras de reorganizar uma sentença ou convertê-la numa sentença relacionada sem alteração do significado ou, ao menos, sem alteração do significado num sentido filosoficamente interessante. Por exemplo, dupla negação, passivização e topicalização convertem (1) nas sentenças (2)–(4), que parecem ter a mesma condição de verdade e que, se verdadeiras, poderiam ser consideradas como representando o mesmo fato:

(1)   Cícero denunciou Catilina
(2)   É falso que Cícero não denunciou Catilina[2]

---

1 Apresentei uma variante dessa prova pela primeira vez em "The Philosophical Significance of Gödel's Slingshot" (1995). Josh Dever e eu expomos uma variante mais completa em "Slingshots and Boomerangs" (1997). Aqui tudo é feito mais detalhada e completamente. Alguns equívocos da prova de 1995 que surgiram na literatura são impossíveis agora. Sou grato a Dever por me autorizar a reutilizar nosso trabalho em conjunto em vários lugares neste capítulo e nos subsequentes.
2 Alguns lógicos têm defendido que a dupla negação não preserva a verdade. Na minha opinião, essas pessoas simplesmente não estão discutindo o que o resto está discutindo quando discutimos negação.

(3)   Catilina foi denunciado por Cícero
(4)   Foi Cícero quem denunciou Catilina.

(Alguns gostariam de ir mais longe, insistindo que (1)–(4) são, na verdade, sinônimas.) Reorganizações e conversões não de todo dissimilares a esses processos gramaticais são, às vezes, empregados em lógica e semântica, sendo as mais comuns, talvez, a regra de inferência DNN (dupla negação) e λ-CONV (conversão-*lambda*) mais ou menos no sentido de Church (1940, 1944). Segundo a explicação de Church, $\lambda x\phi$, $\imath x\phi$, $\hat{x}\phi$, $\mu x\phi$ etc. são todos termos singulares. Para os propósitos desta exposição e para não ser distraído por questões marginais acerca do *status* de termos singulares (supostamente) complexos, gostaria de adotar um uso de λx que se encontra em muitos trabalhos contemporâneos em semântica e que diverge, de maneira inofensiva, do uso de Church: quando ϕ for uma fórmula, $\lambda x\phi$ será um predicado de um lugar, e quando α for um termo singular, $(\lambda x\phi)\alpha$ será uma fórmula. Entretanto, acompanho Church na introdução da conversão-*lambda* por meio de regras de inferência.

Para certos fins, a sentença extensional $(Fa \bullet Ga)$ poderia ser formulada como

(5) $(\lambda x(Fx \bullet Gx))a$,

que, dependendo do gosto de cada um, pode ser lida como (a) "*a* é algo que é, ao mesmo tempo, F e G"; (b) "a classe das coisas que são, ao mesmo tempo, F e G contém *a*"; ou (c) "a propriedade de ser, ao mesmo tempo, F e G é uma propriedade que *a* tem". Para ficar no concreto, vamos considerar a conversão-*lambda* sancionada por duas regras de inferência, a INTRODUÇÃO-*lambda* e a ELIMINAÇÃO-*lambda*:

$$\lambda\text{-INTR:} \quad \frac{T[\Sigma(x/\alpha)]}{T[(\lambda x\Sigma(x))\alpha]}$$

$$\lambda\text{-ELIM:} \quad \frac{T[(\lambda x\Sigma(x))\alpha]}{T[\Sigma(x/\alpha)]}$$

Nesse caso, α é um termo singular (fechado), x é uma variável, $\Sigma(x)$ é uma fórmula extensional contendo *ao menos uma* ocorrência de x, $\Sigma(x/\alpha)$ é o resultado da substituição de *toda* ocorrência de x em $\Sigma(x)$ por α (é possível haver ocorrências adicionais de α em $\Sigma(x)$), $T[\Sigma(x/\alpha)]$ é uma sentença extensional contendo $\Sigma(x/\alpha)$ (pode ser somente a própria $\Sigma(x/\alpha)$), e $T[(\lambda x\Sigma(x))\alpha]$ é uma sentença em que $(\lambda x\Sigma(x))$ tem escopo mínimo.

λ-INTR e λ-ELIM são regras de inferência válidas em contextos extensionais. Abreviando, vamos dizer que contextos extensionais são +λ-INTR e +λ-ELIM. Continuando com a extensão da terminologia introduzida anteriormente com relação aos princípios de substituição, vamos dizer que um conectivo extensional ❽ é +λ-INTR e +λ-ELIM, no sentido de que ❽ autoriza o uso de λ-INTR e λ-ELIM em qualquer sentença ϕ em seu escopo (supondo, é claro, que ϕ não ocorra no escopo de um conectivo não extensional). Mais precisamente:

> Um conectivo n-ário ❽ é +λ-INTR se e somente se, para toda sentença verdadeira ❽(… $T[\Sigma(x/\alpha)]$ …) em que $T[\Sigma(x/\alpha)]$ é uma sentença extensional que figura como operando de ❽ e que contém $\Sigma(x/\alpha)$, a substituição de $T[\Sigma(x/\alpha)]$ por $T[(\lambda x\Sigma(x))\alpha]$ em ❽(… $T[\Sigma(x/\alpha)]$ …) produz uma sentença ❽(… $T[(\lambda x\Sigma(x))\alpha]$ …) verdadeira (*Mutatis mutandis* para +λ-ELIM).

Nenhum problema residual que diga respeito a escopo é suscitado: escopos permanecem constantes no que tange a ❽. Quando um conectivo for, ao mesmo tempo, +λ-INTR e +λ-ELIM, vamos dizer que ele é +λ-CONV. Na leitura mais fraca de expressões-*lambda*, isto é, na leitura (a) anterior, aqueles que lançam mão dessas expressões vão ter conectivos extensionais por +λ-CONV, assim como por +PSTS, +PSEM e +1-SUBS.

Tendo em mente as reflexões de Gödel (1944) acerca da relação estreita entre Fa e $a = \imath x(x{=}a \cdot Fx)$, gostaria de elaborar dois princípios de inferência similares envolvendo o operador de descrição, princípios que denominarei INTRODUÇÃO-*iota* e ELIMINAÇÃO-*iota*:

1-INTR: $\dfrac{T[\Sigma(x/\alpha)]}{T[\alpha = \imath x(x = \alpha \bullet \Sigma(x))]}$

1-ELIM: $\dfrac{T[\alpha = \imath x(x = \alpha \bullet \Sigma(x))]}{T[\Sigma(x/\alpha)]}$

Nesse caso, $\Sigma(x)$ é uma fórmula extensional contendo *ao menos uma* ocorrência da variável x, $\Sigma(x/\alpha)$ é o resultado da substituição de *toda* ocorrência de x em $\Sigma(x)$ pelo termo singular (fechado) α (é possível haver ocorrências adicionais de α em $\Sigma(x)$), $T[\Sigma(x/\alpha)]$ é uma sentença extensional contendo $\Sigma(x/\alpha)$ (pode ser somente a própria $\Sigma(x/\alpha)$), e $T[\alpha = \imath x(x=\alpha \bullet \Sigma(x))]$ é uma sentença em que $\imath x(x=a \bullet \Sigma(x))$ tem escopo mínimo.

Repare que (6) e (7) podem *ambas* ser inferidas de $\neg Fa$ (e vice--versa):

(6) $a = \imath x(x=a \bullet \neg Fx)$
(7) $\neg a = \imath x(x=a \bullet Fx)$.

A razão disso é que $\Sigma(x/\alpha)$ é extensional e pode ser considerada ou Fa ou $\neg Fa$.

1-INTR e 1-ELIM são regras de inferência válidas em contextos extensionais.[3] Abreviando, vamos dizer que contextos extensionais são +1-INTR e +1-ELIM. (Toda teoria de descrições que é adequada, parece-me, deve ser compatível com esse fato, como o é a teoria de Russell. Segundo a explicação de Russell, o fato de que contextos extensionais sejam +1-INTR e +1-ELIM segue imediatamente do fato de que contextos extensionais são +PSEL.) Continuando com nossa útil extensão da terminologia, vamos dizer que um conectivo extensional ❽ é +1-INTR e +1-ELIM, no sentido de que ❽ autoriza o uso de 1-INTR e 1-ELIM em qualquer sentença ϕ em seu escopo (supondo, é claro, que ϕ não ocorra no escopo de um conectivo não extensional). Mais precisamente:

---

3   Carnap (1947) e defensores de certas formas de lógica livre parecem ocupar uma posição complicada por terem de negar isso. Ver próxima nota e Capítulo 10.

Um conectivo n-ário ❽ é +1-INTR se e somente se, para toda sentença verdadeira ❽(... $T[\Sigma(x/\alpha)]$ ...) em que $T[\Sigma(x/\alpha)]$ é uma sentença extensional que figura como operando de ❽ e que contém $\Sigma(x/\alpha)$, a substituição de $T[\Sigma(x/\alpha)]$ em ❽(... $T[\Sigma(x/\alpha)]$ ...) por $T[\alpha = \imath x(x{=}\alpha \bullet \Sigma(x))]$ produz uma sentença verdadeira ❽(... $T[\alpha = \imath x(x{=}\alpha \bullet \Sigma(x))]$ ...). (*Mutatis mutandis* para +1-ELIM.)

Novamente, nenhum problema residual que diga respeito a escopo é suscitado: escopos permanecem constantes no que tange a ❽. Quando um conectivo é, ao mesmo tempo, +1-INTR e +1-ELIM, vamos dizer que ele é +1-CONV (autoriza conversão-*iota s.v.*).[4]

---

4 Mark Sainsbury comentou comigo que certas formas da assim chamada lógica livre devem negar que contextos extensionais sejam +1-CONV. Da perspectiva da teoria dos modelos, uma lógica é livre se não exige uma interpretação para atribuir um objeto a todo termo singular; do ponto de vista das teorias de provas, o traço distintivo da lógica livre é a rejeição dos princípios clássicos de inferência da generalização existencial e instanciação universal (contextos extensionais são −GE e −IU). A motivação para tais lógicas – ver, por exemplo, Burge (1974), Grandy (1972), Lambert (1962), Schock (1968), Scott (1967) e van Fraassen e Lambert (1967) – é a suposta existência de nomes e descrições que não se referem, como "Vulcano" (que foi introduzido como o nome de um planeta cuja órbita, acreditava-se, se encontraria entre a de Mercúrio e o sol) ou "o rei da França". (Se descrições são tratadas à maneira de Russell, a existência de sintagmas descritivos cujas matrizes não são verdadeiras relativamente a nada não fornece motivação alguma para a lógica livre. Alguns defensores da lógica livre tendem a compreender mal a Teoria das Descrições de Russell, estando previamente convencidos de que Russell procurou tratar descrições como termos singulares.) Três variedades de lógica livre podem ser distinguidas com proveito. Na variedade "fregeana", toda sentença contendo um nome vazio não tem um valor de verdade (exceto naqueles casos em que o nome ocorre em contextos oblíquos, por exemplo, no escopo de um verbo de atitude proposicional). Uma lógica livre *positiva* permite que certas sentenças atômicas contendo termos singulares vazios sejam verdadeiras, a saber, afirmativas de identidade ("Vulcano = Vulcano" e "o rei da França = o rei da França" são exemplos comuns). Na lógica livre *negativa*, sentenças atômicas contendo termos singulares vazios são todas falsas. (A falta de consenso entre os lógicos livres no que diz respeito a como tratar nomes vazios é surpreendente, uma vez que essas são as expressões que motivaram e sustentam o empreendimento.)

Como Sainsbury comentou comigo, alguns defensores da lógica livre negativa (*lln*) devem negar que contextos extensionais sejam +1-CONV. (i) e (ii) são interderiváveis usando 1-CONV.

(i) $\neg Fa$
(ii) $a = \imath x(x=a \bullet \neg Fx)$.

Se *a* é um nome que não se refere, então *lln* declara (i) verdadeira. Se descrições são tratadas da maneira preferida pela lógica livre, como termos singulares, então *lln* também declara (ii) verdadeira; assim sendo, pareceria que contextos extensionais são, de fato, +1-CONV (apesar de que nós, antes de nos convencermos, gostaríamos muito de ver a semântica referencial de descrições proposta especificamente pelo lógico livre, e as definições de equivalência lógica e verdade lógica que a acompanham). Sainsbury sugere que há margem para uma lógica livre negativa que trate descrições em conformidade com a teoria de Russell (a despeito de tratar nomes como termos singulares). De acordo com tal explicação, (i) será verdadeira e (ii) falsa. Na lógica assim concebida, 1-CONV não é um princípio de inferência válido em contextos extensionais. É claro que o defensor dessa lógica poderia decidir adotar essa conclusão – assim como poderia estar tentado a permitir que ambiguidades de escopo envolvendo nomes tenham efeito sobre a verdade: (i) pode ser verdadeira enquanto '$[a]\neg Fa$' – ou, talvez, '$[a]_x \neg Fx$', ou algo mais próximo a (ii) – seja falsa. Continuarei com a orientação (essencialmente de Gödel) de considerar contextos extensionais como +1-CONV. Estritamente falando, isso será uma suposição fundamental da minha apresentação do estilingue de Gödel num formato quineano. Rejeitá-la é, na verdade, mostrar falta de interesse em argumentos que envolvam 1-CONV: afirmar que contextos extensionais sejam -1-CONV é afirmar que conectivos sentenciais verifuncionais são -1-CONV. Caso se sustente que nem mesmo conectivos verifuncionais sejam +1-CONV, certamente não se vai acreditar que existam conectivos *não* verifuncionais filosoficamente interessantes que sejam +1-CONV. (Não é difícil forjar um conectivo artificial que seja +REGRA, apesar de conectivos verifuncionais serem $-$REGRA, mas tais conectivos interessam pouco à lógica ou à semântica.) Portanto, o defensor da lógica livre que rejeitar 1-CONV para contextos extensionais está mostrando falta de interesse por quaisquer argumentos do tipo sob consideração, por dizer respeito a *qualquer* conectivo de um lugar ❽ que seja +1-CONV e +1-SUBS, sendo que o lógico livre em questão nega que todo conectivo filosoficamente interessante seja +1-CONV. (Sou grato aqui e na n.6 a Mark Sainsbury e Josh Dever pela discussão frutífera.)

Contextos modais são +1-CONV? Para alguns, inferências de algumas das formas a seguir parecem intuitivamente válidas, em algumas interpretações comuns de □ (a ausência de marcadores de escopo indica que as descrições têm

9.2 A prova de Gödel no formato quineano

Em breve, converterei as sugestões de Gödel quanto à construção de um estilingue numa prova com consequências interessantes para a semântica da linguagem natural e para todo sistema que contenha descrições definidas e identidade. Mas gostaria, antes, de expor uma simples prova $\Im_0$ de algo que já deve estar causando preocupações.

$\Im_0$. Seja ⑧ *qualquer* conectivo de um lugar que seja +1-CONV e +1-SUBS. Seja "⑧+1-CONV" a abreviação de "a suposição de que ⑧ seja +1-CONV" e assim por diante. A partir das premissas Fa e ⑧(Fa), podemos derivar, então, a surpreendente conclusão de que ⑧$(a = a)$:

1	[1]	Fa	premissa
2	[2]	⑧(Fa)	premissa
1	[3]	$a = \imath x(x = a \cdot Fx)$	1, 1-CONV
2	[4]	⑧$(a = \imath x(x = a \cdot Fx))$	2, ⑧+1-CONV
1,2	[5]	⑧$(a = a)$	3, 4, ⑧+1-SUBS

---

escopo menor), mas questões acerca da variação de domínios relativamente a certas interpretações podem complicar as coisas:

(iii) $\dfrac{\Box Fa}{\Box a = \imath x(x = a \cdot Fx)}$ (iv) $\dfrac{\Box a = \imath x(x = a \cdot Fx)}{\Box Fa}$

(v) $\dfrac{\Box Fa}{a = \imath x(x = a \cdot \Box Fx)}$ (vi) $\dfrac{a = \imath x(x = a \cdot \Box Fx)}{\Box Fa}$

O defensor da lógica livre negativa contendo operadores modais poderia estar inclinado a negar inferências semelhantes contendo a negação, por exemplo, (vii):

(vii) $\dfrac{\Box \neg Fa}{\Box a = \imath x(x = a \cdot \neg Fx)}$

A partir de então, os problemas se tornam extraordinariamente complexos: escolhas em lógica livre, teoria das descrições, sistema modal, interpretação de $\Box$ e especificação de domínio fazem tudo para produzir uma quantidade vertiginosa de possibilidades.

Digo "surpreendente" porque isso vale para *todo* conectivo que seja +1-CONV e +1-SUBS e para *todo* predicado F. $\mathfrak{J}_0$ deve preocupar aquele que planeja tratar um conectivo *não extensional* ❽ como +1-CONV e +1-SUBS. Antecipando um pouco, repare que, caso ❽ tivesse de ser lido como "o fato de que Fa = o fato de que ( )", então, se Fa é verdadeira e representa um fato – o fato de que Fa – obtemos o resultado nada auspicioso de que o fato de que Fa é idêntico ao fato de que $a = a$. Por paridade de argumento, se Ga é verdadeira e representa um fato – o fato de que Ga – então o fato de que Ga é também idêntico ao fato de que $a = a$. Por transitividade da identidade, alcançamos a conclusão profundamente preocupante de que o fato de que Fa = o fato de que Ga. Portanto, existe tão somente um fato acerca de a (ou, ao menos, um fato *atômico* acerca de a).[5] Para o teórico dos fatos que aceita que "o fato de que Fa = o fato de que ( )" seja +1-CONV e +1-SUBS, as sentenças a seguir demonstravelmente representam o mesmo fato:

(1)   Cícero denunciou Catilina
(2)   Cícero escreveu *De fato*
(3)   Cícero = Cícero.

Isso é certamente catastrófico para quem espera tirar algum proveito filosófico de fatos.[6]

---

5   Um argumento aproximadamente como esse é apresentado por Rodriguez-Pereyra (1998a) no que concerne à teoria dos fatos de Searle (1995).

6   O lógico livre (ver n.4) poderia estudar questionar essa prova de cinco linhas – pela razão de que, se descrições são tratadas em conformidade com a Teoria das Descrições de Russell (ou qualquer outra teoria das descrições com suposição de existência), seu sucesso depende de supor algo que a lógica livre rejeita, a saber, que todos os nomes (constantes individuais) na linguagem da dedução tenham referentes. Mas, na verdade, o pequeno argumento, tal como se encontra, *não* pressupõe que todos os nomes tenham referentes, apenas que *"a"* tenha um referente (nenhum outro nome aparece no argumento). Portanto, a preocupação do lógico livre é simplesmente impertinente ao problema central. A partir das premissas 'Fa' e '❽(Fa)', podemos ainda inferir que '❽$(a = a)$', *em que 'a' é qualquer nome 'a' que seja que tenha um referente.* Caso ❽ devesse

A plena generalidade e magnitude do problema claramente vêm à luz numa prova $\Im$ mais longa, porém apenas ligeiramente mais complexa, daquilo que denomino *Exigência Descritiva*, uma prova baseada no estilingue de Gödel. Basicamente, $\Im$ acaba mostrando que (i) há tão somente um fato acerca de a (como anteriormente) e que (ii) o fato acerca de a = o fato acerca de b. $\Im$ é uma prova em quatro partes, $\Im_1 - \Im_4$, a partir das premissas $Fa \equiv Gb$ e ❽(Fa) para a conclusão ❽(Gb). A ideia geral deverá estar clara ao fim de $\Im_1$.

$\Im_1$: A partir das premissas Fa, $a \neq b$, Gb e ❽(Fa) para a conclusão ❽(Gb).

1	[1]	Fa	premissa
2	[2]	$a \neq b$	premissa
3	[3]	Gb	premissa
1	[4]	$a = \imath x(x = a \bullet Fx)$	1, 1-CONV
2	[5]	$a = \imath x(x = a \bullet x \neq b)$	2, 1-CONV
2	[6]	$b = \imath x(x = b \bullet x \neq a)$	2, 1-CONV
3	[7]	$b = \imath x(x = b \bullet Gx)$	3, 1-CONV
1,2	[8]	$\imath x(x = a \bullet Fx) = \imath x(x = a \bullet x \neq b)$	4, 5, 1-SUBS
2,3	[9]	$\imath x(x = b \bullet Gx) = \imath x(x = b \bullet x \neq a)$	6, 7, 1-SUBS
10	[10]	❽(Fa)	premissa
10	[11]	❽$(a = \imath x(x = a \bullet Fx))$	10, ❽+1-CONV
1,2,10	[12]	❽$(a = \imath x(x = a \bullet x \neq b))$	11, 8, ❽+1-SUBS
1,2,10	[13]	❽$(a \neq b)$	12, ❽+1-CONV
1,2,10	[14]	❽$(b = \imath x(x = b \bullet x \neq a))$	13, ❽+1-CONV
1,2,3,10	[15]	❽$(b = \imath x(x = b \bullet Gx))$	14, 9, ❽+1-SUBS
1,2,3,10	[16]	❽(Gb)	15, ❽+1-CONV

---

ser lido como "o fato de que Fa = o fato de que ( )", então, se Fa é verdadeira e representa um fato, ainda obtemos o resultado de que o fato de que Fa é idêntico ao fato de que $a = a$. Por paridade de argumento, se 'Ga' é verdadeira e representa um fato, então, o fato de que Ga é idêntico ao fato de que $a = a$. Por transitividade da identidade, ainda alcançamos a conclusão de que o fato de que Fa = o fato de que Ga, chegando, ainda, ao fim com apenas um fato acerca de a. Por paridade e relativamente a todo o argumento, há apenas um fato acerca de b, em que 'b' é qualquer nome com um referente.

$\mathfrak{I}_2$: *Mutatis mutandis* sendo que premissa [2] é $a = b$ ao invés de $a \neq b$, apesar de que, claramente, um prova mais curta possa ser construída quando $a = b$ for usada.[7]

Ao juntarmos $\mathfrak{I}_1$ e $\mathfrak{I}_2$, temos uma prova $\mathfrak{I}_1\mathfrak{I}_2$: se ❽ é +1-SUBS e +1-CONV, então, autoriza a substituição s.v. de verdades (atômicas) por verdades (atômicas) em seu escopo (por exemplo, *Fa* e *Gb*).

$\mathfrak{I}_1\mathfrak{I}_2$ é atraente por dois motivos. Primeiramente, as duas metades da prova estão no formato quineano com conectivos e têm por itens sentenças consideradas equivalentes a suas predecessoras tão somente quanto ao valor de verdade, mas não equivalentes num sentido mais rico (por exemplo, logicamente equivalentes ou sinônimas). Em segundo lugar, em todos os sentidos cruciais, $\mathfrak{I}_1\mathfrak{I}_2$ é semanticamente neutra: de maneira mais importante e diferente da prova de Quine com conectivos, $\mathfrak{I}_1\mathfrak{I}_2$ *não exige suplementação com uma semântica precisa de descrições definidas*. A razão disso é que (a) em nenhuma parte recorre a supostas equivalências lógicas envolvendo descrições – segundo algumas teorias das descrições, *Fa* e $a = \imath x(x = a \cdot Fx)$ *são* logicamente equivalentes, mas recurso algum é feito a esse interessante fato ao longo da exposição de $\mathfrak{I}_1\mathfrak{I}_2$ – e (b)

---

[7] Por exemplo, ao recorrer ao fato de que, se ❽ for +1-SUBS, então é também +PSTS, bastará o seguinte:

1	[1]	Fa	premissa
2	[2]	$a = b$	premissa
3	[3]	Gb	premissa
1	[4]	$a = \imath x(x = a \cdot Fx)$	1, 1-CONV
3	[5]	$b = \imath x(x = b \cdot Gx)$	3, 1-CONV
2,3	[6]	$a = \imath x(x = b \cdot Gx)$	5, 2, PSTS
1,2,3	[7]	$\imath x(x = a \cdot Fx) = \imath x(x = b \cdot Gx)$	4, 6, 1-SUBS
8	[8]	❽(Fa)	premissa
8	[9]	❽$(a = \imath x(x = a \cdot Fx))$	8, ❽+1-CONV
8	[10]	❽$(a = \imath x(x = b \cdot Gx))$	9, 7, ❽+SUBS
1,2,3,8	[11]	❽$(b = \imath x(x = b \cdot Gx))$	10, 2, ❽+1-PSTS
1,2,3,8	[12]	❽(Gb)	11, ❽+1-CONV

as aparentes identidades envolvendo descrições – por exemplo, nas linhas [8] e [9] de $\mathfrak{I}_1$ – são obtidas por meio de -SUBS, não por meio de uma suposição *específica* acerca da semântica de descrições.

É preciso também observar que $\mathfrak{I}_1 \mathfrak{I}_2$ em momento algum supõe referência "direta" (ou "indireta"), "inocência" (ou "culpa") semântica ou quaisquer outros fatos acerca da semântica de ⑧ para além da hipótese sob investigação, a saber, de que se trata de um conectivo de um lugar que é *1*-SUBS e *1*-CONV. Sem nenhuma ressalva, ela mostra que, se ⑧ é +*1*-SUBS e +*1*-CONV, então a substituição *s.v.* de verdades (atômicas) por verdades (atômicas) em seu escopo (por exemplo, *Fa* e *Gb*) está autorizada.

Consequências filosóficas imediatas de $\mathfrak{I}_1\mathfrak{I}_2$ podem ser tiradas ao se interpretar ⑧(...), por exemplo, "o fato de que ϕ = o fato de que (...)", "a afirmativa de que ϕ corresponde ao fato de que (...)", "o fato de que ϕ fez que fosse o fato de que (...)" ou qualquer outro conectivo que, ao menos à primeira vista, alguém poderia estar tentado a considerar +*1*-SUBS e +*1*-CONV. O partidário dos fatos precisa de uma teoria segundo a qual esses conectivos são ou −*1*-SUBS ou −*1*-CONV. Tal é a *Exigência Descritiva* sobre teorias de fatos.

É preciso que fique intuitivamente claro que, realmente, provamos algo mais forte, a saber, que, se ⑧ é +*1*-SUBS e +*1*-CONV, então autoriza não apenas a substituição *s.v.* de verdades por verdades em seu escopo, mas também de falsidades por falsidades, isto é, que, se ⑧ é +*1*-SUBS e +*1*-CONV, então ele é extensional. Alguns comentadores sugeriram que a conclusão mais forte não segue; por isso, permita-me completar tudo com mais duas subprovas $\mathfrak{I}_3$ e $\mathfrak{I}_4$.

$\mathfrak{I}_3$: Substituem-se as premissas *Fa* e *Gb* em $\mathfrak{I}_1$ por $\neg Fa$ e $\neg Gb$ para produzir uma prova de ⑧(*Gb*) a partir de $\neg Fa$, $\neg Gb$, $a \neq b$ e ⑧(*Fa*):

1	[1]	$\neg Fa$	premissa
2	[2]	$a \neq b$	premissa
3	[3]	$\neg Gb$	premissa
1	[4]	$a = \imath x(x = a \cdot \neg Fx)$	1, *1*-CONV
2	[5]	$a = \imath x(x = a \cdot x \neq b)$	2, *1*-CONV

2	[6]	$b = \imath x(x = b \cdot x \neq a)$	2, $\imath$-CONV
3	[7]	$b = \imath x(x = b \cdot \neg Gx)$	3, $\imath$-CONV
8	[8]	❽(Fa)	premissa
8	[9]	❽$(\neg\neg Fa)$	8, ❽+DNN
8	[10]	❽$(\neg a = \imath x(x = a \cdot \neg Fx))$	9, ❽+$\imath$-CONV
1,8	[11]	❽$(\neg a = a)$	4, 10, ❽+$\imath$-SUBS
1,2,8	[12]	❽$(\neg a = \imath x(x = a \cdot x \neq b))$	5, 11, ❽+$\imath$-SUBS
1,2,8	[13]	❽$(\neg a \neq b)$	12, ❽+$\imath$-CONV
1,2,8	[14]	❽$(\neg b = \imath x(x = b \cdot x \neq a))$	13, ❽+$\imath$-CONV
1,2,3,8	[15]	❽$(\neg b = b)$	6, 14, ❽+$\imath$-SUBS
1,2,3,8	[16]	❽$(\neg b = \imath x(x = b \cdot \neg Gx))$	7, 15, ❽+$\imath$-SUBS
1,2,3,8	[17]	❽$(\neg\neg Gb)$	16, ❽+$\imath$-CONV
1,2,3,8	[18]	❽(Gb)	17, ❽+$\imath$-DNN

$\mathfrak{J}_4$: *Mutatis mutandis* sendo que a premissa [2] é $a = b$ ao invés de $a \neq b$, apesar de que, novamente, um prova mais curta possa ser construída usando $a = b$.

Ao juntarmos $\mathfrak{J}_1 \mathfrak{J}_2$ e $\mathfrak{J}_3 \mathfrak{J}_4$, temos nossa prova $\mathfrak{J}$: se um conectivo ❽ é +$\imath$-CONV e +$\imath$-SUBS, então ele é *extensional*. (Novamente, supondo, com Gödel, que toda sentença possa ser colocada na forma sujeito-predicado. Se isso for problemático, o argumento demonstra a conclusão tecnicamente mais fraca – mas igualmente importante – de que, se ❽ é +$\imath$-SUBS e +$\imath$-CONV, então é extensional relativamente a sentenças *atômicas*.) Vamos chamar isso de *Exigência Descritiva* sobre lógicas não extensionais.

É importante fazer a distinção entre essa consequência de $\mathfrak{J}$ e quaisquer outras implicações filosóficas – no que se refere a, digamos, fatos, causação, necessidade ou ação – que ela possa ter. É preciso que fique claro que problemas metafísicos acerca de (por exemplo) se há fatos ou se há quaisquer fatos gerais, e problemas semânticos acerca de se descrições são termos singulares, se termos singulares são diretamente referenciais, ou se a inocência semântica pode ser conservada, *não* são problemas que dizem respeito à prova (o que não quer dizer, é claro, que interessantes implicações para esses problemas não possam vir à tona ao se refletir sobre a prova no contexto desta ou daquela teoria filosófica).

A relação entre a subprova $\Im_1$ $\Im_2$ e a prova que Gödel sugeriu originalmente fica nítida se ❽(...) for interpretada como "o fato de que Fa = o fato de que (...)" ou como "a sentença 'Fa' corresponde ao fato de que (...)".

Quão preocupante é $\Im$ para os partidários dos fatos, lógicas não extensionais e conectivos supostamente não extensionais na linguagem natural? Voltarei a isso nos próximos capítulos. No entanto, uma observação lógica precisa ser feita imediatamente: $\Im$ *não* mostra que um conectivo é extensional se for, ao mesmo tempo, +PSTS e +1-CONV, isto é, *não* demonstra diretamente que a seguinte combinação de características é inconsistente:

(8)   + 1-CONV   +PSTS   −PSEM.

Mas a inconsistência de (8) *seria* mostrada se fosse possível provar que um conectivo que é +PSTS é também +1-SUBS, ou provar que um conectivo com as três características em (8) deve também ser +1-SUBS. Desconheço tentativas de construir tais provas. Na verdade, se descrições são russellianas, essas provas não podem ser construídas. Desse modo, alguém que espere empregar $\Im$ como parte de um argumento contra a consistência de (8) tem de (i) fornecer um tratamento de descrições viável, segundo o qual elas sejam (a) termos singulares (por isso, sujeitas ao PSTS) e (b) que sejam, ainda, entradas e saídas plausíveis para 1-CONV e, a seguir, (ii) tem de construir uma prova exatamente como aquela anterior, com a exceção de que recorra a PSTS (em vez de 1-SUBS) nos lugares óbvios. Esse é o assunto do próximo capítulo.

9.3 Um estilingue mais forte?

Whitehead e Russell provaram que, se ❽ é +PSEM, então é também +1-SUBS (ver Capítulo 5). Mas e o inverso, que eles *não* provam? Pelo que diz, Quine dá a entender que uma vez ele acreditou que isso fosse verdadeiro (ver a seguir). Pelo que sei, $\mathfrak{I}$ é o mais próximo que alguém já chegou de confirmá-lo, mas ainda há trabalho a ser feito. Uma maneira de fazer isso seria mostrar que, se **8** é +1-SUBS, então é também +1-CONV. Porém, arrisco dizer que isso não pode ser provado de uma maneira suficientemente neutra quanto à semântica de descrições definidas para que seja satisfatório.[8]

Em seu artigo "Whitehead and the Rise of Modern Logic", Quine (1941a) endossa a Teoria das Descrições de Russell e expõe algumas dúvidas acerca da viabilidade de *qualquer* forma de lógica não verifuncional:

> Nos *Principia*, como na lógica de Frege, uma afirmativa pode conter outras afirmativas apenas verifuncionalmente, isto é, de tal maneira que o valor de verdade (verdade ou falsidade) do todo permaneça inalterado quando uma parte verdadeira for substituída por qualquer outra verdade, ou uma parte falsa por qualquer outra falsidade. A preservação do princípio da verifuncionalidade é *essencial* à simplicidade e conveniência da teoria lógica. Além disso, em *todos* os afastamentos dessa norma que, pelo que sei, já foram propostos, um sacrifício é feito não apenas no que diz respeito à simplicidade e conveniência, mas mesmo no que diz respeito à admissibilidade de certos *modos de inferência do senso comum:* inferência por permutação de termos que designam o mesmo objeto. (1941a, p.141-2, ênfase minha)

Na terminologia deste livro, uma das coisas que Quine parece afirmar no final dessa passagem é que todo conectivo −PSEM com que ele se deparou é também −PSTS. Numa nota de rodapé anexada à passagem que acabei de citar, Quine menciona dois casos concretos de afastamentos da "norma" de verifuncionalidade que parecem "sacrificar" os "modos de inferência do senso comum":

> C. I. Lewis e C. H. Langford (*Symbolic Logic*, Nova York, 1932), por exemplo, usam um operador não verifuncional "◊" para exprimir possibilidade lógica. Dessa maneira, as afirmativas:

---

8   Conectivos inventados por Paul Horwich e Saul Kripke ao longo de discussões reforçam minhas dúvidas quanto a isso.

◊ (o número de planetas no sistema solar < 7)

◊ (9 < 7)

seriam avaliadas respectivamente como verdadeira e falsa, apesar do fato de que elas são interconvertíveis pela permutação dos termos "9" e "número de planetas no sistema solar", que designam ambos o mesmo objeto. Exemplos similares podem ser facilmente inventados para o antigo sistema de Whitehead [discutido no §III] Por razões de conveniência técnica, bem como por razões de *senso comum*, portanto, existem argumentos poderosos em favor do princípio de verifuncionalidade. (1941a, p.141-2, ênfase minha)

Essa é a primeira tentativa publicada por Quine de demonstrar aquilo que, posteriormente, denominaria a *opacidade referencial* dos contextos modais. Até 1943, nenhuma preocupação explícita sobre quantificação em contextos modais é mencionada: ele fala tão somente de falha de substituição. (Contudo, em sua resenha de 1941 do livro "Inquiry into Meaning and Truth" de Russell, Quine (1941b) mostra inquietação com o fato de Russell não explicar como interpretar sentenças em que um quantificador se liga a uma variável através de verbos de atitudes proposicionais, como "acreditar", sentenças que Russell usa de 1905 em diante em discussões acerca de ambiguidades de escopo envolvendo descrições definidas e indefinidas.) Ao colocar lado a lado a nota de Quine e a passagem a que está anexada, encontramos vagamente um argumento geral do "estilingue" se formando na cabeça de Quine – como deveria estar se formando nas cabeças de Church e Gödel mais ou menos à mesma época. Pois uma das afirmações de Quine nesse momento parece ser que, até onde ele pode averiguar, abrir mão da verifuncionalidade exige abrir mão de um "modo de inferência do senso comum" – que posteriormente vai chamar de *substitutibilidade* – o que implica que a adesão ao modo de inferência do senso comum exige a adesão à verifuncionalidade. Quando os estilingues formalizados de Church (1943a) e Quine (1953c,e, 1960) finalmente apareceram, envolviam não somente *inferência por permutação de termos que designam o mes-*

mo objeto, mas também *inferência por permutação de equivalentes lógicos*. O estilingue de Gödel (1944) envolvia *permutação de equivalentes gödelianos*, isto é, sentenças relacionadas por meio da 1-CONV. Provas baseadas em estilingues são componentes centrais de argumentos dedutivos irrefutáveis, mostrando que temos como resultado uma inconsistência ao postularmos um conectivo não extensional que livremente permite o uso de princípios de inferência envolvendo descrições em seu escopo. Existe uma determinada exigência sobre o que é possível fazer com descrições no escopo de operadores não extensionais, a Exigência Descritiva. Isso sabemos por meio da variante com conectivos do estilingue de Gödel. A inconsistência pertinente aparece, *grosso modo*, porque descrições e abstrações (como normalmente concebidas) contêm *fórmulas* como partes próprias. Ao permitir a permutação de tais dispositivos quando as fórmulas que eles contêm são satisfeitas pelo mesmo objeto, essencialmente permite-se a permutação das fórmulas. E, uma vez suposto um fraco princípio adicional de inferência – sendo, como defendi, em razão do caráter preciso do segundo princípio que as provas baseadas no estilingue de Gödel são superiores às baseadas no de Church – as fórmulas em questão podem ser extraídas de seus contextos regidos pelo operador *iota* para tornar demonstravelmente verifuncionais os conectivos supostamente não verifuncionais.

10
Descrição e equivalência

10.1 Observações introdutórias

Apesar de haver boas razões para acreditar que descrições devam ser analisadas em conformidade com a teoria de Russell, como dispositivos de quantificação em vez de dispositivos de referência singular, alguns tratamentos referenciais de descrições superficialmente atrativos estão disponíveis. Para os propósitos presentes, não é necessário falar da maioria das virtudes e vícios desta ou daquela teoria referencial: é necessário tão somente examinar os compromissos dessas teorias relativamente às equivalências lógica e gödeliana, pois o objetivo é revelar as consequências do emprego de teorias referenciais (que satisfaçam uma condição mínima que qualquer dessas teorias deva satisfazer) com relação a argumentos-estilingue no formato quineano. O próprio Quine buscava uma conclusão mais forte do que aquela que se pode obter caso descrições sejam russellianas. Davidson buscava o mesmo. Devemos a eles averiguar se conclusões mais fortes estão disponíveis para os tratamentos referenciais e devemos a nós mesmos averiguar se resultados mais fortes podem ser obtidos de uma variante do estilingue de Gödel com conectivos. O principal problema é saber se as equivalências lógica e gödeliana invocadas pelas respectivas provas podem ser sustentadas caso descrições sejam referenciais. Caso já esteja convencido de que o tratamento quantificacional russelliano de descrições é adequado, o presente capítulo provavelmente vale um pouco mais do que mera curiosidade.

Se o significado intuitivo do operador de descrição deve ser respeitado, todo tratamento referencial deve satisfazer à seguinte condição: se uma fórmula $\Sigma(x)$ contendo ao menos uma ocorrência da variável x (e nenhuma ocorrência livre de qualquer outra variável) é satisfeita unicamente por A, então a descrição $\imath x\Sigma(x)$ deve se referir a A. No entanto, a formulação dessa condição suscita questões que todo tratamento referencial deve responder, questões que podem ser tornadas mais precisas através da reflexão acerca da simplicidade lógica propiciada pelo tratamento de Russell.

A teoria de Russell fornece explicações diretas de sentenças contendo descrições cujas matrizes não sejam unicamente satisfeitas, as assim chamadas descrições "inapropriadas". Refinando nossa terminologia, vamos dizer que uma descrição $\imath x\Sigma(x)$ é *apropriada* (segundo algum modelo M) se e somente se sua matriz $\Sigma(x)$ for (na interpretação de M) verdadeira quanto a exatamente um item no domínio em que as variáveis de quantificação assumem valores, e *inapropriada* caso contrário.[1] Suponhamos, então, que estamos lidando somente com tratamentos referenciais que não criam problemas sérios para descrições apropriadas (se é que existem tais teorias): um modelo M interpreta uma descrição apropriada $\imath x\Sigma(x)$ como se referindo ao único objeto que satisfaz $\Sigma(x)$.

Mas o que dizer de descrições inapropriadas? Um tratamento referencial adequado deve se pronunciar a respeito delas, e, na li-

---

[1] Deixando questões terminológicas de lado, sigo aqui Taylor (1985). Em vista da simplicidade, proponho (novamente com Taylor) ignorar as complexidades irrelevantes suscitadas por descrições relativizadas, como "a mulher sentada ao lado dele", em que "dele" se liga a um quantificador superior. Nada que tenha relação com a observação presente depende da existência ou interpretação de tais descrições. A teoria de Russell tanto prevê a existência dessas descrições quanto lhes fornece uma interpretação automática e boa, sem qualquer estipulação especial ou maquinário adicional. Com algum trabalho, é de supor que certas explicações referenciais de descrições também podem suprir o que se precisa aqui. Portanto, proponho ignorar quaisquer problemas em potencial que a relativização cria para o não russelliano.

teratura, encontramos várias abordagens concorrentes ou passíveis de serem construídas com base em sugestões informais existentes. Grande parte do trabalho pertinente para tanto foi feito por Carnap (1947) e Taylor (1985), cujas ideias utilizarei amplamente.

10.2 Hilbert e Bernays

No sistema de Hilbert e Bernays (1934), uma descrição $\imath x\Sigma(x)$ pode ser usada somente após ter sido provado que é apropriada, isto é, somente depois de (1) ter sido provado:

(1) $\exists x(\forall y(\Sigma(x/y) \equiv y=x)$.

Embora esse tratamento possa ser útil para certos propósitos matemáticos, como observaram Quine (1940), Carnap (1947) e Scott (1967), existem problemas incontornáveis envolvidos em usá-lo para tratar descrições em qualquer fragmento de interesse da linguagem natural. Em primeiro lugar, visto que a classe de fórmulas bem-formadas não será recursiva, saber se uma sequência de símbolos contendo a subsequência $\imath x$ é uma fórmula dependerá não somente de um conjunto de regras sintáticas, mas também, por exemplo, de assuntos de lógica e "contingência dos fatos". Em segundo lugar, proferimentos de muitas sentenças na linguagem natural contendo descrições inapropriadas (ou descrições que não sabemos se são apropriadas) simplesmente verdadeiros ou falsos (por exemplo, "noite passada, Boris jantou com o rei da França") ou simplesmente usadas para fazer hipóteses, como até mesmo Strawson, afinal, se viu forçado a conceder (ver a seguir). Não haveria, então, a menor possibilidade de usar o tratamento de Hilbert e Bernays no que concerne a descrições pertencentes a qualquer fragmento de interesse da linguagem natural.

Além disso, visto que o uso de uma descrição com a forma de (2)

(2) $\imath x(x=a \cdot \Sigma)$

é permitido pelo tratamento de Hilbert e Bernays somente se Σ ou $\Sigma(x/a)$ for demonstrável, a adoção desse tratamento não vai gerar resultados mais fortes no tocante às provas com conectivos baseadas nos estilingues de Church–Quine e Gödel. Certamente, as provas reinterpretadas não mostrariam que não pode haver conectivos com a combinação de características listadas em (3) (a variante de Church–Quine–Davidson) ou (4) (a variante de Gödel):

(3)   +PSTS   −PSEM   +PSEL
(4)   +PSTS   −PSEM   +1-CONV

As provas mostrariam somente que conectivos que satisfazem (3) e (4) também autorizam a substituição *s.v.* de verdades lógicas por verdades lógicas.[2]

No que diz respeito à prova baseada no estilingue de Church–Quine, esse resultado já é uma consequência direta de uma de suas suposições, a saber, que o conectivo é +PSEL, de modo que a nova prova é desprovida de interesse.

A variante do estilingue de Gödel com conectivos demonstraria algo de interesse modesto: se ❽ é +PSTS e +1-CONV, então também autoriza a intersubstituição *s.v.* de verdades lógicas. Isso não é uma consequência direta de qualquer suposição em particular feita pelo argumento. Segundo concepções tarskianas normais de verdade lógica, consequência lógica e equivalência lógica, se ❽ autoriza a intersubstituição de verdades lógicas *s.v.*, então, ele também deve ser +PSEL. Dessa maneira, pareceria que um resultado moderadamente interessante vem à tona no tratamento de descrições de Hilbert e Bernays, a saber, que os estilingues de Church–Quine e Gödel são basicamente equivalentes (tomando toda equivalência gödeliana como uma equivalência lógica).

Em resumo, na suposição plausível de que todo conectivo que autoriza a intersubstituição *s.v.* de verdades lógicas é +PSEL, tudo que pode ser demonstrado pela adoção do tratamento de descrições

---

2   A exemplo de Tarski, vamos dizer que uma sentença ϕ da lógica de primeira ordem é *logicamente verdadeira* se e somente se for verdadeira em todo modelo de primeira ordem.

(previamente implausível) de Hilbert e Bernays é que nenhum conectivo pode ter a seguinte combinação de características:

(5)   +1-CONV   +PSTS   −PSEL

Não haveria ainda um colapso de conectivos não extensionais na classe de conectivos extensionais. (Transferidas de volta para a discussão acerca dos fatos, as provas mostrariam tão somente que sentenças logicamente equivalentes representam o mesmo fato. Não haveria ainda nenhum colapso de todos os fatos em um.)

10.3 Teorias fregeanas

Abordagens um tanto diferentes de descrições inapropriadas foram inspiradas por Frege, que pensava ser uma imperfeição das línguas a existência de termos singulares aparentes que não se referem. Frege (1892) sugere que uma descrição é um "nome próprio composto" e, como tal, "deve sempre, na verdade, lhe ser garantida uma referência por meio de uma estipulação especial, por exemplo, pela convenção de que seja considerado como se referindo a o quando o conceito não se aplicar a nenhum objeto ou quando se aplicar a mais de um objeto" (p.71).

Em outro texto, Frege (1893) sugere um tratamento alternativo, segundo o qual uma descrição inapropriada se refere à *classe de entidades que satisfazem sua matriz* (de maneira que todas as descrições vazias se referem à classe vazia). No contexto da teoria global da referência de Frege, parece que isso é uma melhoria no que diz respeito à composicionalidade e extensionalidade. A matriz de uma descrição definida, de acordo com a explicação de Frege, é uma expressão conceitual e, como tal, forma um par – não diretamente, porém, na semântica de Frege – com uma classe de entidades, sua extensão. A fim de respeitar minimamente o significado intuitivo do artigo definido, quando a extensão de uma matriz ϕ tiver um único membro, esse único membro está habilitado a ser o referente da descrição resultante $\imath x\phi$. Se o número de membros da classe em questão for diferente de um, *a própria classe* será o referente. Portanto, de acordo com essa explicação, há uma exigência de extensionalidade regendo *todas* as descrições definidas: se $\Sigma(x)$ e $\Sigma'(x)$ são satisfeitas pelos mesmos elementos, então $\imath x\Sigma(x)$ e $\imath x\Sigma'(x)$ têm a mesma referência.[3] Uma vez sugerido que descrições vazias se referem à classe vazia, seria enganoso dizer, com Quine (1940, p.149), que há algo "arbitrário" a respeito da sugestão de Frege de que essas descrições "desinteressantes", cujas matrizes são satisfeitas por mais de uma entidade, se referem à classe de coisas que satisfazem à matriz, visto que essa é *exatamente* a sugestão para descrições vazias.

As sugestões de Frege foram desenvolvidas de modos aparentemente promissores, notavelmente por Carnap (1947), Scott (1967) e Grandy (1972). A posição de Carnap quanto a descrições inapropriadas poderia ser resumida à maneira da teoria dos modelos da seguinte forma: em cada modelo M, algum elemento arbitrário $*_M$ no domínio (em que as variáveis de quantificação assumem valores) serve como o referente (em M) de *todas* as descrições que são inapropriadas relativamente a M.[4]

De acordo com esse tratamento de descrições, praticamente a única coisa que o estilingue de Gödel demonstra é como é ruim o tratamento de descrições de Carnap (que, de qualquer maneira, dificilmente pode ser considerado um tratamento plausível de descrições na linguagem natural). Considere um modelo M em que Fa seja falso, e que o termo singular a se refira a $*_M$. (A existência de tal modelo pressupõe que uma característica usada na individuação de modelos é *qual* elemento no domínio está funcionando como o referente das descrições inapropriadas (isto é, atribuição).

---

3 Sou grato aqui a Mark Sainsbury e Barry Smith.
4 Não está claro se faz muito sentido atribuir a Carnap, como parte de sua explicação global de descrições – que, como observa (1947, p.8), "desvia deliberadamente do significado de descrições na linguagem ordinária" – até mesmo o análogo informal dessa explicação, em teoria dos modelos, de descrições inapropriadas, dada a maneira como ele caracteriza descrições de estados. Como observa Carnap, seu sistema requer a proibição de descrições contendo operadores modais.

Certamente essa é a maneira de tornar inteligível a ideia de que uma entidade "arbitrariamente" escolhida no domínio sirva como o referente de descrições inapropriadas.) Em M, (6) é falso enquanto (7) é verdadeiro (pois se resume à afirmativa de que $^*M = {^*M}$):

(6) Fa
(7) $a = \imath x(x=a \bullet Fx)$.

Portanto, de acordo com esse tratamento de descrições em teoria dos modelos, +1-CONV nem mesmo preserva a verdade em contextos *verifuncionais*. Na minha opinião, isso põe fim, de uma vez por todas, à explicação de Carnap; porém, ainda que algum semanticista carnapiano teimoso insista na teoria, o fato de que ela autoriza (6) e (7) a diferirem quanto ao valor de verdade quer dizer que não pode ser usada em conjunção com uma variante do estilingue de Gödel com conectivos para demonstrar qualquer conclusão interessante.

O problema suscitado há pouco a respeito de +1-CONV poderia ser erradicado por uma estipulação *ad hoc* no sentido de que somente aqueles termos singulares que forem descrições definidas podem considerar $^*M$ sua referência (*nomes* de $^*M$ não são permitidos!). Caso o tratamento de descrições resultante se mostrasse o correto — lembre-se de que descrições ainda são tomadas por dispositivos de referência singular de acordo com esse tratamento – então a variante do estilingue de Gödel com conectivos demonstraria que nenhum conectivo pode ter a seguinte combinação de características:

(8)   +1-CONV +PSTS −PSEM

Isso seria devastador para qualquer teoria de fatos que exija que "o fato de que Fa = o fato de que (...)" tenha esse conjunto de características, porém, a bifurcação de nomes e descrições proposta especificamente pelo tratamento em teoria dos modelos já deveria nos deixar desconfiados.

A situação é apenas ligeiramente diferente quando o assunto é a variante com conectivos do estilingue de Church. Como observado por Taylor (1985), segundo o tratamento carnapiano de descrições, (9) e (10) *não* são logicamente equivalentes:

(9) ϕ
(10) $a = \imath x(x{=}a \cdot \phi)$.

Considere um modelo M em que ϕ seja falso, e que o termo singular 'a' se refira a $*_M$. (10) será verdadeiro em M; então, (9) e (10) não têm o mesmo valor de verdade em todos os modelos, portanto não são logicamente equivalentes. Por isso, a própria variante com conectivos do estilingue de Church-Quine-Davidson entra em colapso se descrições forem tratadas da maneira carnapiana estrita. A equivalência lógica exigida poderia ser recuperada pela estipulação de que somente descrições podem se referir em M a $*_M$. Com essa estipulação, a variante com conectivos do estilingue produziria, então, um resultado no tratamento carnapiano modificado, a saber, que nenhum conectivo pode ter a seguinte combinação de características:

(11)   +PSEL   +PSTS   –PSEM

Embora anuncie a destruição de certas teorias dos fatos, esse resultado não vai inquietar Barwise e Perry (1983) ou Searle (1996), que não tomam equivalência lógica por garantia de equivalência factual, isto é, não vai perturbar os que negam que "o fato de que ϕ = o fato de que (...)" seja +PSEL.

O fracasso da equivalência lógica desejada no tratamento carnapiano original de descrições sugere a Taylor um estilingue modificado. A ideia, colocada no formato com conectivos, é incluir $a \neq \imath x(x{\neq}x)$ em ϕ e derivar ❽ ($\psi \cdot a \neq \imath x(x{\neq}x)$) a partir de ❽($\phi \cdot a \neq \imath x(x{\neq}x)$) e ($\phi \equiv \psi$), exatamente do mesmo modo em que ❽ ψ deve ser derivado de ❽ ϕ e ($\phi \equiv \psi$) usando a prova original. A beleza da variante do estilingue de Taylor é evitar qualquer estipulação especial acerca de quais termos podem se referir a $*_M$, além de garantir a equivalência lógica de (9) e (10). Isso poderia ser considerado prejudicial para algumas teorias de fatos e estados de coisas porque demonstra que a verdade de uma afirmativa como (12):

(12)   O fato de que ($\phi \cdot a \neq \imath x(x{\neq}x)$) = o fato de que ($\psi \cdot a \neq \imath x(x{\neq}x)$).

A estratégia de Taylor para evitar esse estilingue é definir uma noção de equivalência lógica "compacta" e, então, sustentar que equivalentes lógicos compactos representam o mesmo estado de coisas, enquanto meros equivalentes lógicos não necessariamente. Isso envolve definir uma classe de expressões que poderiam ser chamadas de constantes lógicas "compactas", uma classe que inclui quantificadores e conectivos verifuncionais, mas não o operador de descrição ou o sinal de identidade. Embora tenha simpatia pela opinião de Taylor de que a noção normal de equivalência lógica ainda está um pouco obscura, não estou certo de que ele melhore as coisas ao introduzir equivalência compacta. Mais importante ainda é que, por si mesmas, as manobras de Taylor não possibilitam evitar o estilingue *de Gödel*, que não recorre à equivalência lógica, normal ou compacta. No que diz respeito à teoria de fatos (ou estados) de Taylor, a fim de evitar o estilingue de Gödel, ele teria de negar, além disso, que Fa e $a = \imath x(x=a \cdot Fx)$ representam o mesmo fato.

Scott (1967) e Grandy (1972) também propuseram abordagens fregeanas de descrições. Segundo esses tratamentos, variáveis ligadas assumem valores em um domínio D, mas os valores dos termos singulares e variáveis livres podem se encontrar em um "pseudo-domínio" D^0 estipulado para ser disjunto a D e não vazio. Uma descrição inapropriada recebe um valor em D^0, "enfatizando, por conseguinte, sua inadequação", como diria Scott.[5] A situação quanto ao estilingue de Gödel é tal como antes. Considere um modelo M em que Fa seja falsa e que o termo singular a se refira a $^*M^0$, o "pseudo-objeto" selecionado em D^0 para ser o referente de descrições que sejam inapropriadas relativamente a M. Em tal modelo, (9) é falsa, enquanto (10) é verdadeira. Portanto, uma vez mais, temos tratamentos de descrições segundo os quais contextos verifuncionais não são +ı-CONV. Por isso, embora esses tratamentos certamente resolvam alguns dos problemas que incomodavam Scott e Grandy, o fato de que permitem a (9) e (10) diferir quanto ao

---

5   De acordo com Grandy, "Nem todos objetos no pseudo-domínio são objetos possíveis, pois um deles será a denotação de $(\imath x)(x \neq x)$" (1972, p.175).

valor de verdade assegura que eles não podem ser usados em conjunção com o estilingue de Gödel para mostrar nada de novo acerca de conectivos, além de sugerir com veemência que são inadequados enquanto tratamentos de descrições na linguagem natural.

O estilingue de Church também não resolve porque (9) e (10) *não* são logicamente equivalentes. O tratamento de Scott declara que (9) é falsa, e que (10) é verdadeira em todo modelo M em que ϕ é falsa, e a se refere a $*_M{}^0$. Grandy declara que (9) é falsa, e que (10) é verdadeira em todo modelo M em que ϕ é falsa, e a se relaciona com o referente de descrições cuja matriz tenha a *intensão* de $(x=a \cdot \phi)$. Desse modo, o estilingue de Church vem abaixo se descrições são tratadas das maneiras que Scott e Grandy sugerem.

Novamente, mexer com a classe de expressões que podem tomar $*_M{}^0$ (ou outra coisa em D^0) como valor alteraria as coisas, mas tal manobra constituiria um claro afastamento das teorias de Scott e Grandy. No entanto, essa alteração pode ser o que Olson (1987) tinha em mente ao sugerir que (9) e (10) são logicamente equivalentes numa teoria "fregeana" das descrições segundo a qual uma descrição inapropriada se refere a "algum objeto fora do universo" (p.84, n.9). Supondo que Olson não tenha simplesmente deixado passar despercebido modelos em que a se refere a $*_M{}^0$, ele deve ter em mente uma semântica muito diferente daquelas examinadas por Scott e Grandy (para não falar em Frege). É um traço dos sistemas de Scott-Grandy que os valores de termos singulares (mas não de variáveis ligadas) possam ser encontrados em D^0, sendo esse traço aquilo que legitima a seleção de um elemento em D^0 como o valor de uma descrição – nessa proposta, um termo singular – cuja matriz não é unicamente satisfeita por algo em D. Portanto, se Olson tem em mente uma semântica referencial segundo a qual (9) e (10) *são* logicamente equivalentes, então, ele deve postular duas classes distintas de termos singulares: aqueles que podem receber valores em D^0 e aqueles que não o podem, devendo colocar as descrições naquela e nomes próprios nesta classe. Tratar descrições definidas de maneira tão diferente de outros termos singulares tornaria a teoria resultante menos atrativa do que as teorias de Scott-Grandy e suscitaria a questão "por que tratar descrições como termos singulares em vez de sintagmas nominais quantificados como propõe o russelliano?".

10.4 Teorias strawsonianas

O último tratamento de descrições que gostaria de considerar é aquele que Taylor apresenta (mas não endossa abertamente) ao reformular algumas opiniões de Strawson (1950b) em termos de teoria dos modelos. (Taylor está muito ciente de que sua reformulação não é capaz de apreender as próprias intenções de Strawson, assim como de que essas intenções não são importantes para os propósitos presentes. Segundo a explicação de Strawson, quem se refere são os *falantes*, não os termos singulares, e seu ataque à Teoria das Descrições de Russell é parte de uma campanha geral contra as ideias de que termos se referem e de que sentenças são verdadeiras ou falsas. Portanto, alguma distorção das opiniões de Strawson é inevitável em toda tentativa de reformulá-las em teoria dos modelos. Além disso, escolhas importantes precisam ser feitas quando Strawson não é claro ou é inconsistente.)

As características principais dessa explicação são (a) a rejeição da bivalência: uma sentença contendo uma descrição inapropriada relativamente a um modelo M não tem um valor de verdade em M; e (b) um refinamento da noção de equivalência lógica para levar em conta casos em que sentenças não têm valores de verdade: duas sentenças são *logicamente equivalentes* se e somente se tiverem o mesmo valor de verdade *em todo modelo em que ambas tiverem um valor de verdade*. (Seria muito estranho que Quine seguisse essa abordagem, já que consistentemente se opôs às lacunas de valor de verdade e elogiou a Teoria das Descrições de Russell por eliminá-las quando o assunto são descrições e nomes.) Segundo essa explicação, (13) e (14) são logicamente equivalentes:

(13) ϕ
(14) $a = \imath x(x=a \cdot \phi)$.

Em qualquer modelo em que (13) for verdadeira, (14) também o é. Em qualquer modelo em que (13) for falsa ou não tiver um valor de verdade, a descrição $\imath x(x=a \bullet \phi)$ é inapropriada, sendo que, então, (14) não tem valor de verdade. Por conseguinte, todo modelo em que (13) e (14) ambas têm um valor de verdade é um modelo em que ambas são verdadeiras. Portanto, são equivalentes lógicos ("strawsonianos").

Nesse tratamento de descrições, o estilingue de Church-Quine-Davidson parece demonstrar que nenhum conectivo pode ter a seguinte combinação de características:

(15)   +PSTS   +PSEL   −PSEM

Entretanto, a rejeição da bivalência e o subsequente refinamento da equivalência lógica suscitam questões importantes. Em primeiro lugar, considera-se normalmente que a equivalência lógica é conectada de maneira firme, se não por definição, a outras noções, por exemplo, *consequência lógica, verdade lógica* e *equivalência material*. De acordo com o refinamento proposto, haveria necessidade de redefinir a noção de verdade lógica (a partir do padronizado (i) "$\vDash \phi$ se e somente se ϕ é verdadeiro em todos modelos" para (ii) "$\vDash \phi$ se e somente se ϕ é verdadeiro em todos os modelos em que ϕ tem um valor de verdade")? Dado que, normalmente, $\phi \vDash \dashv \psi$ se e somente se $\phi \vDash \psi$ e $\psi \vDash \phi$, haveria necessidade de redefinir a noção de consequência lógica? E dado que, geralmente, se $\phi \vDash \dashv \psi$, então $\vDash (\phi \equiv \psi)$, deveria a tabela de verdade de '≡' ser aquela dada por Halldén (1949) e Körner (1960) para certas lógicas em que a bivalência é rejeitada – "$(\phi \equiv \psi)$ é verdadeiro se e somente se ϕ e ψ são ou ambos verdadeiros ou ambos falsos; do contrário, sem valor de verdade (normal)" – ou ela deveria ser diferente de alguma maneira? E o que dizer da tabela de verdade da negação? Não tenho a intenção de insistir que todas essas questões (e outras relacionadas) não possam ser respondidas em conjunto para produzir um pacote consistente e atrativo. Simplesmente gostaria de observar que tais questões precisam ser respondidas por quem quer abrir mão da bivalência e refinar a consequência lógica do modo sugerido por Taylor.[6]

Em segundo lugar, e de maneira mais importante, ainda que não haja nenhum problema formal com a explicação, ela parece inadequada para a tarefa de fornecer uma explicação de descrições na linguagem natural. Abruptamente, existe, de fato, um grande número de (proferimentos de) sentenças da linguagem natural que parecem claramente ter valores de verdade apesar de conterem descrições inapropriadas. Discuti esses casos detalhadamente em outro lugar, então serei breve aqui.[7] É certo que proferimentos de (16)–(18) feitos hoje seriam respectivamente verdadeiro, falso e verdadeiro por não haver um rei da França:

(16) O rei da França não existe.
(17) Gödel é o rei da França.
(18) O rei da França não é calvo, visto que o rei da França não existe.

Talvez engenhosas teorias de negação, existência, identidade e predicação pudessem auxiliar o strawsoniano nesse caso, mas nada podem quanto a uma sentença como (19):

(19) Ontem à noite, Blair jantou com o rei da França.

E recorrer a uma assimetria semanticamente relevante entre termos singulares em posição de sujeito e aqueles que compõem um sintagma verbal poderia ajudar quanto a (19), mas não poderia ajudar quanto a (20) e (21):

(20) O rei da França pegou emprestado o carro de Blair ontem à noite.
(21) O rei da França atirou em si mesmo ontem à noite.

---

6   Sou grato aqui a Marcus Giaquinto pela discussão frutífera.
7   Ver Neale (1990, Capítulo 2).

Descrições que ocorrem em contextos não extensionais criam problemas similares. Posso dizer algo verdadeiro ou falso ao proferir (22) e (23):

(22) A primeira pessoa a pousar em Marte em 1990 poderia ter sido holandesa
(23) Kurt acha que o maior número primo está entre 10^{27} e 10^{31}.

No mínimo, então, devemos rejeitar a opinião de que o uso de uma descrição vazia *sempre* resulta num proferimento sem valor de verdade (normal). Strawson (1964, 1972, 1986) se deu conta disso e, em uma tentativa de reduzir o número de previsões incorretas feitas por sua antiga teoria, sugere que a presença de uma descrição inapropriada algumas vezes torna falsa a proposição expressa e, outras vezes, impede que uma proposição seja de qualquer maneira expressa. Visto que nada parece depender de fatos estruturais ou lógicos acerca da sentença empregada, Strawson sugere restringir o efeito "lacuna de valor de verdade" recorrendo ao *tópico do discurso*. Uma vez que o strawsoniano da teoria dos modelos tenha concedido isso, ainda que se possa salvar uma semântica que funcione, a equivalência lógica buscada certamente fica à deriva.

O *status* dos argumentos-estilingue é claramente um assunto complexo quando descrições definidas são tratadas como dispositivos de referência singular. No tratamento de Hilbert e Bernays, o estilingue de Gödel demonstra algo de interesse modesto, mas a variante de Church-Quine-Davidson prova tão somente a verdade de uma de suas próprias premissas. Nos tratamentos fregeanos, segundo os quais descrições inapropriadas se referem, por estipulação, a alguma entidade no domínio D de quantificação ou a alguma entidade num "pseudo-domínio" D^0 não vazio e disjunto, ambos os estilingues demonstram algo importante somente se descrições forem tratadas diferentemente de outros termos singulares, uma manobra que esvazia a atração de se colocarem descrições na classe dos termos singulares, além de ter consequências formais que ainda precisam ser exploradas. (Mas um estilingue modificado, que devemos a Taylor, parece acertar seu alvo sem tanto malabarismo.) A extensão de consequências do tratamento strawsoniano em teoria dos modelos (que abandona a bivalência) também precisa ser explorada. Na suposição de que o tratamento é coerente, ambos os estilingues acertam seus alvos, mas o próprio tratamento, ainda que coerente, não chega de maneira alguma perto de ter êxito como uma explicação de descrições na linguagem natural.

A esta altura, é oportuno nos lembrarmos da força dos argumentos-estilingue numa análise russelliana normal de descrições. O estilingue de Church-Quine-Davidson consegue mostrar tão somente que qualquer conectivo que é +PSEL e +1-SUBS também é +PSEM. Em contraste, o estilingue de Gödel mostra algo mais preocupante: qualquer conectivo que é +1-CONV e +1-SUBS também é +PSEM (isso é mais preocupante na suposição óbvia de que toda "equivalência gödeliana", tal como dada por 1-CONV, é também uma equivalência lógica, mas não vice-versa). Esse fato será de interesse se encontrarmos conectivos ou contextos que sejam −PSEL, +1-SUBS e +1-CONV: defensores de tais conectivos não poderão recorrer à réplica mais comum aos argumentos-estilingue: negar que o conectivo em questão seja +PSEL.

11
FATOS REVISITADOS

11.1 Conectivos de identidade

A importância das provas examinadas nos três últimos capítulos está no fato de que, embora muitas vezes encobertos, conectivos sentenciais interessantes são correntes em várias formas de discurso filosófico. A questão premente é saber até que ponto exigências sobre a lógica dos conectivos impõem restrições a teorias filosóficas de, por exemplo, fatos, estados de coisas, situações, proposições, crenças, necessidade, tempo, probabilidade, causação, ação, explicação e obrigação.[1]

Além de quaisquer conectivos sintaticamente simples com que nos depararmos, é possível extrair conectivos mais complexos a partir de sentenças que pretendam dizer respeito a fatos, proposições,

---

1 É claro que, se a natureza de uma exigência formal fosse tal que ninguém pudesse jamais pensar em propor uma teoria que, posteriormente, se mostrasse dela transgressora, tal exigência não teria nenhuma importância filosófica. Em resposta à minha discussão de 1995 acerca do estilingue de Gödel, Oppy (1997) alardeia que toda exigência criada por uma prova-estilingue seria dessa natureza. É de supor que, a fim de verificar a afirmação de Oppy, seria preciso quer (i) examinar toda teoria jamais postulada (ou possível de ser postulada) acerca de fatos, estados, proposições, probabilidade, causação, ação, explicação, obrigação etc. e, então, mostrar que cada uma satisfaz a exigência, quer (ii) descobrir uma característica precisa F tida por toda teoria concebível e mostrar que a exigência é satisfeita trivial e obviamente por toda teoria com F. Pouco surpreende que Oppy não consiga fazer nenhuma dessas coisas. Sobre essa discussão, ver Neale e Dever (1997).

estados psicológicos ou tudo o mais que seja naturalmente expresso por meio de sentenças. Por exemplo, é fácil construir *conectivos de entidade-identidade* de dois lugares a partir de sentenças: "CIF(ϕ, ψ)" em lugar de "o fato de que ϕ = o fato de que ψ", "CIP(ϕ, ψ)" em lugar de "a proposição de que ϕ = a proposição de que ψ" e "CIC(ϕ, ψ)" em lugar de "a crença de que ϕ = a crença de que ψ". A relevância disso para teorias de fatos, proposições e crenças é imediata: nenhuma teoria de fatos (proposições, crenças) pode tratar CIF (CIP, CIC) como, ao mesmo tempo, +1-SUBS e +1-CONV, pois, do contrário, o fato (proposição, crença) de que ϕ será idêntico ao fato (proposição, crença) de que ψ, em que ϕ e ψ são substituídos por duas sentenças verdadeiras quaisquer, sendo que, dessa maneira, todos os fatos (proposições, crenças) – ou, ao menos, todos os que são *atômicos* – vão entrar em colapso e se desfazer em um Grande Fato (Proposição, Crença).

No que diz respeito a crenças (e outros estados psicológicos), a exigência é trivialmente satisfeita por praticamente toda teoria que se poderia levar a sério. Na medida em que houver consenso difundido e permanente acerca de substituições *s.v.* em contextos de atitude proposicional, somente sinônimos perfeitos (se existir algum) podem ser permutados (há quem defenda que certos termos singulares são diretamente referenciais e podem ser permutados *s.v.* nesses contextos). Visto que o resultado da aplicação de 1-SUBS a uma sentença extensional ϕ raramente produzirá uma sentença ϕ' que seja sinônima de ϕ, não há razão para acreditar que CIC(ϕ) e CIC(ϕ') serão sempre simultaneamente verdadeiras. Em poucas palavras, *nenhuma teoria de crença* vai tratar CIC como +1-SUBS, sendo que, nessa medida, a prova com conectivos baseada no estilingue de Gödel não terá impacto sobre essas teorias. (Visto que CIC é −1-SUBS, é irrelevante se é +1-CONV, como alguns defenderiam.)

11.2 Identidade de fatos

Quando nos voltamos para os fatos (estados etc.) e proposições, os problemas são consideravelmente mais complexos e interessantes.

Fatos foram convocados a cumprir diversos papéis filosóficos, incluindo os de, por exemplo, fazedores de verdade, *relata* causais, objetos de conhecimento, objetos de percepção, fatias de mundos possíveis e (quando grandes o bastante) os próprios mundos possíveis. Consequentemente, a literatura contém todas as variedades de teorias de fatos.[2] Alguns filósofos tomam fatos por proposições verdadeiras; outros negam isso com veemência. Alguns individualizam fatos por meio de seus componentes e sua estrutura; outros negam que fatos tenham objetos como componentes. Alguns identificam fatos que necessariamente coexistem; outros tratam todos os fatos como existentes necessários. Alguns identificam fatos em termos de localização espaço-temporal; outros negam que fatos tenham uma ou outra forma de localização. Alguns postulam somente fatos atômicos; outros estão contentes, por exemplo, com fatos conjuntivos, negativos ou gerais.

Lembre que a principal afirmação de Gödel acerca de fatos e descrições foi que a teoria *de Russell* sai ilesa de um estilingue, contanto que apoiada por sua Teoria das Descrições (sobre a qual Gödel tinha reservas confusas). Russell defendeu uma teoria estruturalista no sentido de Fine (1982): (i) fatos contêm objetos e propriedades como componentes; (ii) a estrutura de uma sentença verdadeira espelha a estrutura do fato que ela representa. Ademais, Russell defendeu que, (iii) nenhum objeto num fato correspondente a "o F é G" corresponde à descrição definida "o F" porque esse sintagma, junto com "todo F" ou "nenhum F", não é um termo singular, mas um dispositivo de quantificação. De acordo com essas explicações, CIF não é +1-SUBS porque duas descrições definidas de um mesmo objeto não contribuem, em geral, com as mesmas propriedades descritivas para um fato. Em segundo lugar, o caráter estruturado dos fatos assegura que CIF não seja compatível com 1-CONV, visto que a natureza quantificacional das descrições introduz propriedades que não estavam presentes no fato anterior à conversão-*iota*. Portanto, a teoria de fatos de Russell *vai bem*: ainda

---

2 Ver Capítulo 1, n.2.

que considere CIF como +PSTS (que é sua posição), Russell supõe sua própria Teoria das Descrições e considera que CIF seja −1-SUBS (e também −1-CONV, dados outros aspectos da teoria). Parece que Gödel compreendeu tudo isso.

Mas é claro que nem todas as teorias de fatos são russellianas. A questão relevante é se *todo* partidário de fatos pode negar que CIF seja +1-SUBS e +1-CONV tão facilmente quanto Russell, isto é, sem abrir mão de componentes centrais de sua teoria. Como observa Taylor (1985), existem pressões filosóficas legítimas guiando o teórico dos fatos em direção à *aceitação* dos princípios de inferência 1-SUBS e 1-CONV no que concerne a CIF. Tal aceitação

> incorpora mais duas consequências evidentes da concepção tradicional do *descriptum* de uma sentença como o complexo de entidades relevantes para sua verdade – que sentenças tão intimamente relacionadas a ponto de compartilharem um valor de verdade de maneira assegurada tão somente pela lógica não possam diferir quanto às entidades relevantes para sua verdade, devendo, por conseguinte, compartilhar seu *descriptum*; e que sentenças, como "Cícero discursava" e "Túlio discursava", que diferem meramente quanto à maneira que optam por especificar a mesma entidade relevante para sua verdade, não podem divergir quanto ao complexo dessas entidades que descrevem. (1985, p.30)

Nessa passagem, Taylor sugere que, de acordo com opiniões comuns acerca do papel e da natureza dos fatos, CIF é, *ao mesmo tempo*, +1-SUBS e +1-CONV. (Para ser preciso, o segundo princípio de que se ocupa Taylor não é 1-CONV, mas o mais generoso PSEL.) Certamente isso basta para refutar a afirmação, expressa por Oppy (1997), de que *nenhum* teórico dos fatos poderia *jamais* começar a construir uma teoria de fatos que, sob exame ulterior, se revelasse tendo a consequência de tratar CIF como +1-SUBS e +1-CONV. O contraste entre Taylor e Oppy nesse quesito é surpreendente. À primeira vista, diz Taylor, teorias de fatos tratarão CIF como, ao mesmo tempo, +1-SUBS e +1-CONV. Mas, segundo Oppy, toda teoria de fatos plausível à primeira vista tratará CIF como ou −1-SUBS ou −1-CONV. Parece que Taylor e Oppy são puxados em direções opostas pelas ideias que fazem daquilo *com que fatos devem se parecer*. É razoável que um investigador neutro evite se comprometer de uma maneira ou de outra: à primeira vista, é provável que filósofos postulem *todas as variedades* de teorias de fatos, e vale a pena *examinar* algumas poucas relativamente a 1-SUBS e 1-CONV.

Teorias de fatos wittgensteinianas – com isso me refiro a teorias moldadas por algumas das doutrinas do *Tractatus* – são interessantemente diferentes de suas primas russellianas. De acordo com teorias wittgensteinianas, no fundo há tão somente fatos *particulares, atômicos*, pois (i) todos os fatos são funções de verdades de fatos particulares, e (ii) as constantes lógicas não representam componentes de fatos. (A proposição (i) reflete *Tractatus* 5: "Uma proposição é uma função de verdade de proposições elementares". A proposição (ii) reflete *Tractatus* 4.0312: "Minha ideia fundamental é que 'constantes lógicas' não são substitutas; que não pode haver substituto da *lógica* dos fatos".) A ideia positiva atrás dessas doutrinas é que o mundo é a totalidade de fatos particulares atômicos. Essa totalidade determina tudo. As ideias negativas atrás das doutrinas refletem (a) uma relutância em ter os universais como componentes de fatos, e (b) a suposta ininteligibilidade da ideia de que, por exemplo, ϕ e $\neg\neg\phi$ tenham de representarem fatos distintos. O recurso a propriedades de primeira ordem deve ser refinado através do recurso a "arranjos" de objetos. O recurso a propriedades de segunda ordem (isto é, generalidade) deve ser refinado pelo recurso a funções de verdade de fatos atômicos, particulares. A oposição a ϕ e $\neg\neg\phi$ representarem fatos distintos é normalmente levada a cabo, em parte, pelo recurso à doutrina de que a conclusão de uma inferência formal deve estar "contida, em certo sentido, nas premissas e não em algo novo" (Ramsey 1927, p.48). A partir do fato único de que ϕ, não se deve poder inferir um número infinito de fatos diferentes, como o fato de que $\neg\neg\phi$ e o fato de que $(\phi \bullet \neg\neg\phi)$. Na melhor das hipóteses, diz Ramsey, temos, nesse caso, formas linguísticas distintas que representam o mesmo fato.

Teorias wittgensteinianas também defendem que tautologias não representam fatos. (Isso reflete *Tractatus* 4.462: "Tautologias e contradições não são imagens da realidade. Não representam quaisquer situações possíveis. Pois aquelas admitem *todas* as situações possíveis, e estas, nenhuma.") Isso suscita uma questão acerca de (ϕ • ($\psi \vee \neg \psi$)), em que ϕ é verdadeiro. E a resposta oficial é que essa sentença e ϕ representam o mesmo fato. (Isso reflete *Tractatus* 4.465: "O produto lógico de uma tautologia e uma proposição diz o mesmo que a proposição. Esse produto, por conseguinte, é idêntico à proposição".) Isso é também uma consequência da explicação de fatos proposta por Prior (1948), segundo a qual sentenças logicamente equivalentes representam o mesmo fato. Como observado no Capítulo 4, Wittgenstein defende que Fa e $\exists x(x=a • Fx)$ são equivalentes (*Tractatus* 5.441, 5.47), sendo que tanto Wittgenstein quanto Prior estão comprometidos com a equivalência lógica de Fa e $a = \imath x(x=a • Fx)$ por meio de análises russellianas de descrições. Por isso, nem Wittgenstein nem Prior têm os meios (ou inclinação) para afirmar que Fa e $a = \imath x(x=a • Fx)$ representam fatos distintos (em que Fa é verdadeiro).[3] Em resumo, Wittgenstein e Prior estão

---

3   A posição de Wittgenstein fica complicada pela postulação somente de fatos particulares. Em geral, tem-se que ele aceita a posição de Russell de que descrições não podem ser consideradas como representando coisas, e que a viabilidade do projeto do *Tractatus* pressupõe a viabilidade da Teoria das Descrições de Russell – ou algum outro tratamento não referencial. (Ver, por exemplo, Anscombe, 1959.) É claro que, visto que ele postula somente fatos particulares e não considera que universais sejam componentes de fatos, Wittgenstein trata sentenças quantificadas de maneira muito diferente de Russell, e seu tratamento deve se estender a sentenças contendo descrições – ou, então, a sentenças quantificadas que são abreviadas por sentenças contendo descrições. Seria um equívoco considerar que a rejeição por Wittgenstein da explicação da quantificação por Russell envolve uma rejeição da Teoria das Descrições de Russell. Tendo a concordar com Anscombe que, sem a Teoria das Descrições (ou alguma outra teoria não referencial), não poderia haver um *Tractatus* tal como o entendemos. A observação principal aqui, contudo, é que, ainda que Wittgenstein deseje reduzir sentenças contendo descrições a sentenças contendo apenas a notação primitiva, isso não assegura, em seu sistema, que CIF seja –1-SUBS. De fato, não é de maneira alguma evidente que ele não esteja comprometido com a opinião de que CIF seja +1-SUBS. Deixo para os que têm melhores

comprometidos com a opinião de que CIF seja +1-CONV, e os tipos de consideração que os motivam são certamente aqueles por detrás (i) da sugestão de Taylor (1985) de que sentenças "tão intimamente relacionadas a ponto de compartilharem um valor de verdade de maneira assegurada tão somente pela lógica" tenham de representar o mesmo fato e (ii) a sugestão de Fine (1982) de que aquilo que ele denomina teorias *empíricas* de fatos identificam fatos se e somente se eles "necessariamente coexistem", uma sugestão que Olson (1987) também acha atrativa. Para os propósitos presentes, a moral de tudo isso é que, a fim de evitar o colapso de todos os fatos em um, Wittgenstein e Prior precisam assegurar que CIF seja −1-SUBS. E, sem ampla investigação, não está claro se isso é compatível com o resto do sistema de Wittgenstein.

Existem teorias de fatos wittgensteinianas que tratam CIF explicitamente como +1-SUBS. Por exemplo, Wilson (1959b, 1974) defende que (i) o mundo é a totalidade dos fatos, (ii) uma sentença verdadeira corresponde a um fato, (iii) fatos são proposições verdadeiras, (iv) existem apenas proposições particulares atômicas e, portanto, apenas fatos particulares atômicos. Ademais, Wilson explicitamente diz que (v) CIF é, ao mesmo tempo, +PSTS e +1-SUBS. Contudo, tomando-o à letra, não está claro se Wilson considera-se seguidor de Wittgenstein e Prior ao considerar CIF como +PSEL ou +1-CONV. Se ele o for, então seus fatos demonstravelmente se dissolvem em um. Realmente, ele se compromete com o seguinte: (vi) o fato de que o professor de Platão é sábio = o fato de que algo é sábio e idêntico a todas e somente aquelas coisas que são professoras de Platão (1974, p.307). Mas, visto que ele defende que existem tão somente fatos particulares atômicos, pareceria que Wilson tivesse de tratar CIF como +1-CONV, causando o colapso mencionado há pouco. A situação se torna confusa, porém, por sua afirmação de que (vii) proposições contêm entidades particulares, propriedades e

---

credenciais comentar a teoria completa do *Tractatus* a fim de entender isso, algo que precisa ser feito até mesmo para se estabelecer se a teoria de fatos de Wittgenstein é consistente.

tempos como componentes. Não está claro como ele pode sustentar isso enquanto defender que CIF seja +1-SUBS, como o faz. No mínimo, então, a prova com conectivos obtida do estilingue de Gödel coloca pressão insustentável na teoria de fatos de Wilson. É claro que o que *se espera* da prova é exatamente isto: forçar o teórico de fatos a articular sua teoria com precisão suficiente para que ela possa ser avaliada quanto à consistência, dado que uma determinada barreira à consistência foi erguida. O objetivo da observação não é erradicar a discussão acerca de fatos, mas filtrar teorias de fatos que sejam inconsistentes.[4]

Teorias de fatos austinianas também são vulneráveis quanto a isso. Austin concebe fatos de uma maneira bastante ampla: "fenômenos, eventos, situações, estados de coisas... com certeza podemos dizer que que tudo isso são fatos" (1954, p.156). Na medida em que quer fatos enquanto "entidades", Austin os quer enquanto fazedores de verdade. Essa característica de sua abordagem da verdade é aquilo que nos leva a considerá-la uma variante da teoria da correspondência e que impele Davidson a montar um argumento--estilingue contra fatos.

Austin não exige uma correspondência *estrutural* entre as palavras usadas ao se fazer uma afirmativa (verdadeira) e um fato. Ele se diferencia de Russell e Wittgenstein em termos bem claros:

> não há a menor necessidade, seja qual for, de que as palavras usadas para se fazer uma afirmativa verdadeira "espelhem" de algum modo, mesmo que indireto, qualquer característica, seja qual for, da situação ou do evento. A fim de ser verdadeira, uma afirmativa precisa tão pouco reproduzir a "multiplicidade," digamos, da "estrutura" ou "forma" da realidade quanto uma palavra precisa ser ecoante, ou a escrita, pictográfica. Supor que a afirmativa precise disso é novamente cair no erro de atribuir de volta ao mundo as características da linguagem. (1950, p.125)

---

[4] Algo de que Oppy (1997) não se dá conta. Sobre essa discussão, ver Neale e Dever (1997).

Não é fácil determinar a posição de Austin quanto ao status preciso de fatos e a maneira pela qual devemos distingui-los uns dos outros. Apesar de ele suspeitar da construção "fato de que" e banir questões de "se uma afirmativa se adequa a um determinado fato", ele, na verdade, autoriza questões de "se a afirmativa de que S *se enquadra com* ou '*é justa com*' o fato de que F ('F' ≠ 'S')" (1954, p.160). Os sintagmas que substituem 'S' e 'F' serão sentenças; por isso, apesar de não podermos extrair CIF da discussão de Austin, podemos extrair um conectivo de dois lugares EQ, em que EQ(ϕ, ψ) é lido como "a afirmativa de que ϕ se enquadra com o fato de que ψ".

Segundo teorias austinianas, fatos são partes corriqueiras do mundo, o que deixa tais teorias particularmente vulneráveis à prova com conectivos baseada no estilingue de Gödel, sobretudo se descrições forem tratadas como termos singulares – é de supor que Austin não endossaria a teoria de Russell. Considere

(1)   O gato tem sarna.

Isso se enquadra com um fato, sendo que este fato é exatamente a condição do gato: "a condição do gato é um fato e é algo no mundo" (1954, p.158). Independentemente de como entendemos a condição do gato, a descrição que usarmos para designar o próprio gato não afetará essa condição (de que ele tem sarna). Portanto, a condição do gato é precisamente a mesma condição que a condição do maior felino dentro do quarto – se "um" está na condição de ter sarna, então "ambos" estão.[5] Portanto, se a condição do gato é o fato de que o gato tenha sarna, então ambas são verdadeiras:

---

5   Isso fica no mínimo claro ao supor-se que descrições sejam interpretadas referencialmente e, desse modo, forneçam o mesmo objeto – o gato – em ambos os casos. O assunto fica menos claro quando descrições são consideradas russellianas. Austin não diz quase nada a respeito da natureza das convenções demonstrativas operantes em afirmativas quantificadas, mas, a certa altura, ele se mostra, na realidade, cético quanto a fatos gerais:

> Ou supomos que não há nada aí a não ser a própria afirmativa verdadeira, nada a que ela corresponda, ou povoamos o mundo com um *Doppelgänger*

(2) A afirmativa de que o gato tem sarna se enquadra com o fato de que o gato tem sarna.

(3) A afirmativa de que o maior felino dentro do quarto tem sarna se enquadra com o fato de que o gato tem sarna.

Portanto, o conectivo austiniano EQ é plausivelmente +1-SUBS. Parece provável que também seja +1-CONV, ao menos se descrições forem tratadas referencialmente. A questão pertinente, nesse caso, é se as seguintes sentenças se enquadram com o mesmo fato:

(4) Cícero ronca.
(5) Cícero é a única pessoa que é Cícero e que ronca.

Em ambos os casos, o fato relevante é exatamente a condição de Cícero (sua condição de roncador, se as afirmativas forem verdadeiras). Novamente, visto que Austin deseja que seus fatos sejam apenas partes ordinárias do mundo designadas pelas convenções demonstrativas da sentença em questão, e visto que – por meio de uma explicação razoável do que vale como uma convenção demonstrativa – sentenças relacionadas pela equivalência gödeliana compartilham conteúdo demonstrativo, o austiniano tem pouco espaço de manobra.[6] Parece provável, então, que as mais simples teorias austinianas vão sucumbir frente à prova com conectivos baseada no estilingue de Gödel, reduzindo-se à posição de que há tão somente um fato.[7]

---

        linguístico (superpovoando em excesso – cada pepita de fato "positivo" revestida por uma concentração maciça de fatos negativos, cada minúsculo fato minucioso intercalado por copiosos fatos gerais e assim por diante). (1950, p.123)

        Uma interpretação plausível é que, segundo Austin, afirmativas gerais são correlacionadas demonstravelmente com o mundo inteiro, sendo que, nesse caso, a intersubstituição de descrições definidas (russellianas) não tem efeito sobre o fato expresso.

6 É interessante que teorias austinianas pareçam evitar o estilingue de Church.
7 Em resposta a meu artigo de 1995, Oppy (1997) sugere que a exigência imposta pela prova com conectivos baseada no estilingue de Gödel a teorias de fatos não é mais filosoficamente interessante do que essa: "O estilingue fajuto

Como enfatizei, a Teoria de Fatos de Russell, segundo a qual fatos têm propriedades como componentes, está a salvo. Certamente é tentador concluir que, se desejamos fatos que não entrem em colapso, desejamos que propriedades sejam componentes de fatos. Não tentei provar isso aqui, mas suspeito que isso será provado no momento oportuno.

11.3 Eventos

Muitos filósofos, incluindo Davidson, consideram que a análise dos modos corriqueiros de falar sobre causas e efeitos tem uma importante relação com o recurso a *eventos* e *fatos*, sendo que a caracterização das formas lógicas de afirmativas causais, com o intuito de revelar suas propriedades semânticas e comprometimentos ontológicos, tornou-se como um setor da filosofia contemporânea. Talvez a opinião mais amplamente aceita acerca da causação, caso ela seja de algum interesse, é a de que se trata de uma relação que se dá entre *eventos*, concebidos como entidades particulares não repetíveis. Mas há filósofos que defendem que *fatos* participam de relações causais, notavelmente Barwise e Perry (1980), Bennett (1988), Searle (1995, 1998) e Vendler (1976). De fato, afirmativas causais

---

de Oppy diz que nenhuma teoria de fatos deve permitir que seja fato que a lua é feita de queijo verde. O estilingue fajuto de Oppy é uma exigência autêntica: nenhuma teoria de fatos decente deve transgredi-lo" (1997, p.127). Aparentemente se dando conta, tão logo a tenha feito, de quão simplória é a comparação, Oppy imediatamente refugia-se, em nota de rodapé, numa revisão do estilingue fajuto a fim de fazer a mesma observação retórica: "nenhuma teoria de fatos deve permitir que seja fato que o maior número primo é menor do que 200" (p.127). A suposta vantagem do estilingue fajuto revisto é impor uma exigência sobre "quais fatos podem existir, não sobre quais fatos existem" (p.127, n.7). Porém, tanto no texto principal quanto na nota de rodapé, a verdadeira observação da prova baseada no estilingue de Gödel simplesmente passou despercebida por Oppy: ela impõe uma exigência *estrutural* sobre teorias de fatos, uma exigência acerca da *lógica* de fatos, tal como presente no conectivo CIF, uma exigência sobre a *identidade* de fatos. Para discussão, ver Neale e Dever (1997).

são usadas diretamente por alguns desses autores para motivar ontologias de fatos.

Antes de examinar os tipos de afirmativas causais que parecem envolver referência a ou quantificação sobre fatos, gostaria de esclarecer várias questões acerca de eventos, pois a literatura parece estar repleta de equívocos que precisamos erradicar antes que possamos dizer qualquer coisa de valor sobre fatos.

A noção de evento se encontra no cerne de muitas discussões filosóficas contemporâneas a respeito de causação, explicação científica, percepção, ação, liberdade, determinismo e da relação entre mente e corpo. E parece crescer em importância em muitos trabalhos recentes na semântica da linguagem natural, não apenas em trabalhos que abordam a discussão acerca de causas, explicações, ações, percepção etc.

Eventos atraíram tanta atenção nos últimos anos devido, em grande parte, a Davidson (1980). Ele apresentou uma motivação bifurcada para uma ontologia de eventos.

Primeiramente, defendeu que, sem eventos – concebidos como entidades particulares não repetíveis localizadas no espaço e tempo – é pouco provável que compreendamos grande parcela de nosso linguajar filosófico e cotidiano. Discussões acerca de causação, por exemplo, parecem ser inteligíveis somente se supormos que causas e efeitos sejam eventos e que causação seja uma relação que se dá entre eventos. Determinismo é melhor entendido como a tese de que todo evento é determinado causalmente por eventos precedentes, enquanto materialismo é concebido mais plausivelmente como a tese de que todo evento mental é idêntico a algum evento fisiológico, portanto, físico. E, segundo Davidson, as próprias ações humanas são eventos, tornando essas entidades o assunto primário da teoria da ação.

Em segundo lugar, Davidson foi pioneiro ao tornar visível a quantificação sobre eventos na *forma lógica* de certos tipos de afirmativas, sendo que, à luz de sua obra, a noção de evento parece desempenhar um papel cada vez mais proeminente em trabalhos acerca de advérbios, referência, quantificação, anáfora e condicionais. Lembre-se de que, para Davidson, uma teoria do significado para uma linguagem L deve receber a forma de uma teoria da verdade para L satisfazendo certas condições previamente especificadas (ver Capítulo 2). Considera-se que tal teoria revela uma ontologia de eventos em virtude de emparelhar pedaços de linguagem (as variáveis de quantificação) tanto com objetos particulares quanto com eventos particulares.

Em termos de semântica, é relativamente simples motivar uma ontologia de eventos sem postular quantificações escondidas em, por exemplo, sentenças de ação ou sentenças contendo advérbios. Particípios e nominalizações são muitas vezes usados como substantivos comuns de eventos, sendo que as similaridades sintáticas com substantivos comuns de objetos ordinários – usualmente tidos por permanecentes tridimensionais – são simplesmente muito evidentes para serem ignoradas, como demonstra o seguinte conjunto de exemplos:

(6)   Aristófanes viu uma rã.
(7)   Aristófanes viu uma surra.
(8)   Aristófanes saboreou toda a rã.
(9)   Aristófanes saboreou toda a surra.

Na notação da quantificação restrita (ver Capítulo 4), (10) fornece a *forma lógica* esquemática de (6) e (7), e (11) fornece a forma lógica esquemática de (8) e (9):

(10) $[um_x : Fx]$ *Aristófanes viu x*.
(11) $[todo_x : Fx]$ *Aristófanes viu x*.

Não somente particípios; como Davidson nos relembra, também temos substantivos ordinários que designam eventos:

(12)   Aristófanes viu uma (alguma, uma única, toda, nenhuma) tempestade.

Sintagmas nominais quantificados de eventos parecem funcionar sintática e semanticamente tal como esses objetos. Por exemplos, encontramos ambiguidades de escopo como em (13), que é a manifestação superficial de duas formas lógicas distintas.

(13) A maioria dos cidadãos viu uma surra
   (a) [uma$_y$: surra y] [a maioria$_x$: cidadãos x] x viu y.
   (b) [a maioria$_x$: cidadãos x] [uma$_y$: surra y] x viu y.

E um sintagma nominal que envolve quantificação sobre eventos pode conter uma variável ligada por um sintagma nominal com escopo mais amplo, como em (14):

(14) Todo cidadão ficou chateado com uma surra que ele viu
   [todo$_x$: cidadão x] [uma$_y$: surra y • x viu y]
   x ficou chateado com y.[8]

Como observou Davidson (1980), é plausível supor que expressões como "a enchente", "o curto-circuito", "o naufrágio do *Titanic*", "a morte de Sócrates" etc. sejam descrições definidas de eventos. Considere (15) e (16), cujas formas lógicas podem ser fornecidas usando quantificadores restritos:

(15) A morte de Sócrates chateou Fédon
   [a$_x$: morte(Sócrates, x)] x chateou Fédon[9]
(16) Símias acha que a morte de Sócrates chateou Fédon
   (a) *Símias acha:*
   [a$_x$: morte(Sócrates, x)] x chateou Fédon

---

8 Higginbotham (1983, 1999) defendeu que existe ao menos mais um tipo de afirmativa de percepção que envolve quantificação sobre eventos. Segundo sua explicação, "Aristófanes viu uma surra" e "Aristófanes viu Sócrates surrar Platão" têm formas lógicas similares na medida em que a expressão funcionando como complemento de "viu" funcione como uma descrição indefinida de um evento em ambos os casos. A forma lógica daquela é dada por (i), e a desta, por (ii), que lança mão das variáveis de eventos de Davidson (1980):

(i)   [uma$_x$: surra x] Aristófanes viu x
(ii) [uma$_x$: surra(Sócrates, Platão, x)] Aristófanes viu x.

Neale (1988) se contrapõe à viabilidade da proposta original de Higginbotham (1983), ao menos na medida em que se esperava que ela recebesse apoio da teoria sintática contemporânea e nela se enquadrasse tal como formulada, parece-me, agora, que as objeções são desajeitadas e podem ser refutadas por aprimoramentos sistemáticos. Para discussão, ver Higginbotham (1999).

9 Aqui lancei mão das variáveis de evento de Davidson.

(b) [a_x : morte(Sócrates, x)]
Símias acha: x chateou Fédon.

Os argumentos habituais usados por Russell e outros para mostrar que sintagmas nominais de forma "o assim-assado" usados para descrever objetos não são expressões referenciais, aplicam-se igualmente a sintagmas nominais da mesma forma quando usados para descrever eventos, por exemplo, o sintagma nominal "a morte de Sócrates". Supondo que "Símias", "Sócrates" e "Fédon" sejam expressões referenciais, proferimentos de (15) e (16) expressariam proposições com condições de verdade perfeitamente determinadas *ainda que*, no instante do proferimento, Sócrates não estivesse morto. Além disso, um proferimento de (16) pode expressar uma proposição *verdadeira* ainda que, no instante do proferimento, Sócrates não esteja morto. Em resumo, a não ocorrência de nada que satisfaça o predicado nominal "morte de Sócrates" não impediria que proferimentos de (15) e (16) expressassem proposições determinadas com condições de verdade determinadas. (Ademais, a negação pode ser acrescentada a (15) com escopo maior ou menor do que "a morte de Sócrates", e os habituais fatos e raciocínios russellianos devem ficar claros.) Portanto, descrições definidas de eventos, tal como descrições de objetos, podem estar envolvidas em ambiguidades de escopo comuns, como em (16) anterior, e podem permitir ligação externa, como em (17):

(17)   Todo cidadão ficou chateado com a execução que ele viu
[$todo_x$: cidadão x] [a_y : execução y • x viu y]
x ficou chateado com y.

11.4 Eventos e causas

Considere as seguintes sentenças:

(18)   Houve um curto-circuito *e* houve um incêndio.
(19)   Houve um curto-circuito *antes de* haver um incêndio.
(20)   Houve um incêndio *depois de* haver um curto-circuito.

(21)   Houve um incêndio *porque* houve um curto-circuito.
(22)   Houve um curto-circuito *que fez com que seja o caso que* houve um incêndio.
(23)   *Se* houve um curto-circuito, *então* houve um incêndio.
(24)   *O fato de que* houve um curto-circuito *fez com que seja o caso que* houve um incêndio.

As expressões em itálico nessas sentenças são muitas vezes consideradas conectivos de dois lugares, sendo a ocorrência de "e" em (18) o modelo sintático para os conectivos em (19)–(22), e o "se… então" (descontínuo) em (23), o modelo sintático para "o fato de que … fez com que seja o caso que" em (24). A diferença importante, é claro, é que "e" e "se… então" devem ser extensionais (isto é, verifuncionais) – tendo em vista a exposição, vamos supor que eles *sejam* extensionais (ou, ao menos, que tenham leituras extensionais) e que aparentes contraexemplos possam ser neutralizados à maneira griceana – enquanto não o são os conectivos propostos em outras sentenças; eles são −PSEM, como pode ser facilmente verificado.

De acordo com Davidson (1980), a suposição de que "antes", "porque", "que fez com que seja o caso que" e "o fato de que… fez com que seja caso que" funcionem semanticamente como conectivos leva à conclusão de que, apesar de tudo, são extensionais, anunciando, por conseguinte, o fim desses tratamentos. Não se faz necessário examinar a estrutura formal do argumento usado por Davidson para alcançar essa conclusão, já que se trata de uma variação notacional do argumento com conectivos baseado no estilingue de Church, examinado no Capítulo 8. Já estabelecemos que esse tipo de argumento não demonstra nem que não existem conectivos não extensionais nem que nenhum conectivo não extensional possa ser, ao mesmo tempo, +PSEL e +PSTS, mas tão somente que nenhum conectivo não extensional pode ser, ao mesmo tempo, +PSEL e +1-SUBS.

Em breve examinarei se essa conclusão é preocupante para alguém que proponha considerar as expressões temporais e causais grifadas anteriormente como conectivos. Em primeiro lugar, gostaria de expor as análises do próprio Davidson dessas expressões temporais e causais. Para Davidson, a forma lógica de (18) é dada por (25),

(18)   Houve um curto-circuito *e* houve um incêndio.
(25) $\exists x(curto\text{-}circuito(x) \bullet \exists y(incêndio(y)))$,

em que *x* e *y* são variáveis que assumem eventos individuais como valores. As formas lógicas de (19)–(21) baseiam-se nesse simples modelo. Por exemplo, (19) resulta em (26):

(19)   Houve um curto-circuito *antes de* haver um incêndio.
(26) $\exists x(curto\text{-}circuito(x) \bullet \exists y(incêndio(y) \bullet precedeu(x, y)))$.

Enquanto (21) resulta em (27):

(21)   Houve um incêndio *porque* houve um curto-circuito.
(27) $\exists x(incêndio(x) \bullet \exists y(curto\text{-}circuito(y) \bullet causou(x, y)))$.

Essa proposta é extensional porque a função exercida pelas expressões temporais e causais ("antes" e "porque") aparentemente não extensionais é manipulada pelo conectivo extensional • e pelos predicados de dois lugares extensionais "precedeu" e "causou". Além disso, de acordo com Davidson, (27) também especifica a forma lógica de (22) e (24):

(22)   Houve um curto-circuito *que fez que seja o caso que* houve um incêndio.
(24)   *O fato de que* houve um curto-circuito *fez que seja o caso que* houve um incêndio.

Repare que, visto que a explicação de Davidson é puramente extensional, todos os princípios de inferência que preservam a verdade em contextos verifuncionais têm de fazer o mesmo nas afirmativas temporais e causais que estamos examinando – uma vez devidamente especificadas suas formas lógicas davidsonianas. Por exemplo, suponhamos que (28) seja verdadeira:

(28)   O melhor hotel da cidade = o hotel na Alameda dos Amantes.

Então a verdade de (29) tem de assegurar a verdade de (30) por meio de 1-subs, um princípio de inferência válido em contextos extensionais.

(29) Houve um incêndio no melhor hotel da cidade porque houve um curto-circuito.
(30) Houve um incêndio no hotel na Alameda dos Amantes por que houve um curto-circuito.

Isso parece correto. Qualquer teoria concorrente deve explicar dados desse tipo.

11.5 Fatos e causas

Afirmações estranhas têm sido feitas por pessoas que acham que estão tratando da questão "contextos causais são extensionais?".[10] Se devemos esclarecer essa questão, precisamos distinguir ao menos duas variedades de locuções supostamente causais. Compare o seguinte:

(31) O curto-circuito *causou* o incêndio no hotel na Alameda dos Amantes.
(32) Houve um incêndio no hotel na Alameda dos Amantes *porque* houve um curto-circuito.

Em (31), a expressão causal é um verbo transitivo cujos argumentos são sintagmas nominais (descrições definidas de eventos). Em (32), em contraste, a expressão causal se parece mais com um conectivo de dois lugares cujos argumentos são *sentenças* ao invés de sintagmas nominais. Davidson (1980) defendeu que essa dife-

---

10 A questão é tratada, por exemplo, por Achinstein (1975, 1979), Anscombe (1969), Chisholm (1965), Davidson (1980), Føllesdal (1965), Gottlieb e Davis (1974), Kim (1993), Levin (1976), Lombard (1979), Lycan (1974), Mackie (1965, 1974), Mellor (1995), Pap (1958), Rosenberg e Martin (1979), Stern (1978) e Vendler (1967a).

rença é superficial e que uma análise da forma lógica de (32) revela uma ocorrência do verbo transitivo "causar" e nenhuma ocorrência de um conectivo causal. De fato, ele usa um argumento-estilingue contra a viabilidade de conectivos causais não extensionais.[11]

Deixando de lado, momentaneamente, a análise correta da forma lógica de (32), considere (31). Na suposição de que substantivos como "curto-circuito" e "incêndio" se apliquem a eventos (ao invés de objetos) e na suposição plausível de que descrições de eventos, como descrições de objetos, sejam melhor tratadas como russellianas – uma suposição que parece mais atrativa do que nunca à luz das teorias referenciais examinadas no capítulo anterior – a forma lógica de (31) é dada por (31′):

(31′)   [o_x : *curto-circuito* x]
   [o_y : *incêndio* y • *no-hotel-na-Alameda-dos-Amantes* y] x *causou* y.

Portanto, (31) tem a mesma estrutura lógica que (33), cuja forma lógica é dada por (33′):

(33)   O rei beijou a rainha.
(33′)   [o_x : *rei* x] [a_y : *rainha* y] x beijou y.

A observação importante aqui diz respeito a *escopo*. Segundo uma análise russelliana, as descrições em (31′) e (33′), diferentemente das variáveis a que se ligam, não estão no escopo de "causou" ou "beijou". De maneira mais geral, visto que as descrições em (31′) e (33′) não ocorrem nos escopos de expressões não extensionais, elas ocorrem em contextos extensionais.

Visto que a substituição de predicados coextensionais em contextos extensionais não tem efeito sobre o valor de verdade, qualquer predicado no interior de qualquer uma das descrições em (31) e (33) pode ser substituído *s.v.* por qualquer predicado coexten-

---

[11] Análises de várias expressões causais como conectivos não extensionais foram fornecidas, por exemplo, por Burks (1951), Mackie (1965, 1974), Needham (1994) e Pap (1958).

sional. Consequentemente, num contexto extensional, uma descrição de um objeto ou evento pode ser substituída por qualquer outra descrição do mesmo objeto ou evento (ver a regra derivada de inferência *14.16 de Whitehead e Russell (Capítulo 4) e nosso 1-SUBS (Capítulo 6)). Por conseguinte, a partir de (33) e (34),

(34)   A rainha = a mulher mais bela do reino.

podemos, com validade, inferir (35):

(35)   O rei beijou a mulher mais bela do reino.

De maneira similar, a partir de (31) e (36),

(31)   o curto-circuito *causou* o incêndio no hotel na Alameda dos Amantes.

(36)   o incêndio no hotel na Alameda dos Amantes = o incêndio no melhor hotel da cidade.

podemos, com validade, inferir (37):

(37)   O curto-circuito *causou* o incêndio no melhor hotel da cidade.

No entanto, seria um grave erro empacotar isso numa afirmação irrefletida de que contextos causais sejam extensionais: não falamos de contextos causais aqui porque não falamos de substituição *no* escopo de expressões causais, falamos de substituições *externas*, isto é, substituições em contextos extensionais simples, não causais.

Em contraste, quando o assunto é (32),

(32)   Houve um incêndio no hotel na Alameda dos Amantes *porque* houve um curto-circuito.

questões interessantes acerca de contextos causais e extensionalidade vêm à tona. Em especial, caso a ocorrência de "porque" seja tratada como um conectivo de dois lugares, podemos sensatamente perguntar se ela é extensional ou não e, então, examinar o que acontece quando expressões coextensionais são substituídas em seu escopo. E fica claro que o suposto conectivo *não* é extensional: não autoriza a substituição de sentenças coextensionais *s.v.* Suponhamos que (32) seja verdadeira; então as sentenças contidas "Houve um incêndio no hotel na Alameda dos Amantes" e "Houve um curto-circuito" têm a mesma extensão (são ambas verdadeiras); porém, isso não basta para assegurar a verdade de (38), que é obtida simplesmente pela troca das sentenças contidas:

(38)   Houve um curto-circuito *porque* houve um incêndio no hotel na Alameda dos Amantes.

Por isso, o suposto conectivo não é +PSEM.

Contudo, mais duas questões vêm à tona a esta altura: (i) o conectivo é +PSTS? (ii) É +1-SUBS?

(i) Vamos usar © como abreviação do conectivo de dois lugares de que o lógico causal espera que apreenda a semântica de "porque" num de seus usos. É claro que © é +PSTS. O seguinte é certamente uma inferência válida:

(39)
    [1]   Catilina caiu © Cícero o denunciou.
    [2]   <u>Cícero = Túlio</u>
    [3]   Catilina caiu © Túlio o denunciou.

(ii) O conectivo © também *parece* ser +1-SUBS, como atesta o seguinte:

(40)
    [1]   Catilina caiu © o maior dos oradores romanos o denunciou.
    [2]   <u>O maior dos oradores romanos = o autor de *De fato*</u>
    [3]   Catilina caiu © o autor de *De fato* o denunciou.

Mas, nesse caso, temos de ser cuidadosos. A situação é reminiscente da discussão de Russell (1905) sobre a curiosidade de Jorge IV de saber se Scott era o autor de *Waverley* e da discussão de Smullyan (1948) com relação ao número de planetas ser necessariamente ímpar. Em (40), os itens nas linhas [1] e [3] talvez sejam ambíguos a depender de descrições terem escopo amplo ou restrito. Se assim fosse, então seria possível alegar que a suposta validade de (40) não dá nenhuma razão para acreditar que © seja +1-SUBS. A ideia seria que (40) é válido na seguinte interpretação:'

(40')
[1] [o_x : *maior dos oradores romanos* x] (Catilina caiu © x denunciou Catilina)
[2] O maior dos oradores romanos = o autor de *De fato*
[3] [o_x : *autor de De fato* x] (Catilina caiu © x denunciou Catilina).

Entretanto, visto que, nesse caso, não ocorre substituição-*iota* no escopo de ©, a validade intuitiva de (40) nos dá pouquíssimas informações sobre a lógica de ©. As informações relevantes devem se encontrar na validade ou invalidade da seguinte leitura de (40):

(40")
[1] Catilina caiu © [o_x : *maior dos oradores romanos* x] (x denunciou Catilina)
[2] O maior dos oradores romanos = o autor de *De fato*
[3] Catilina caiu © [o_x : *autor de De fato* x] (x denunciou Catilina).

É possível que (40) seja entendida como (40')? Ou será que (40") dá a única forma lógica de (40) e, por conseguinte, demonstra que © é +1-SUBS? Minha suspeita é que as linhas [1] e [3] de (40') não são leituras genuínas das linhas [1] e [3] de (40), pelas razões salientadas por Evans (1977) em sua discussão sobre anáfora.[12]

Suponhamos que © seja +1-SUBS. Não há uma boa razão para acreditar que seja também +PSEL. Se © for +PSEL, então (41), (42) e (43) todos implicam-se mutuamente:

---

12 (i) não pode ser entendida nem como (ii) nem como (iii):

(i) *Todo menino gostou dele$_1$ porque [algum carro]$_1$ era vermelho.
(ii) [algum$_y$: *carro* y] [todo$_x$: *menino* x] ((x gostou de y) porque (y era vermelho))
(ii) [todo$_x$: *menino* x] [algum$_y$: *carro* y] ((x gostou de y) porque (y era vermelho)).

Será que isso indica que, em geral, não é possível que um sintagma nominal quantificado ocorrendo no escopo de um dos "termos" de "porque" seja entendido como tendo escopo maior do que "porque"? Suspeito que não e que isso mostra tão somente que exigências sobre o escopo de quantificadores formam um subconjunto próprio de exigências sobre anáfora de variáveis presas por um quantificador.

(41) Catilina caiu © Túlio o denunciou
(42) (Catilina caiu • ($\phi \vee \neg\phi$)) © Túlio o denunciou
(43) Catilina caiu © (Túlio o denunciou • ($\phi \vee \neg\phi$)).

E, visto que não há uma razão forçosa para acreditar que isso seja o caso, o estilingue de Church não ameaça uma concepção não extensional de ©.[13]

O estilingue de Gödel é mais preocupante, porém. Novamente, suponhamos que © seja +1-SUBS. É também +1-CONV? Será que (41) e (44), ou (41) e (45) implicam-se mutuamente?

(41) Catilina caiu © Túlio o denunciou
(44) Catilina = 1x(x = Catilina • x caiu) © Túlio o denunciou
(45) Catilina caiu © Túlio = 1x(x = Túlio • x o denunciou).

Se assim for, então a prova com conectivos baseada no estilingue de Gödel tem consequências precisas para o lógico causal: é imperativo negar que © seja +1-SUBS. E, obviamente, a maneira que o lógico causal tem de fazer isso é endossar a Teoria das Descrições de Russell e sustentar que o argumento em (40) está sendo lido como (40') por aqueles que sustentam que a inferência é válida.

11.6 Identidade de fatos novamente

Podemos colocar muitas afirmativas que pretendem fazer referência a fatos no formato com conectivos; por exemplo, as seguintes sentenças podem ser vertidas em conectivos de um lugar:

(46) É fato que ( )
(47) a afirmativa de que (ϕ) corresponde ao fato de que ( )
(48) o fato de que (ϕ) fez que seja o caso que ( )
(49) o fato de que (ϕ) = o fato de que ( ).

---

13 Neale (1993b) sugere que © seja +PSEL. Essa sugestão, que infringe as principais observações daquele trabalho, está errada.

E, caso as ocorrências de ϕ sejam removidas de (47)–(49), podemos considerar os resultados como conectivos de dois lugares, espelhando nosso conectivo de identidade de fatos CIF:

(50)   o fato de que ( ) = o fato de que ( ).

Obviamente, CIF(ϕ, ϕ) é verdadeiro (para os teóricos de fatos). Podemos, então, começar a examinar *toda* teoria de fatos ao examinarmos as propriedades inferenciais de CIF. Se CIF for +PSEM, então há, no máximo, um fato. A prova com conectivos baseada no estilingue de Gödel nos dá uma informação a mais: todo teórico de fatos que sustenta que CIF seja +1-SUBS e +1-CONV se compromete com CIF ser +PSEM e, assim, com a existência de, no máximo, um fato. Portanto, a tarefa do teórico de fatos pode ser agora facilmente enunciada: (a) articular uma teoria de fatos segundo a qual CIF não tenha uma dessas propriedades; e (b) fornecer uma semântica para descrições que seja consistente com a lógica atribuída a CIF e viável, além disso, como uma explicação de descrições na linguagem natural. (No que diz respeito à teoria de fatos de Russell, a observação de Gödel é, na verdade, que Russell consegue fazer tudo isso ao (i) individualizar fatos por meio de seus componentes, isto é, objetos e propriedades (concebidos não extensionalmente); (ii) negar que CIF seja +1-SUBS; e (iii) – surpresa! – aceitar a Teoria das Descrições de Russell.)

Suponho que *nenhum* teórico de fatos que pretenda tirar algum proveito metafísico de fatos deseja negar que CIF seja +PSTS. Por isso, o teórico de fatos que deseja sustentar que descrições sejam termos singulares tem certo trabalho pela frente, a fim de evitar o estilingue de Gödel. Não se pode evitá-lo permanecendo agnóstico quanto à semântica de descrições e negando que CIF seja +PSEL (a principal estratégia de Barwise e Perry (1981, 1983), Bennett (1988) e Searle (1995)). Pois o estilingue de Gödel não lança mão do PSEL, mas de 1-CONV. Negar que CIF seja +1-CONV significa tomar uma posição definida – ainda que somente de maneira disjuntiva, com disjuntos precisos – sobre a semântica de descrições.

O teórico de fatos que seja russelliano quanto a descrições tem uma tarefa mais fácil, pois pode optar por simplesmente negar que CIF seja +1-SUBS.[14] Essa estratégia significa se pronunciar a respeito da seguinte inferência:

(51)
[1] O fato de que o maior dos oradores romanos roncava
= o fato de que o maior dos oradores romanos roncava
[2] O maior dos oradores romanos = o autor de *De fato*
[3] O fato de que o maior dos oradores romanos roncava
= o fato de que o autor de *De fato* roncava.

Se for válida, então, o teórico de fatos que é russelliano quanto a descrições terá de dizer que ela não envolve 1-SUBS no escopo de CIF, mas uma substituição no contexto verifuncional fora de seu escopo, sendo que o argumento é entendido como válido somente quando as descrições tenham escopo amplo, isto é, quando o argumento é entendido como (51'):

(51')
[1] $[o_x : maior$ - dos - $oradores$ - $romanos\ x]$
$[o_y : maior$ - dos - $oradores$ - $romanos\ y]$
o fato de que x roncava = o fato de que y roncava
[2] O maior dos oradores romanos = o autor de *De fato*
[3] $[o_x : maior$ - dos - $oradores$ - $romanos\ x]$
$[o_y : autor\ de\ De\ fato\ y]$
o fato de que x roncava = o fato de que y roncava.

(Em nome da simplicidade, ignorei, nesse caso, a quantificação que resulta do tratamento de "o fato de que..." como uma descrição russelliana. Nada depende disso.) Portanto, uma vez mais, temos de encarar a questão de estabelecer se as exigências sobre escopo

---

14 Searle (1995, p.20) parece querer sustentar que CIF seja +PSTS, mas não +1-SUBS. Isso lhe permitiria evitar o estilingue de Gödel, bem como a variante de Church–Davidson caso tivesse uma teoria das descrições que lhe permitisse tratar descrições diferentemente de termos singulares. O que ele obviamente deveria fazer é aceitar a teoria de Russell. Num trabalho anterior, Searle (1969) mostrou reservas quanto à teoria, mas, recentemente, se entusiasmou com ela.

de quantificadores e ligação de variáveis, tal como enunciadas pela melhor teoria sintática que temos, permitem ou não permitem que a linha [1] de (51′) seja uma leitura da linha [1] de (51). (Cf. a discussão de (40) na seção 11.5.)

Como é de se esperar, exatamente as mesmas considerações são colocadas em prática quando aproximamos discussões sobre fatos e discussões sobre causas – no espírito do teórico de fatos que sustentaria que fatos (assim como eventos ou ao invés de eventos) são *relata* causais – como na seguinte inferência:

(52)
[1] O fato de que havia um defeito no novo aspersor fez que a água não escorresse
[2] O novo aspersor = o aspersor fajuto que Gui instalou
[3] O fato de que havia um defeito no aspersor fajuto que Gui instalou fez que a água não escorresse.

Não há nenhum argumento decisivo contra os fatos nisso; porém, fica extremamente claro agora que, a menos que uma teoria de fatos se apresente acompanhada por uma teoria de descrições e por uma lógica de CIF, há várias razões para tratá-la com cuidado. A tarefa do partidário de fatos é montar uma teoria segundo a qual fatos não sejam tão refinados a ponto de serem inutilmente individualizados em termos de sentenças verdadeiras, nem tão pouco refinados a ponto de se desfazerem em um único fato.

Por fim, é preciso observar que testes análogos podem ser apresentados para explicações de verdade, afirmativas e proposições que não recorrem a fatos. Isso é facilmente compreendido ao se considerar os seguintes conectivos:

(53) a afirmativa de que ( ) é verdadeira se e somente se ( )
(54) a proposição de que ( ) é verdadeira se e somente se ( )
(55) a proposição de que ( ) = proposição de que ( ).

Aprendemos várias coisas. Em primeiro lugar, equivalência lógica não é o verdadeiro problema quando o assunto é a força dos argumentos-estilingue. Em segundo lugar, o poder da variante de

Gödel está no fato de que ela força os filósofos a se pronunciarem a respeito da semântica de descrições definidas tão logo saiam do reino da lógica extensional e tão logo postulem entidades a que sentenças devam corresponder. Em terceiro lugar, embora nenhum conectivo não extensional possa ser +1-SUBS e +1-CONV, isso não é necessariamente um problema para os que defendem lógicas e conectivos não extensionais e que endossam a Teoria das Descrições de Russell. Em quarto lugar, o argumento de Gödel proporciona um teste elegante para examinar a lógica de contextos supostamente não extensionais. Por fim, tratamentos referenciais de descrições têm consequências desagradáveis, salientadas por provas com conectivos baseadas no estilingue de Gödel.

A tarefa do teórico de fatos é clara: fornecer uma lógica de CIF que (i) evite o colapso que o argumento de Gödel demonstra ocorrer se CIF for, ao mesmo tempo, +1-SUBS e +1-CONV, que (ii) seja justa com a ideia metade-habitual, metade-filosófica daquilo que os fatos vêm a ser, e que (iii) permita aos fatos desempenhar algum papel filosófico.

APÊNDICE:
SÍMBOLOS INCOMPLETOS

Russell diz que descrições são "símbolos incompletos", que "isoladamente não têm significado", que devem ser "definidas contextualmente", e que "desaparecem sob análise". Suspeito que nenhuma tentativa de expor o que Russell quer dizer com essas locuções será simultaneamente consistente e satisfatória para todos os estudiosos. No entanto, é certamente possível destrinchar grande parte do que Russell diz, e fazê-lo nos ajuda a explicar algumas preocupações persistentes sobre a Teoria das Descrições, incluindo as de Gödel.

O que é uma definição contextual? Será que as definições específicas *14.01 e *14.02 de Russell se destinam a ter consequências ontológicas, a ser redutivas? Ou será que se destinam meramente a expor as contribuições vericondicionais das descrições? Ou será a verdade alguma coisa no meio? Será que todos os símbolos incompletos e apenas eles recebem definições contextuais? Sob exame, acredito que fica claro que exigir definição contextual, ser incompleto e desaparecer sob análise são ideias bem distintas. Uma série importante de expressões, incluindo sintagmas nominais quantificados ("sintagmas denotativos") e conectivos, são símbolos incompletos, e ao menos algumas dessas expressões exigem definições contextuais (no mínimo em uma de suas acepções), muito embora não desapareçam sob análise em nenhum sentido que seja interessante. Além do mais, para um russelliano, descrições são símbolos incompletos, ainda que se usem sistemas de quantificação restrita.

Na época em que defendia a Teoria das Descrições, Russell aderiu ao que é comumente chamado de uma teoria "realista" do significado, segundo a qual o significado de uma expressão é uma ou outra entidade, a entidade que ela *representa*.[1] Mantendo-se o resto igual, termos singulares representam objetos particulares; predicados (substantivos comuns, verbos, adjetivos) representam universais; sentenças verdadeiras representam fatos. Mas o que dizer de sintagmas nominais quantificados (sintagmas denotativos) e conectivos lógicos?

Sintagmas nominais quantificados não têm significado na acepção de Russell, isto é, não *representam* coisas à maneira de nomes e predicados. Isso já está claro em "Sobre o denotar":

> Não se supõe que *tudo, nada* e *algo* tenham um significado isoladamente, mas um significado é atribuído a *toda* proposição em que eles ocorrem. Eis o princípio da teoria do denotar que desejo defender: sintagmas denotativos nunca têm significado por si mesmos, mas toda proposição em cuja expressão verbal eles ocorrem tem um significado. (1905, p.42)

Não requer muito esforço construir uma teoria semântica segundo a qual sintagmas denotativos representem, *sim*, coisas, por exemplo, funções de ordem superior, como em algumas variantes da teoria da quantificação generalizada. Dada a relação próxima entre a sua teoria do significado e a sua teoria do conhecimento – em especial, a ligação evidenciada pelo Princípio do Conhecimento Direto (*principle of acquaintance*), que declara que toda proposição que se possa compreender deve ser totalmente composta por componentes de que se tenha conhecimento direto – Russell, ao que parece, acreditava que nenhum símbolo devesse representar tal função, e, por conseguinte, aceitou que existem expressões "signi-

---

1 Para discussão, ver, por exemplo, Sainsbury (1979, 1993). Minha interpretação de Russell neste apêndice é influenciada por Sainsbury.

ficativas" que não significam, isto é, que não representam nada – a saber, as constantes lógicas e os sintagmas denotativos.² Descrições definidas pertencem a essa classe.

Eis três coisas aparentemente diferentes que se poderiam dizer a respeito de um símbolo x: (i) x é incompleto (ou não tem "significado isoladamente"); (ii) o poder semântico de x é dado por uma "definição no uso" (uma "definição contextual"); (iii) x desaparece sob análise. Muitos comentadores tomam (i)–(iii) por três maneiras de expressar a mesma observação; porém, seguramente, isso está incorreto. Comecemos com algumas considerações cruciais nas páginas 66–7 dos *Principia* (Whitehead e Russell, 1925):

> Por símbolo "incompleto", entendemos um símbolo de que não se espera que tenha significado isoladamente mas que é tão somente definido em alguns contextos... Esses símbolos têm o que se poderia chamar de uma "definição no uso" ... definimos o *uso* de [tal símbolo], mas [o símbolo] ele mesmo permanece sem significado... Isso distingue esses símbolos daquilo que (em sentido geral) podemos chamar de *nomes próprios*: "Sócrates", por exemplo, representa um certo homem e, por conseguinte, tem um significado por si mesmo, sem precisar de um contexto. Se fornecemos um contexto, como em "Sócrates é mortal", essas palavras expressam um fato do qual o próprio Sócrates é um componente: existe um certo objeto, nomeadamente, Sócrates, que tem a propriedade da mortalidade, e esse objeto é um componente do fato complexo que se afirma quando se diz "Sócrates é mortal".*

Quando se fala de descrições, devemos ter o maior cuidado em distinguir as que ocorrem em sentenças em português ("o rei da França" etc.) e as que ocorrem nas abreviações feitas por Russell de

---

2   O Princípio do Conhecimento Direto é declarado mais ou menos da mesma forma em Russell (1905, p.56; 1911, p.159; 1912, p.32). De vez em quando, é verdade que Russell diz que quantificadores e conectivos "envolvem" noções lógicas e que, a fim de usar essas expressões de maneira inteligível, devemos apreender as noções envolvidas. É evidente que isso não implica que as expressões representem objetos.

*   Modificações de Neale. (N. T.)

fórmulas da linguagem dos *Principia* ($\iota x F x$ etc.). Nas observações que Russell faz, fica patente que o que torna um símbolo *incompleto* é o fato de não ser uma expressão do tipo que representa algo. Ora, certamente existem *repercussões* gramaticais, notacionais e analíticas de um símbolo ser incompleto, por exemplo, quando o assunto são sintagmas nominais – o tipo de expressão que pode ocupar a posição de sujeito gramatical de uma sentença:

> Sempre que se puder supor que o sujeito gramatical de uma proposição não exista sem tornar a proposição desprovida de significado, fica claro que o sujeito gramatical não é um nome próprio, isto é, não é um nome que represente diretamente um objeto. Portanto, em todos esses casos, a proposição deve poder ser analisada de tal forma que aquilo que era o sujeito gramatical terá desaparecido.

Russell está usando "proposição" com o sentido de "sentença" aqui, e a passagem está repleta do característico desleixo com uso – menção. Quando diz "Sempre que se puder supor que o sujeito gramatical de uma proposição não exista", ele está tentando evitar dizer: "Sempre que se puder supor que o sujeito gramatical de uma proposição *represente algo* que não exista", que é obviamente problemático. O que Russell quer dizer é: "Sempre que se puder supor que o sujeito gramatical de uma proposição não *represente algo*". Segundo essa teoria, os sujeitos gramaticais de cada uma das seguintes sentenças não são nomes próprios: "O quadrado redondo não existe", "Está chovendo", "Há uma mosca na minha sopa". Duas coisas seguem disso: (a) eles são símbolos incompletos, e (b) caso as sentenças devam ter valores de verdade, cada uma deve "poder ser analisada de tal forma que aquilo que era o sujeito gramatical terá desaparecido". É importante fazer a distinção entre essas afirmativas. Eis o que acredito que se possa extrair das discussões de Russell: (i) existem três tipos de expressões que representam coisas, a saber: nomes próprios, predicados e sentenças (representando respectivamente entidades particulares, universais e fatos); (ii) uma expressão que não representa algo é um símbolo incompleto; (iii) uma descrição definida não é nem um predicado nem uma sentença; portanto, se uma descrição representar algo, ela deve ser um nome próprio; (iv) caso se possa supor que o sujeito gramatical de uma sentença não represente algo sem tornar a sentença incapaz de representar um fato, o sujeito gramatical não é um nome próprio; (v) pode-se supor que uma descrição definida não represente algo sem tornar a sentença incapaz de representar um fato; portanto, uma descrição definida não é um nome próprio; (vi) por isso, uma descrição é um símbolo incompleto; (vii) caso se possa supor que o sujeito gramatical de uma sentença não represente algo, sem tornar a sentença incapaz de representar um fato, então, a sentença deve "poder ser analisada de tal forma que aquilo que era o sujeito gramatical terá desaparecido"; (viii) por conseguinte, uma sentença com uma descrição definida como sujeito gramatical deve "poder ser analisada de tal forma que aquilo que era o sujeito gramatical terá desaparecido".

Portanto, (a) se x desaparece sob análise, então x é um símbolo incompleto; porém, (b) não é o caso que, se x for um símbolo incompleto, então x desaparece sob análise. Em especial, quantificadores e conectivos são símbolos incompletos, mas não desaparecem sob análise. Na verdade, alguns deles aparecem nas análises de sentenças cujos sujeitos gramaticais desaparecem, *de fato*, sob análise. Por exemplo, na análise das sentenças cujos sujeitos gramaticais são descrições definidas. Na notação abreviativa, (1) é representada como (1'), que abrevia (1''):

(1)   o F não existe
(1') $\neg E!\, \imath xFx$
(1'') $\neg \exists x(\forall y(Fy \equiv y=x))$.

"Nesse caso", diz Russell, "o sujeito gramatical aparente [$\imath xFx$] desapareceu; portanto, [$\imath xFx$] é um símbolo incompleto em [(1')]" (Whitehead e Russell, 1925, p.66).* A observação importante é que um símbolo incompleto não pode aparecer como um "sujeito lógico", isto é, não pode aparecer *logicamente* como um sujeito, de

---

* Modificações de Neale. (N. T.)

maneira mais geral, não pode aparecer como o argumento de um predicado de uma fórmula genuína qualquer da linguagem da análise. (Isso não pode ser tomado por uma definição, pois *predicados* também não aparecem nessas posições, mas não são símbolos incompletos.) Diz Russell: "todas as expressões (exceto proposições) que contenham a palavra *o* (no singular) são símbolos incompletos: elas têm um significado em uso, mas não isoladamente" (p.67).

Uma definição contextual não parece ser exatamente uma definição estipulada ou explicativa.[3] Se retomarmos *14.01 e *14.02, neles se encontra um elemento estipulado, mas a razão disso é que, na realidade, eles parecem como que estipular um certo tipo de abreviação no que diz respeito à linguagem formalizada dos *Principia*. Existe também um elemento explicativo, pois Russell considera que suas definições contextuais incorporam sua análise de descrições definidas na linguagem comum ou, ao menos, numa parte (ou forma) da linguagem comum suficientemente precisa ou restrita para ser usada em discussões filosóficas. E suponho que, ao dizer que descrições são "definidas no uso", Russell queira dizer que as definições contextuais dele explicam os poderes semânticos delas. Portanto, essas definições contextuais são verdadeiros híbridos. Repare também que envolvem algo que "desaparece sob análise", a saber, expressões de forma ɿxɸ.

Temos de nos perguntar, então, se definições contextuais desse tipo caracterizam expressões "definidas no uso". É de praxe chamar de contextual a definição de • em termos de ∨ e ¬. Um símbolo é introduzido como uma abreviação, o poder semântico do símbolo é explicado, e o símbolo desaparece sob análise. Se a gente quisesse, conseguiria fornecer definições contextuais de *todo* o nosso vocabulário lógico (para lidar diretamente com a negação, acrescente a barra de Scheffer ao nosso conjunto de conectivos). Mas é claro que isso seria insatisfatório no que diz respeito à explicação de poderes semânticos: nós teríamos um círculo explicativo sem entrada. É nesse caso que noções como análise e redução começam a ganhar

---

3 Como observado por Kaplan (1972), que discute essa noção com muito proveito.

importância. Para Russell, *14.01 e *14.02 são definições contextuais úteis porque definem novos símbolos em termos de símbolos primitivos de sua linguagem formalizada. De maneira similar para •, ≡ e =, que não são primitivos, mas símbolos definidos nos *Principia Mathematica*. Mas é claro que o que é primitivo para uma finalidade pode não o ser para outra. Reescrever inteiramente os *Principia* usando a barra de Scheffer certamente *reduziria* o número de tipos de símbolos em jogo e, então, de certa maneira, simplificaria a execução do projeto. Mas é claro que fazer isso tornaria a compreensão inatingível: como Russell mesmo enfatizou, negação, conjunção e alternância são mais primitivas *psicologicamente*, e, nessa medida, são mais primitivas *semanticamente* no sentido de "semântica" que tem mais interesse para quem trabalha com a teoria do significado da linguagem natural.

O que se deve entender, então, quando Russell diz que quantificadores e conectivos são "definidos no uso"? Devemos, a meu ver, quer considerar definições contextuais e definições no uso como noções um tanto diferentes, quer aceitar (de maneira mais plausível) que Russell tinha em mente duas noções intimamente relacionadas quando falou de modo ambíguo em definições contextuais, noções que não separou completamente. Caberia considerar que as tabelas de verdade de ¬ e ∨ (ou axiomas baseados nessas tabelas) nos mostram os poderes semânticos desses símbolos, e, visto que o fazem ao mobilizar sentenças inteiras – isto é, expressões mais completas em que os símbolos são *usados* – convém tomá-las por definições no uso, porém, isso não é o que se entende normalmente por "definições contextuais".[4] Devemos, ao meu ver, concluir que, ao falar de "definições no uso", Russell tenha em mente ao menos duas coisas, assim como, na medida em que exista um cerne comum a essas noções, que definições contextuais sejam mobilizadas no que se refe-

---

4 As assim chamadas definições contextuais que Russell fornece para a notação--de da vírgula invertida (ver Capítulo 4) não usam, em absoluto, fórmulas inteiras: elas se parecem muito com uma técnica de abreviação sem maiores complicações.

re a símbolos que são *incompletos*; elas são maneiras de explicar os poderes semânticos de símbolos que não representam coisas, isto é, símbolos que não representam objetos particulares e universais (ou fatos).

A proposição expressa por "o F é G" é a proposição geral de que existe um e somente um F e tudo que é F é também G. Isto é, as condições de verdade de "o F é G" podem ser dadas por uma formula quantificacional, que contenha quantificadores e predicados, mas nenhum termo singular que corresponda ao sujeito gramatical "o F". E isso é o que Russell quer dizer ao afirmar que a *proposição* não tem um *sujeito lógico*, apesar de a *sentença* ter um *sujeito gramatical*; e o que ele quer dizer ao afirmar que a *forma gramatical* da sentença não é uma boa indicação de sua *forma lógica* (ou a forma lógica da proposição que a sentença expressa). A proposição não é, de maneira alguma, a respeito de um objeto, é a respeito da relação entre duas propriedades, F e G: exatamente uma coisa tem F e nada mais tem F enquanto não tiver G. Como se diria hoje – mas de um jeito que nada tem de consoante com os objetivos de Russell – "algum F é G" é verdadeiro se e somente se a relação ALGUM vale entre F e G; e "o F é G" é verdadeiro se e somente se a relação o vale entre elas (essa ideia tem mais apelo uma vez que a Teoria das Descrições estiver devidamente localizada numa teoria da quantificação na linguagem natural, tal como a teoria da quantificação restrita delineada no Capítulo 4).

Às vezes se afirma que tratar descrições em termos de quantificação restrita envolve rejeitar o ponto de vista de Russell de que descrições sejam símbolos incompletos.[5] A afirmação é confusa.

---

5 Ver, por exemplo, Evans (1977, 1982) e B. Linsky (1992). Imagino que, a menos que formulada exatamente como Russell a formulou, nenhuma explicação de descrições possa ser "verdadeiramente" russelliana; contudo, Evans e Linsky estão enganados no quesito sobre o que está envolvido, para Russell, em se dizer que um símbolo é incompleto. De acordo com Evans, o uso de quantificação "binária" $[o_x](Fx; Gx)$ para representar "o F é G" seria absolutamente compatível com a afirmação de Russell de que descrições são símbolos incompletos, mas não o uso de uma quantificação unária restrita $[o_x :$

Primeiramente, uma observação menor. Na linguagem da quantificação restrita que tenho usado, não é rigorosamente exato dizer que descrições em português sejam representadas *como* quantificadores restritos – muito embora seja um jeito útil de falar que apreende o espírito da verdade. Estritamente falando, uma descrição que funcione como argumento de um predicado *G* em português é representada na linguagem da quantificação restrita por um quantificador restrito em cujo escopo *G* se encontra, *junto a* uma variável que se encontra no escopo de *G*, *a fortiori* no escopo do quantificador restrito, que, na verdade, se liga à variável. Caso se insista em dar um viés notacional à ideia de que descrições sejam símbolos incompletos, o melhor a dizer é o seguinte: em qualquer notação normal que lançar mão de quantificadores e variáveis, a fórmula que representar a sentença em português "o *F* é *G*" conterá uma variável – em vez de um termo singular fechado – como argumento de *G*. (É claro que deve existir maneiras melhores de representar quantificação do que a maneira comum envolvendo variáveis, mas nos confins dos sistemas tradicionais com ligação de variáveis, a generalização é justa.)

Em segundo lugar, embora tenhamos toda a liberdade para interpretar quantificadores restritos usando os recursos da teoria de quantificadores generalizados, de maneira que quantificadores restritos *representem* coisas (tipicamente, funções de ordem superior), essa interpretação não se impõe mais ao autor que usa a notação da quantificação restrita do que uma interpretação tarskiana, fregeana

---

Fx]*Gx*. (Evans usa "de dois lugares não na acepção comum de ligação de duas variáveis distintas, mas no sentido de união de duas fórmulas para formar uma fórmula".) Numa curiosa tentativa de sustentar essa afirmação, Evans defende que certos fatos acerca da anáfora do burro (*donkey anaphora*) que se conseguem apreender usando os quantificadores de dois lugares dele não podem ser apreendidos usando quantificadores restritos de um lugar. Quanto à parte técnica, Evans está simplesmente enganado: usando quantificadores restritos de um lugar, todos os fatos anafóricos relevantes se seguem imediatamente. Evans simplesmente não se deu conta de que um pronome pode ser substituto de uma descrição relativizada tomando escopo menor do que outro sintagma nominal quantificado. Para discussão, ver Neale (1990, 1993a).

ou substitucional se impõe ao autor que usa a notação normal para os quantificadores irrestritos $\exists$ e $\forall$.[6] De fato, existem tradições recentes que fornecem análises tarskianas ou fregeanas de quantificadores restritos e de dois lugares.[7] Em terceiro lugar, apesar de a Teoria das Descrições de Russell ser várias vezes apresentada como o caso paradigmático de uma teoria que mobiliza uma distinção entre *forma gramatical* e *forma lógica*, ironicamente, em certo sentido, ela preserva a simetria: "o F", "todo F", "algum F", "nenhum F" etc. são sintaticamente semelhantes, pois se trata de sintagmas nominais que podem ocupar gramaticalmente posições de sujeito na gramática de superfície; mas são também *semanticamente* semelhantes, pois são todos símbolos incompletos e, como suas definições deixam claro, ocasionam quantificação. Sintagmas nominais quantificados não *representam* coisas nem na explicação de quantificação suposta por Russell nem na explicação tarskiana de que me valho aqui. E nem a passagem da quantificação irrestrita para a restrita nem o uso de uma *notação* sistemática da quantificação restrita faz com que, por um passe de mágica, sintagmas nominais quantificados comecem a representar coisas. Na verdade, a sintaxe e a semântica da notação que empreguei para representar quantificação restrita poderia ser considerada como *salientando* o fato de que estou tratando sintagmas nominais quantificados como símbolos incompletos. Nos casos que nos interessam, a fórmula ψ, com a qual a descrição $[o_1 : \phi]$ se une para formar uma fórmula, conterá uma variável x_1 ligada pelo quantificador:

(2) $[o_1 : rei\ x_1]\ x_1$ *gosta de Cícero*.

---

6 Sistemas que misturam quantificadores restritos e irrestritos são perfeitamente respeitáveis – na verdade, talvez eles sejam desejáveis a fim de apreender todos os aspectos da semântica da linguagem natural, especialmente quando quantificação sobre eventos, tempos e lugares estiver envolvida.

7 Ver, por exemplo, Davies (1981), Evans (1977, 1980), Higginbotham e May (1981), Neale (1993b), Sainsbury (1990), Wiggins (1980a). Emprego "de dois lugares" aqui no sentido de Evans e Wiggins (ver n.5).

A variável x_1 ocupa a "posição de sujeito lógico" da fórmula x_1 *gosta de Cícero* e, por assim dizer, marca a posição sobre a qual o quantificador tem influência, a posição que, na realidade, representa o lugar que o sintagma nominal quantificado ocupa na sintaxe de superfície. Compare com *Cícero*, que representa um objeto (o mesmo objeto, seja qual for a sequência) e que, por conseguinte, é um símbolo completo:

(3) $\forall s(Ref(Cícero, s) = Cícero)$.

Esse axioma apenas diz que o referente de *Cícero*, relativamente a qualquer sequência s, é Cícero. Ora, talvez haja um sentido em que a *variável* em (2) possa ser concebida como *completa-relativamente-a-uma-sequência* em virtude de representar um objeto de maneira relativizada que seja própria dela:

(4) $\forall s \forall k (Ref(x_1, s) = s_1)$.

No entanto, independentemente de qual seja a perspectiva adotada, da maneira como arquitetei as coisas, nem a descrição definida em português "o rei", nem o quantificador restrito $[o_1 : rei\ x_1]$ que se liga à variável em (2) é um símbolo completo. Dados os axiomas que usei, o quantificador nem mesmo *pretende* representar um objeto, nem mesmo quando relativizado a sentenças. Não há nenhum sentido interessante, então, em que o tratamento de descrições por quantificadores restritos entre em conflito com a concepção de Russell de descrições como símbolos incompletos. O elemento de quantificação em "o F é G", "todo F é G" e "algum F é G" é o que cria uma separação entre a forma gramatical e a assim chamada "forma lógica".[8] E quantificação, quer irrestrita, quer restrita, quer

---

8   Num trabalho recente, que incorpora parte da resenha (1992b) que ele fez, parece que L. Linsky, em alguns trechos, se dá conta disso; porém, a discussão dele ainda dá a impressão de estar maculada por uma má compreensão da noção de símbolo incompleto de Russell. Parece que muito do problema nasce de se confundirem propriedades de "o" com propriedades de "o F", confundirem-se

propriedades de "o *F*" com propriedades de [$o_x : Fx$] (que, diferentemente de "o *F*", deve estar conectada a uma variável livre para executar seu papel), uma confusão de uso e menção que se manifesta na equivocação espalhada por toda parte acerca dos significados das palavras "proposição" e "componente" (em algumas ocorrências, "sentença" e "sintagma" parecem melhores; em outras, interpretações não linguísticas parecem apropriadas; ainda em outras, *nenhuma* parece correta), e uma equivocação acerca do significado de "forma lógica" (por exemplo, Linsky diz que "Neale defende que a análise de Russell não é a forma lógica correta" (MS, 13); caso Linsky entenda por "forma lógica correta" a atribuição de uma estrutura quantificacional com condições de verdade de Russell, então a afirmativa é obviamente falsa; porém, caso queira dizer, por meio disso, a representação em especial daquela estrutura quantificacional, com as condições de verdade de Russell, num sistema de quantificação restrita, sua afirmação é trivialmente verdadeira; nenhum dos dois modos é interessante). Parece que Linsky enfatiza excessivamente a notação particular de Russell e não suficientemente as ideias lógicas e filosóficas que estão por trás dela, o que parece deixá-lo cego quanto ao fato de que, para os propósitos de Russell, mesmo as expressões •, ≡ e = que ocorrem na sua fórmula $\exists x(\forall y(\phi(y) \equiv y=x)$ • $\psi(x))$ devem ser, a certa altura, eliminadas mediante análise, talvez usando a | se tomarmos, tal como se apresentam, alguns comentários na introdução à segunda edição dos *Principia Mathematica*.

Linsky defende corretamente que "o projeto de Russell tem um compromisso com a explicação de descrições como símbolos incompletos" (MS, 13). Contudo, ele está redondamente enganado em dizer que, em *Descriptions*, defendo que as descrições de Russell sejam símbolos incompletos "simplesmente por falta de uma lógica mais sofisticada" (ibidem). Não somente não afirmo isso, mas tenho um compromisso com sua negação. Aparentemente, Linsky não entende bem o que Russell quer dizer por "símbolo incompleto", a notação da quantificação restrita que eu e muitos outros usamos e a relação entre a notação da quantificação restrita e a semântica específica de quantificadores generalizados. O fato de que Russell considera descrições símbolos incompletos não tem nada a ver com o fato de que ele não tenha quantificadores restritos em seu sistema, pela simples razão de que um quantificador restrito [$o_x : Fx$] é simplesmente um símbolo tão incompleto quanto o $\imath xFx$ de Russell em sistemas em que quantificadores não representam coisas, tais como nos sistemas tarskianos que tenho usado neste livro. (Ademais, como observado anteriormente, o que vale como uma descrição da linguagem natural na linguagem da quantificação restrita não é o quantificador restrito isolado, mas a união do quantificador restrito e uma variável ligada ocupando uma posição de argumento.) Linsky parece achar que, em razão de o quantificador restrito [$o_x : Fx$] ser um compo-

binária, pode ser perfeitamente manipulada enquanto se considera que sintagmas denotativos são símbolos incompletos.

Haja vista a necessidade de discutir certas regras de inferência "derivadas" usadas por Whitehead e Russell, eu uso a notação-padrão lógica suplementada pelo operador *iota* neste livro. Mas o fato de que a teoria de Russell pode ser implementada em um sistema de quantificação restrita deve mitigar quaisquer temores a respeito do grau de descompasso entre a forma lógica e a gramatical, assim como atenuar uma preocupação de Gödel (ver Capítulo 5) ao indicar a maneira pela qual a teoria de Russell consegue funcionar como um componente de uma teoria geral e sistemática de sintagmas nominais quantificados na linguagem natural.

---

nente sintático de $[o_x : Fx]\psi$ (da mesma maneira em que o $\exists x$ irrestrito é um componente de $\exists x\psi$), *exige-se*, de certa forma, que uma teoria semântica o trate como representando algo. Mas isso simplesmente não é o caso. Tudo depende da teoria semântica global no interior da qual se encontra uma explicação da quantificação restrita. Alguns semanticistas consideram que esses quantificadores representem coisas; porém, outros – digno de nota, Davidson (ver Capítulo 2) – não. Talvez Linsky tenha em mente algo muito diferente do que Russell tinha ao empregar a expressão "símbolo incompleto". Até onde posso averiguar, minha interpretação de Russell se enquadra com a de Kaplan (1972) no que tange a símbolos incompletos, forma lógica e definição contextual. O porquê de Linsky considerar que Kaplan e eu tomamos posições opostas numa controvérsia estéril é um mistério.

REFERÊNCIAS BIBLIOGRÁFICAS

ACHINSTEIN, P. Causation, Transparency, and Emphasis. *Canadian Journal of Philosophy*, Alberta, 5, 1--23, 1975.

_____. The Causal Relation. In: FRENCH, P. A.; UEHLING, T. E.; WETTSTEIN, H. K. (eds.). *Midwest Studies in Philosophy, iv*: Studies in Metaphysics. Minneapolis: University of Minnesota Press, 1979. p.369-86.

ALSTON, W. P. *A Realist Conception of Truth*. Nova York: Cornell University Press, 1996.

ALTMAN, A.; BRADIE, M.; MILLER, D., Jr. On Doing without Events, *Philosophical Studies*, Springer Netherlands, 36, p.301-6. 1979.

ANDERSON, A. R.; BELNAP, N. D., Jr. Tautological Entailment, *Philosophical Studies*, Springer Netherlands, 13, p.9-24. 1962.

ANSCOMBE, G. E. *An Introduction to Wittgenstein's "Tractatus"*. London: Hutchison, 1959.

_____. Causality and Extensionality. *Journal of Philosophy*, Nova York, 66, p.152-9. 1969.

ARMSTRONG, D. A World of States of Affairs. In: J. TOMBERLIN (ed.). *Philosophical Perspectives*, Malden, 7, p.429-40. 1993.

_____. *A World of States of Affairs*. Cambridge: Cambridge University Press, 1997.

AUNE, B. *Metaphysics: The Elements.* Minneapolis: University of Minnesota Press, 1985.
AUSTIN, J. L. Truth, *Proceedings of the Aristotelian Society*, suppl. v.24, Londres, p.111-28. 1950; reimpr. in URMSON, J. O.; WARNOCK; G. J. (eds.). *Philosophical Papers.* Oxford: Oxford University Press, 1961. p.85-101.
AUSTIN, J. L. Unfair to Facts. 1954. In: URMSON, J. O.; WARNOCK, G. J. (eds.). *Philosophical Papers.* Oxford: Oxford University Press, 1961. p.101-22.
BACH, K. S. *Thought and Reference.* Oxford: Oxford University Press, 1994.
BARWISE, J.; COOPER, R. Generalized Quantifiers and Natural Language, *Linguistics and Philosophy*, Springer Netherlands, 4, p.159-219. 1981.
BARWISE, J.; ETCHEMENDY, J. *The Liar: An Essay on Truth and Circularity.* Oxford: Clarendon Press, 1989.
BARWISE, J.; PERRY, J. The Situation Underground. In: BARWISE, J.; SAG, I. A. (eds.). *Stanford Working Papers in Linguistics.* Stanford: Stanford Cognitive Science Group, 1980. p.88-101.
BARWISE, J.; PERRY, J. Semantic Innocence and Uncompromising Situations. In: FRENCH, P. A.; UEHLING, T. E. Jr.; WETTSTEIN, H. K. (eds.). *Midwest Studies in Philosophy*, vi: *The Foundations of Analytic Philosophy.* Minneapolis: Minnesota University Press, 1981, p.387-403.
_____. *Situations and Attitudes.* Cambridge: MIT Press, 1983.
BAYLIS, C. A. Facts, Propositions, Exemplification and Truth. *Mind*, Oxford, 57, p.459-79. 1948.
_____. Lewis' Theory of Facts. In: SCHILPP, P. A. (ed.). *The Philosophy of C. I. Lewis.* LaSalle: Open Court, 1968. p.201-22.
BENNETT, A. A.; BAYLIS, C. A. *Formal Logic: A Modern Introduction.* Nova York: Prentice-Hall, 1939.
BENNETT, J. *Events and their Names.* Nova York: Hackett, 1988.
BERGMANN, G. *Meaning and Existence.* Madison: University of Wisconsin, 1960.

BERGMANN, G. *New Foundations of Ontology*. Madison: University of Wisconsin Press, 1992.

BERNAYS, P. Review of Gödel's Russell's Mathematical Logic, *Journal of Symbolic Logic*, Nova York, 11, p.75-9. 1946.

BILGRAMI, A. Is Truth a Goal of Inquiry? Rorty and Davidson on Truth. In: BRANDOM, R. (ed.). *Rorty and his Critics*. Oxford: Blackwell, 2000. p.242-62.

BLACKBURN, W. Wettstein on Definite Descriptions. *Philosophical Studies*, Springer Netherlands, 53, p.263-78. 1988.

BRANDOM, R. *Making it Explicit: Reasoning, Representing, and Discursive Commitment*. Cambridge: Harvard University Press, 1994.

BURGE, T. Truth and Singular Terms, *Nous*, Malden, 8, p.309-25. 1974.

_____. Frege on Truth. In: HAAPARANTA L.; HINTIKKA J. (eds.). *Frege Synthesized*. Dordrecht: Reidel, 1986. p.97-154.

_____. On Davidson's "Saying That". In: LEPORE, E. (ed.). *Truth and Interpretation*. Oxford: Blackwell, 1986b. p.190-208.

BURKS, A. The Logic of Causal Propositions, *Mind*, Oxford, 60, p.363-82. 1951.

CARNAP, R. *The Logical Syntax of Language*. London: Kegan Paul, 1937.

_____. *Introduction to Semantics*. Cambridge: Harvard University Press, 1942.

_____. *Meaning and Necessity*. Chicago: University of Chicago, 1947.

CARTWRIGHT, R. Some Remarks on Essentialism, *Nous*, Malden, 2, p.229-46. 1968.

CHISHOLM, R. Query on Substitutivity. *Boston Studies in the Philosophy of Science*, v.II. Dordrecht: Reidel, 1965. p.275-8.

CHURCH, A. A Formulation of the Simple Theory of Types. *Journal of Symbolic Logic*, Nova York, 5, p.56-68. 1940.

_____. Review of Quine's "Whitehead and the Rise of Modern Logic". *Journal of Symbolic Logic*, Nova York, 7, p.100-1. 1942.

CHURCH, A. Review of Carnap's *Introduction to Semantics*. *Philosophical Review*, Durham, 52, p.298-304. 1943a.

_____. Review of Quine's "Notes on Existence and Necessity". *Journal of Symbolic Logic*, Nova York, 8, p.45-7. 1943b.

_____. *Introduction to Mathematical Logic*, pt. I. Princeton: Princeton University Press, 1944.

_____. *Introduction to Mathematical Logic*. Princeton: Princeton University Press, 1956.

CLARK, E. On the Acquisition of the Meaning of "Before" and "After". *Journal of Verbal Learning and Verbal Behavior*, Elsevier, 10, p.266-75. 1971.

_____. Facts, Fact-Correlates, and Fact-Surrogates. In: WELSH, P. (ed.). *Fact, Value, and Perception: Essays in Honor of Charles A. Baylis*. Durham: Duke University Press, 1975.

COOPER, R. The Interpretation of Pronouns. In: HENY, F.; SCHNELLE, H. (eds.). *Syntax and Semantics*, x: *Selections from the Third Groningen Round Table*. Nova York: Academic Press, 1979. p.61-92.

CRESSWELL, M. *Logics and Languages*. Londres: Methuen, 1973.

_____. Identity and Intensional Objects, *Philosophia*, Springer Netherlands, 5, p.47-68. 1975.

CUMMINS, R.; GOTTLIEB, D. On an Argument for Truth- Functionality, *American Philosophical Quarterly*, Urbana-Champaign, 9, p.265-9. 1972.

DALE, A. J. Reference, Truth-Functionality, and Causal Connectives, *Analysis*, Oxford, 38, p.99-106. 1978.

DAVIDSON, D. True to the Facts, *Journal of Philosophy*, Nova York, 66, p.748-64. 1969.

_____. *Essays on Actions and Events*. Oxford: Clarendon Press, 1980.

_____. *Inquiries into Truth and Interpretation*. Oxford: Clarendon Press. 1984.

_____. A Coherence Theory of Truth and Knowledge. In: LEPORE, E. (ed.). *Truth and Interpretation: Perspectives on the*

Philosophy of Donald Davidson. Oxford: Blackwell, 1986. p.307-19.

DAVIDSON, D. The Myth of the Subjective. In: KRAUSZ, M. (ed.). *Relativism: Interpretation and Confrontation*. Notre Dame: University of Notre Dame Press, 1989. p.159-72.

_____. The Structure and Content of Truth, *Journal of Philosophy*, Nova York, 87, p.279-328. 1990.

_____. Method and Metaphysics, *Deucalion*, 11, p.239-48. 1993.

_____. Pursuit of the Concept of Truth. In: LEONARDI, P.; SANTAMBROGIO, M. (eds.). *On Quine*. Cambridge: Cambridge University Press, 1995. p.7-21.

_____. The Folly of Trying to Define Truth, *Journal of Philosophy*, Nova York, 93, p.263-78. 1996.

_____. Is Truth a Goal of Inquiry? In: ZEGLEN, U. (ed.). *Donald Davidson: Truth, Meaning and Knowledge*. Londres: Routledge, 1999a. p.17-9.

_____. Reply to Gabriel Segal. In: ZEGLEN, U. (ed.). *Donald Davidson: Truth, Meaning and Knowledge*. Londres: Routledge, 1999b. p.57-8.

_____. Reply to Stephen Neale. In: ZEGLEN, U. (ed.). *Donald Davidson: Truth, Meaning and Knowledge*. Londres: Routledge, 1999c. p.87-9.

_____. Reply to J. J. C. Smart. In: HAHN, L. E. (ed.). *The Philosophy of Donald Davidson*. Chicago: Open Court, 1999d. p.123-5.

_____. Reply to Stephen Neale. In: HAHN, L. E. (ed.). *The Philosophy of Donald Davidson*. Chicago: Open Court, 1999e. p.667-9.

_____. Truth Rehabilitated. In: BRANDOM, B. (ed.). *Rorty and his Critics*. Oxford: Blackwell, 2000. p.65-74.

DAVIES, M. Weak Necessity and Truth Theories, *Journal of Philosophical Logic*, Springer Netherlands, 7, p.15-439. 1978.

_____. *Meaning, Quantification, Necessity*. Londres: Routledge, 1981.

DONAHO, S. Are Declarative Sentences Representational?, *Mind*, Oxford, 107, p.33-58. 1998.

DONNELLAN, K. Reference and Definite Descriptions, *Philosophical Review*, Durham, 75. p.281-304. 1966a.

_____. Substitution and Reference, *Journal of Philosophy*, Nova York, 63, p.685-8. 1966b.

_____. Putting Humpty Dumpty Back Together Again, *Philosophical Review*, Durham, 77, p.203-215. 1968.

_____. Speaker Reference, Descriptions, and Anaphora. In: COLE, P. (ed.). *Syntax and Semantics*, ix: *Pragmatics*. Nova York: Academic Press, 1978. p.47-68.

_____. Presupposition and Intuitions. In: COLE P.(ed.). *Radical Pragmatics*. Nova York: Academic Press, 1981. p.129-42.

DUCASSE, C. J. On the Nature and Observability of the Causal Relation, *Journal of Philosophy*, Nova York, 23, p.57-68. 1926.

_____. Propositions, Opinions, Sentences and Facts, *Journal of Philosophy*, Nova York, 37, p.101-71. 1940.

_____. Is a Fact a True Proposition? A Reply, *Journal of Philosophy*, Nova York, 39, p.133-5. 1942.

_____. Facts, Truth, and Knowledge, *Philosophy and Phenomenological Research*, Malden, 5, p.320-32. 1945.

ETCHEMENDY, J. *The Concept of Logical Consequence*. Cambridge: Harvard University Press, 1990.

EVANS, G. Pronouns, Quantifiers and Relative Clauses (I), *Canadian Journal of Philosophy*, Alberta, 7, p.467-536. 1977.

_____. Pronouns, *Linguistic Inquiry*, Cambridge, 11, p.337-62. 1980.

_____. *The Varieties of Reference*. Oxford: Clarendon Press, 1982.

_____. Does Tense Logic Rest on a Mistake. In his *Collected Papers*. Oxford: Clarendon Press, 1985. p.343-63.

EVANS, G.; MCDOWELL, J. *Truth and Meaning: Essays in Semantics*. Oxford: Clarendon Press, 1976. p.vii-xxiii.

EVNINE, S. *Donald Davidson*. Oxford: Blackwell, 1991.

FIELD, H. Tarski's Theory of Truth, *Journal of Philosophy*, Nova York, 69, p.347-75. 1972; reimpr. em KEMPSON, R. M.

(ed.). *Mental Representations: The Interface between Language and Reality*. Cambridge: Cambridge University Press, 1991. p.83-110.

FINE, K. First-Order Modal Theories III-Facts, *Synthese*, Springer Netherlands, 53, p.43-122.1982.

FITCH, G. The Problem of the Morning Star and the Evening Star, *Philosophy of Science*, Irvine, 16, p.137-41. 1949.

_____. Attribute and Class. In: FARBER, M. (ed.). *Philosophic Thought in France and the United State*. Buffalo: University of Buffalo Press, 1950. p.545-63.

FODOR, J. A.; LEPORE, E. *Holism: A Shopper's Guide*. Oxford: Blackwell, 1992.

FODOR, J. D.; SAG, I. Referential and Quantificational Indefinites, *Linguistics and Philosophy*, Springer Netherlands, 5, p.355-98.1982.

FØLLESDAL, D. *Referential Opacity and Modal Logic*, Cambridge,1961. Tese de Doutorado – Harvard University.

_____. Quantification into Causal Contexts, *Boston Studies in the Philosophy of Science*, v.II. Dordrecht: Reidel, 1965. p.263-74.

_____. Referential Opacity and Modal Logic, *Filosofiske Problemer*, v.XXXII. Oslo: Universitetforslaget, 1966.

_____. Knowledge, Identity, and Existence, *Theoria*, Malden, 33, p.1-27. 1967.

_____. Quine on Modality. In: DAVIDSON, D.; HINTIKKA, J. (eds.). *Words and Objections*. Dordrecht: Reidel, 1969. p.175-85.

_____. Situation Semantics and the Slingshot, *Erkenntnis*, Springer Netherlands, 19, p.91-8. 1983.

FOSTER, J. Meaning and Truth Theory. In: EVANS, G.; MCDOWELL, J. (eds.). *Truth and Meaning: Essays in Semantics*. Oxford: Clarendon Press, 1976. p.1-32.

_____. Extension, Intension and Comprehension. In: MUNITZ, M. (ed.). *Logic and Ontology*. Nova York: New York University Press, 1973. p.101-31.

FOSTER, J.; LAMBERT, K. On Free Description Theory, *Zeitschrift fur mathematische Logik und Grundlagen der Mathematik*, Berlim, 13, p.225-40. 1967.

FREGE, G. *BegriJfsschrift*.Traduzido para inglês por J. van Heijenoort (ed.) em *From Frege to Godel*. Cambridge: Harvard University Press, 1967.

_____. Über Sinn und Bedeutung, *Zeitschrift fur Philosophie und Philosophische Kritik*, Berlim, 100, p.25-50. 1892; traduzido para o inglês como "On Sense and Reference". In: GEACH, P.; BLACK, M. (eds.). *Translations from the Philosophical Writings of Gottlob Frege*. Oxford: Blackwell, 1952. p.56-78.

_____. *Die Grundgesetze der Arithmetik*, v.I. 1893. Traduzido para o inglês por. M. Furth como *The Basic Laws of Arithmetic*. Berkeley e Los Angeles: University of California Press, 1964.

FREGE, G. Letter to Husserl, 30 Oct.-1 Nov. 1906*a*, in G. Frege, *Philosophical and Mathematical Correspondence*. Oxford: Blackwell, 1980. p.66-70.

_____. Letter to Husserl, December 9th, 1906*b*. In: FREGE, G. *Philosophical and Mathematical Correspondence*. Oxford: Blackwell, 1980. p.70-1.

_____. A Brief Survey of my Logical Doctrines, 1906*c*. In: FREGE, G. *Posthumous Writings*. Oxford: Blackwell, 1979. p.197-202.

_____. Der Gedanke. Eine logische Untersuchung, *Beitrage zur Philosophie des deutschen Idealismus*, v.I, 1919. Trad. para o inglês por A. M. e A. Quinton como "The Thought: A Logical Inquiry", *Mind*, Oxford, 65, p.289-311. 1956; reimpr. em STRAWSON, P. F. (ed.). *Philosophical Logic*. Oxford: Oxford University Press, 1967. p.17-38.

GALE, R. Strawson's Restricted Theory of Referring, *Philosophical Quarterly*, Malden, 20, p.162-5. 1995.

GANERI, J. Contextually Incomplete Descriptions - a New Counterexample to Russell?, *Analysis*, Oxford, 55, p.287-90.1995.

GEACH, P. T. *Logic Matters*. Berkeley: University of California Press, 1972.

GÖDEL, K. Russell's Mathematical Logic. In: SCHILPP, P. A. (ed.). *The Philosophy of Bertrand Russell*. Evanston: Northwestern University Press, 1944. p.125-53.

_____, K. *Kurt Godel, Collected Works*, v.II. FEFERMAN, S. et al ed. Oxford: Clarendon Press, 1990.

GOTTLIEB, D.; DAVIS, L. Extensionality and Singular Causal Sentences, *Philosophical Studies*, Springer Netherlands, 25, p.69-72. 1974.

GRAFF, D. Descriptions as Predicates, *Philosophical Studies*, Springer Netherlands, 102, p.1-42. 2001.

GRANDY, R. A Definition of Truth for Theories with Intensional Definite Description Operators, *Journal of Philosophical Logic*, Springer Netherlands, 1, p.137-55. 1972.

GRICE, H. P. *Studies in the Way of Words*. Cambridge: Harvard University Press, 1989.

GROSSMAN, R. *The Categorial Structure of the World*. Bloomington: Indiana University Press, 1983.

_____. *The Existence of the World*. Londres: Routledge, 1992.

HALLDÉN, S. *The Logic of Nonsense*. Uppsala: Uppsala Universitets Arsskrift, 1949.

HARMAN, G. Deep Structure as Logical Form. In DAVIDSON, D.; HARMAN, G. (eds.). *Semantics of Natural Language*. Dordrecht: Reidel, 1972. p.25-47.

HARRÉ, R., MADDEN, E. H. *Causal Powers: A Theory of Natural Necessity*. Oxford: Blackwell, 1975.

HERBST, P. The Nature of Facts. *Australasian Journal of Philosophy*, Londres, 30, p.90-116. 1952.

HIGGINBOTHAM, J. The Logic of Perceptual Reports: an Extensional Alternative to Situation Semantics, *Journal of Philosophy*, Nova York, 80, p.100-27. 1983.

_____. Contexts, Models, and Meanings: A Note on the Data of Semantics. In: KEMPSON, R. M. (ed.). *Mental Representations: The Interface between Language and Reality*. Cambridge: Cambridge University Press, 1988. p.29-48.

HIGGINBOTHAM, J. Truth and Understanding. *Philosophical Studies*, Springer Netherlands, 65, p.3-16. 1992.

_____. Perceptual Reports Revisited. In: STAINTON, R. (ed.). *Philosophy and Linguistics*.Cambridge: MIT Press, 1999. p.11-33.

HIGGINBOTHAM, J.; MAY, R. Questions, Quantifiers and Crossing, *Linguistic Review*, Netherlands, 1, p.41-80. 1981.

HILBERT, D.; BERNAYS, P. *Grundlagen der Mathematik*, v.I. 1934. Berlim: Springer, 1968, segunda edição.

HINTIKKA, J. Modes of Modality, *Acta Philosophica Fennica*, Helsinque, 16, p.65-82. 1963.

_____. Logic and Philosophy. In: KLIBANSKY. R. (ed.). *Contemporary Philosophy*. Florence: La Nuova Italia Editrice, 1968. p.3-30.

HINTIKKA, J.; KULAS, J. *Anaphora and Definite Descriptions.* Dordrecht: Reidel, 1985.

HINTIKKA, J.; SANDU, G. *On the Methodology of Linguistics: A Case Study.* Oxford: Blackwell, 1991.

HOCHBERG, H. Descriptions, Substitution, and Intentional Contexts In his *Thought, Fact, and Reference: Origins of Ontology and Logical Atomism*. Minneapolis: University of Minnesota Press, 1978.

_____. Facts and Truth. In his *Logic, Ontology, and Language: Essays on Truth and Reality*. Munich: Philosophia Verlag, 1984. p.279-95.

HORGAN, T. The Case against Events, *Philosophical Review*, Durham, 87, p.28-47. 1978.

_____. Substitutivity and the Causal Connective, *Philosophical Studies*, Springer Netherlands, 42, p.47- 52. 1982.

HORNSBY, J. The Identity Theory of Truth, Presidential Address, *Proceedings of the Aristotelian Society*, Londres, 97, p.1-24.1996.

HORNSTEIN, N. *Logic as Grammar*. Cambridge: MIT Press, 1984.

HUSSERL, E. *Logische Untersuchungen*, v.II, 1913. 2.ed. Halle: Niemeyer; Trad. para o inglês por J. N. Findlay. Londres: Routledge & Kegan Paul, 1970.

JOHNSON, H. The Meaning of 'Before' and 'After' for Preschool Children, *Journal of Experimental Child Psychology*, Elsevier, 19, p.88-99. 1975.

KALISH, D.; MONTAGUE, R.; MAR, D. *Logic: Techniques of Formal Reasoning*, 2.ed. Nova York: Harcourt, Brace, Jovanovich, 1980.

KANGER, S. *Provability in Logic*. Stockholm: Almqvist & Wiksill, 1957.

KAPLAN, D. *Foundations of Intensional Logic*, Los Angeles, 1964. Tese de Doutorado, University of California, Los Angeles.

_____. What is Russell's Theory of Descriptions? In: PEARS, D. F. (ed.). *Bertrand Russell: A Collection of Critical Essays*. Garden City: Doubleday Anchor, 1972. p.227-44.

_____. Dthat. In: COLE, P. (ed.). *Syntax and Semantics*, ix: *Pragmatics*. New York: Academic Press, 1978. p.221-43.

_____. Opacity. In: HAHN, L. E.; SCHILPP, P. A. (eds.). *The Philosophy of W. V. Quine*. LaSalle: Open Court, 1986. p.229-89.

_____. Demonstratives. In: ALMOG, J.; PERRY, J.; WETTSTEIN, H. (eds.). *Themes from Kaplan*. Nova York: Oxford University Press, 1989a. p.481-563.

KAPLAN, D. Afterthoughts. In: ALMOG, J.; PERRY, J.; WETTSTEIN, H. (eds.). *Themes from Kaplan*. Nova York: Oxford University Press, 1989b. p.565-614.

KIM, J. *Supervenience and Mind*. Cambridge: Cambridge University Press, 1993.

KÖRNER, S. *The Philosophy of Mathematics*. London: Hutchison, 1960.

KRIPKE, S. A. Semantical Considerations on Modal Logic, *Acta Philosophica Fennica*, Helsinque, 16, p.83-94. 1963a.

_____. Semantical Analysis of Modal Logic: I, Normal Modal Propositional Calculi, *Zeitschrift fur Mathematische Logik und Grundlagen der Mathematik*, Berlim, 9, p.67-96. 1963b.

KRIPKE, S. A. Identity and Necessity. In: MUNITZ, M. K. (ed.). *Identity and Individuation*. Nova York: New York University Press, 1971. p.135-64; reimpr.em SCHWARTZ, S. P. (ed.). *Naming, Necessity, and Natural Kinds*. Ithaca: Cornell University Press, 1971. p.66-101.

KRIPKE, S. A. Speaker Reference and Semantic Reference. In: FRENCH, P. A.; UEHLING, T. E., WETTSTEIN, H. K. *Contemporary Perspectives in the Philosophy of Language*. Minneapolis: University of Minnesota Press, 1977. p.6-27.

_____. A Puzzle about Belief. In: MARGALIT, A. (ed.). *Meaning and Use*. Dordrecht: Reidel, 1979. p.239-83.

_____. *Naming and Necessity*. Cambridge: Harvard University Press, 1980.

LAMBERT, K. Notes on "E!" III: A Theory of Descriptions, *Philosophical Studies*, Springer Netherlands,13, p.51-8. 1962.

_____. A Theory of Definite Descriptions. In: LAMBERT, K. (ed.). *Philosophical Applications of Free Logic*. Oxford: Clarendon Press, 1991. p.17-27.

LARSON, R. K.; SEGAL, G. *Knowledge of Meaning: An Introduction to Semantic Theory*. Cambridge: MIT Press, 1995.

LEPORE, E. Truth in Meaning. In: LEPORE, E. (ed.). *Truth and Interpretation*. Oxford: Blackwell, 1986. p.3-26.

LEPORE, E.; LOEWER, B. What Davidson should have Said. In: VILLANUEVA, E. (ed.). *Information, Semantics and Epistemology*. Oxford: Blackwell, 1990. p.190-9.

LEVIN, M. The Extensionality of Causation and Causal Explanatory Contexts, *Philosophy of Science*, Irvine, 43, p.266-77. 1976.

LEWIS, C. I. Facts, Systems, and the Unity of the World, *Journal of Philosophy*, Nova York, 20/6, p.141-51. 1923 ; reimpr. em GOHEEN, J. D. and MOTHER-SHEAD, J. L., Jr. (eds.). *Collected Papers of Clarence Irving Lewis*. Stanford: Stanford University Press, 1970. p.383-93.

_____. The Modes of Meaning, *Philosophy and Phenomenological Research*, 4/2 (1943-4), p.236-49. 1944; reimpr. em GOHEEN,

J. D. and MOTHERSHEAD, J. L., Jr. (eds.). *Collected Papers of Clarence Irving Lewis*. Stanford: Stanford University Press, 1970. p.303-16.

_____. *An Analysis of Knowledge and Valuation*. LaSalle: Open Court, 1946.

LEWIS, C. I. Replies to my Critics. In: SCHILPP, P. A. (ed.). *The Philosophy of C. I. Lewis*. LaSalle: Open Court, 1968. p.653-76.

LEWIS, D. K. *Counterfactuals*. Oxford: Blackwell, 1973.

_____. Adverbs of Quantification. In: KEENAN, E. (ed.). *Formal Semantics of Natural Language*. Cambridge: Cambridge University Press, 1975. p.3-15.

_____. Scorekeeping in a Language Game, *Journal of Philosophical Logic*, Springer Netherlands, 8, p.339- 59. 1979.

_____. *The Plurality of Worlds*. Oxford: Blackwell, 1985.

LINDSTRÖM, P. First-order Predicate Logic with Generalized Quantifiers, *Theoria*, Malden, 32, p.186-95. 1966.

_____. Critical Study of Jon Barwise and John Perry's *Situations and Attitudes*, *Nous*, Malden, 25, p.743-70. 1991.

LINSKY, B. A Note on the 'Carving up Content Principle' in Frege's Theory of Sense, *Notre Dame Journal of Formal Logic*, Notre Dame, 33, p.126-35. 1992a.

_____. The Logical Form of Descriptions, *Dialogue*, Cambridge, 31/4, p.677-83. 1992b.

_____. Russell's Logical Form, LF and Truth Conditions. In: PREYER, G. (ed.) *Logical Form*. Oxford: Oxford University Press, no prelo.

_____. Substitutivity and Descriptions, *Journal of Philosophy*, Nova York, 63, p.677-83. 1966.

LEWIS, C. I. *Names and Descriptions*. Chicago: University of Chicago Press, 1977.

_____. *Oblique Contexts*. Chicago: University of Chicago Press, 1983.

LOAR, B. Two Theories of Meaning. In: EVANS, G.; MCDOWELL, J. (eds.). *Truth and Meaning: Essays in Semantics*. Oxford: Clarendon Press, p.138-61. 1976.

LOMBARD, B. The Extensionality of Causal Contexts: Comments on Rosenberg and Martin. In: FRENCH, P. A.; UEHLING, T. E.; WETTSTEIN, H. K. (eds.). *Midwest Studies in Philosophy*, iv: *Studies in Metaphysics*. Minneapolis: University of Minnesota Press, 1979. p.409-15.

LUDLOW, P.; NEALE, S. R. A. Indefinite Descriptions: In: Defence of Russell, *Linguistics and Philosophy*, Springer Netherlands,14/2, p.171-202. 1991.

LYCAN, W. The Extensionality of Cause, Space, and Time, *Mind*, Oxford, 83, p.498-511. 1974.

_____. *Logical Form in Natural Language*. Cambridge: MIT Press, 1984.

MCDOWELL, J. On the Sense and Reference of a Proper Name, *Mind*, Oxford, 86, p.159-85. 1977.

MCGINN, C. A Note on the Frege Argument, *Mind*, Oxford, 85, p.422-3. 1976.

MACKIE, J. L. Causes and Conditions, *American Philosophical Quarterly*, Urbana-Champaign, 2, p.245-64. 1965.

_____. *The Cement of the Universe*. Oxford: Clarendon Press, 1974.

MANNING, R. N. All Facts Great and Small, *Protosociology*, Frankfurt, 11, p.18-40. 1998.

MARCUS, R. The Identity of Individuals in a Strict Functional Calculus of First Order, *Journal of Symbolic Logic*, Nova York, 12, p.12-15. 1947.

_____. Review of Smullyan's "Modality and Description", *Journal of Symbolic Logic*, Nova York, 13, p.149-50. 1948.

_____. Modalities and Intensional Languages, *Synthese*, Springer Netherlands, 27, p.303-22. 1962; reimpr. em COPI, I. M.; GOULD, J. A. (eds.). *Contemporary Philosophical Logic*. Nova York: St Martin's Press, 1978. p.257-72.

MARGALIT, A. Frege and the Slingshot, *Iyyun*, Jerusalém, 33, p.414-21. 1984.

MARTI, G. Do Modal Distinctions Collapse in Carnap's System?, *Journal of Philosophical Logic*, Springer Netherlands, 23, p.575-93. 1994.

MATES, B. Descriptions and Reference, *Foundations of Language*, Dordrecht, 10, p.409-18. 1973.
MELLOR, H. *Matters of Metaphysics*. Cambridge: Cambridge University Press, 1991.
_____. *The Facts of Causation*. Londres: Routledge, 1995.
MONTAGUE, R. Syntactical Treatments of Modality, with Corollaries on Reflexion Principles and Finite Axiomatizability, *Acta Philosophica Fennica*, Helsinque, 16, p.153-68. 1963.
MONTAGUE, R.; KALISH, D. ',"That' , *Philosophical Studies*, Springer Netherlands, 10, p.54-61. 1959.
MOORE, G. E. Russell's 'Theory of Descriptions'. In: SCHILPP, P. A. (ed.). *The Philosophy of Bertrand Russell*. Nova York: Tudor, 1944. p.177-225.
_____. *Some Main Problems in Philosophy*. Londres: Unwin, 1956.
MORTON, A. Extensional and Non-Truth-Functional Contexts, *Journal of Philosophy*, Nova York, 66, p.159-64. 1969.
MOSTOWSKI, A. On a Generalization of Quantifiers, *Fundamenta Mathematica*, Varsóvia, 44, p.12-36. 1957.
NEALE, S. R. A. Events and Logical Form, *Linguistics and Philosophy*, Springer Netherlands, 11/3, p.303-21.1988.
_____. On *One* as an Anaphor, *Behavioral and Brain Sciences*, Cambridge, p.353-4. 1989.
_____. *Descriptions*. Cambridge: MIT Press, 1990.
_____. Grammatical Form, Logical Form, and Incomplete Symbols. In: IRVINE, A. D.; WEDEKING, G. A. (eds.). *Russell and Analytic Philosophy*. Toronto: University of Toronto Press, 1993*a*. p.97-139.
_____. Term Limits, *Philosophical Perspectives*, Malden, 7, p.89-124.1993*b*.
_____. The Philosophical Significance of Gödel's Slingshot, *Mind*, Oxford, 104, p.761-825. 1995.
_____. On Representing. In: HAHN, L. E. (ed.). *The Philosophy of Donald Davidson*. Chicago: Open Court, 1999*a*. p.657-66.

NEALE, S. R. A. From Semantics to Ontology. In: ZEGLEN, U. (ed.). *Donald Davidson: Truth, Meaning and Knowledge*. Londres: Routledge, 1999b. p.77-87.

_____. Colouring and Composition. In: STAINTON, R. (ed.). *Philosophy and Linguistics*. Cambridge: MIT Press, 1999c. p.35-82.

_____. On a Milestone of Empiricism. In: KOTATKO, P.; ORENSTEIN, A. (eds.). *Knowledge, Language and Logic: Questions for Quine*. Dordrecht: Kluwer, 2000a. p.237-346.

NEALE, S. R. A.; DEVER, J. Slingshots and Boomerangs, *Mind*, Oxford, 106, p.143- 68. 1997.

NEEDHAM, P. Causation: Relation or Connective, *Dialectica*, Malden, 42, p.201-19. 1988.

_____. The Causal Connective. In: FAYE, J.; SCHEFFLER, U.; URCHS, M. (eds.). *Logic and Causal Reasoning*. Berlim: Akademie Verlag, 1994. p.67-89.

OMELYANCHYK, V. *Constructive Belief and the Slingshot*. (No prelo.)

OLIVER, A. Facts. In: CRAIG, E. (ed.). *The Routledge Encyclopaedia of Philosophy*, v.III. Londres: Routledge, 1998. p.535-7.

OLSON, K. *An Essay on Facts*. Stanford: CSLI Publications, 1987.

OPPY, G. The Philosophical Insignificance of Gödel's Slingshot, *Mind*, Oxford, 106, p.121-41. 1997.

PAP, A. Dispositions, Concepts, and Extensional Logic. 1958. In: FEIGL, H. et al. (eds.). *Minnesota Studies in the Philosophy of Science*. v.II. Minneapolis: University of Minnesota, 1958. p.196-224.

PARSONS, C. Introductory Note to [Gödel] 1944. In: FEFERMAN, S. et al. (eds.). *Kurt Godel, Collected Works*, v.II. Oxford: Clarendon Press, 1990. p.102-18.

PARSONS, T. *Pronouns as Paraphrases*. Manuscrito. University of Massachusetts at Amherst. 1978.

PATTON, T. E. Explaining Referential/Attributive, *Mind*, Oxford, 106, p.245-61. 1997.

PERRY, J. Evading the Slingshot. In: CLARK, A. et al. (eds.). *Philosophy and Cognitive Science.* Dordrecht: Kluwer, 1996. p.95-114.

POLLOCK, J. *The Foundations of Philosophical Semantics.* Princeton: Princeton University Press, 1984.

PRIOR, A. Facts, Propositions and Entailment, *Mind,* Oxford, 57, p.62-8. 1948.

_____. The Correspondence Theory of Truth. In: EDWARDS, P. (ed.). *The Encyclopaedia of Philosophy.* Nova York: MacMillan, 1967.

QUESADA, D. States of Affairs and the Evolution of Carnap's Semantics, *Logique et Analyse,* Bristol, 141/2, p.149-57. 1993.

QUINE, W. V. Truth by Convention. In: LEE, O. H. (ed.). *Philosophical Essays for A. N. Whitehead.* Nova York: Longmans, 1936; reimpr. rev. em QUINE, W. V. *The Ways of Paradox and Other Essays.* 2.ed., rev. e aum. Cambridge: Harvard University Press, 1976. p.77-106.

_____. *Mathematical Logic.* Cambridge: Harvard University Press, 1940; rev. 1951.

_____. Whitehead and the Rise of Modern Logic. In: SCHILPP, P. A. (ed.). *The Philosophy of Alfred North Whitehead.* Evanston: Northwestern University Press, 1941a. p.127-63; reimpr. em QUINE, W. V. *Selected Logic Papers,* aumentada and rev. Cambridge: Harvard University Press. p.3-36.

_____. Review of Russell's *Inquiry into Meaning and Truth, Journal of Symbolic Logic,* Nova York, 6, p.29-30. 1941b.

_____. Notes on Existence and Necessity, *Journal of Philosophy,* Nova York, 40, p.113-27. 1943.

_____. On the Problem of Interpreting Modal Logic, *Journal of Symbolic Logic,* Nova York, 12, p.43-8. 1947.

_____. On What There Is. In: QUINE, W. V. *From a Logical Point of View.* Cambridge: Harvard University Press, 1953a. p.1-19; rev. 1961, 1980.

QUINE, W. V. New Foundations for Mathematical Logic. In: QUINE, W. V. *From a Logical Point of View*. Cambridge: Harvard University Press, 1953b. p.80-101.

_____. Reference and Modality. In: QUINE, W. V. *From a Logical Point of View*. Cambridge: Harvard University Press,1953c. p.139-59.

_____. Meaning and Inference. In: QUINE, W. V. *From a Logical Point of View*. Cambridge: Harvard University Press,1953d. p.160-7.

_____. Three Grades of Modal Involvement. *Proceedings of the XIth International Congress of Philosophy*, Bruxelas, 1953, v.14. Amsterdam: North Holland, p.65-81; reimpr. em QUINE, W. V. *The Ways of Paradox*, rev. aum. Cambridge: Howard University Press, 1975. p.158-76.

_____. Quantifiers and Propositional Attitudes, *Journal of Philosophy*, Nova York, 53, p.177- 187. 1956.

_____. *Word and Object*. Cambridge: MIT Press, 1960.

_____. Reference and Modality. In: QUINE, W. V. *From a Logical Point of View*, 2.ed. Cambridge: Harvard University Press, 1961. p.139-59.

_____. Reply to Professor Marcus. In: WARTOFSKY, M. W. (ed.). *Proceedings of the Boston Colloquium for the Philosophy of Science*, 1961-2. p.97-104.

_____. Russell's Ontological Development, *Journal of Philosophy*, Nova York, 63, p.657-67. 1966.

_____. Replies. In: DAVIDSON, D.; HINTIKKA, J. (eds.). *Words and Objections*. Dordrecht: Reidel, 1969. p.292-352.

_____. *Philosophy of Logic*, 2.ed. Cambridge: Harvard University Press, 1970.

_____. Review of G. Evans and J. McDowell (eds.). *Truth and Meaning, Journal of Philosophy*, Nova York, 74, p. 225-41. 1977.

_____. Reference and Modality. 2.rev. versão in: QUINE, W. V. *From a Logical Point of View*, 2.ed., rev. Nova York: Harper & Row, 1980. p.139-59.

QUINE, W. V. Five Milestones of Empiricism. In: QUINE, W. V. *Theories and Things*. Cambridge: Harvard University Press, 1981. p.67-82.

_____. *Methods of Logic*, 4.ed. Cambridge: Harvard University Press, 1982.

_____. Reply to Neale. In: KOTATKO, P.; ORENSTEIN, A. (eds.). *Knowledge, Language and Logic: Questions for Quine*. Dordrecht: Kluwer, 2000. p.426-7.

RAMSEY, F. P. Facts and Propositions, *Aristotelian Society*, Londres, 7, p.153-70. 1927.

REED, S. The Slingshot Argument, *Logique et Analyse*, Bristol, 143/4, p.195-218. 1993.

REICHENBACH, H. *Elements of Symbolic Logic*. Nova York: Macmillan, 1947.

RODRIGUEZ-PEREYRA, G. Searle's Correspondence Theory of Truth and the Slingshot, *Philosophical Quarterly*, Malden, 48, p.513-22. 1998*a*.

_____. Mellor's Facts and Chances of Causation, *Analysis*, Oxford, 58/3, p.175-81. 1998*b*.

RORTY, R. *Philosophy and the Mirror of Nature*. Princeton: Princeton University Press, 1979.

_____. Pragmatism, Davidson and Truth. In: LEPORE, E. (ed.). *Truth and Interpretation: Perspectives on the Philosophy of Donald Davidson*. Oxford: Blackwell, 1986. p.333-53.

_____. *Objectivity, Relativism, and Truth: Philosophical Papers*, v.I. Cambridge: Cambridge University Press, 1991.

_____. Twenty-Five Years After. In: RORTY, R. (ed.). *The Linguistic Turn*. 2.ed. London: Hackett, 1992. p.371-4.

ROSENBERG, A.; MARTIN, R. The Extensionality of Causal Contexts. In: FRENCH, P. A.; UEHLING, T. E.; WETTSTEIN, H. K. (eds.). *Midwest Studies in Philosophy*, iv: *Studies in Metaphysics*. Minneapolis: University of Minnesota Press, 1979. p.401-8.

ROVANE, C. The Metaphysics of Interpretation. In: LEPORE, E. (ed.). *Truth and Interpretation: Perspectives on the Philosophy of Donald Davidson*. Oxford: Blackwell, 1984. p.417-29.

RUNDLE, B. (1965), Modality and Quantification. In: BUTLER, R. J. (ed.). *Analytical Philosophy*, 2.ed. Oxford: Blackwell, 1965. p.27-39.

_____. *The Principles of Mathematics*. London: George Allen & Unwin, 1903.

_____. Letter to Frege, 1904. In: FREGE, G. *Philosophical and Mathematical Correspondence*. Chicago: University of Chicago Press, 1980. p.166-70.

_____. On Denoting, *Mind*, Oxford, 14, p.479-93. 1905; reimpr. em MARSH, R. C. (ed.). *Logic and Knowledge*. London: George Allen & Unwin, 1956. p.41-56.

_____. Knowledge by Acquaintance and Knowledge by Description, 1911. In his *Mysticism and Logic*. London: George Allen & Unwin, 1917. p.152-67.

_____. *The Problems of Philosophy*. Oxford: Oxford University Press, 1912.

_____. The Philosophy of Logical Atomism, 1918. In: MARSH, R. C. (ed.). *Logic and Knowledge*. Londres: George Allen & Unwin, 1956. p.177-281.

_____. *Introduction to Mathematical Philosophy*. Londres: George Allen & Unwin, 1919.

_____. Reply to Criticisms. In: SCHILPP, P. A. (ed.). *The Philosophy of Bertrand Russell*. Nova York: Tudor, 1944, p.681-741.

_____. Some Replies to Criticisms. In his *My Philosophical Development*. Nova York: Simon & Schuster, 1959. p.214-54.

SAINSBURY, R. M. *Russell*. Londres: Routledge & Kegan Paul, 1979.

_____. *Logical Forms: An Introduction to Philosophical Logic*. Oxford: Blackwell, 1990.

SAINSBURY, R. M. Russell on Names and Communication. In: IRVINE, A. D.; WEDEKING, G. A. (eds.). *Russell and Analytic Philosophy.* Toronto: University of Toronto Press, 1993. p.3-21.

SALMON, N. *Reference and Essence.* Princeton: Princeton University Press, 1981.

_____. Assertion and Incomplete Definite Descriptions, *Philosophical Studies*, Springer Netherlands, 42, p.37-45. 1982.

_____. *Frege's Puzzle.* Cambridge: MIT Press, 1986.

SALMON, N.; SOAMES, S. Introduction. In: SALMON, N.; SOAMES, S. (eds.). *Propositions and Attitudes.* Oxford: Oxford University Press, 1988. p.1-15.

SCHIFFER, S. *Remnants of Meaning.* Cambridge: MIT Press, 1987.

_____. Descriptions, Indexicals, and Belief Reports: Some Dilemmas (But not the Ones you Expect), *Mind*, Oxford, 104, p.107-131. 1995.

SCHOCK, R. *Logics without Existence Assumptions.* Stockholm: Almqvist & Wiksell, 1968.

SCOTT, D. Existence and Description in Formal Logic. In: SCHOENMAN, R. (ed.). *Bertrand Russell: Philosopher of the Century.* Londres: Allen & Unwin, 1967. p.181-200.

SEARLE, J. *Speech Acts.* Cambridge: Cambridge University Press, 1969.

_____. *Expression and Meaning.* Cambridge: Cambridge University Press, 1979.

_____. *The Construction of Social Reality.* Londres: Free Press, 1995.

_____. Truth: A Reconsideration of Strawson's Views. In: HAHN, L. E. (ed.). *The Philosophy of P.F. Strawson.* Chicago: Open Court, 1998. p.385-401.

SEGAL, G. A Theory of Truth as a Theory of Meaning. In: ZEGLEN, U. (ed.). *Donald Davidson: Truth, Meaning and Knowledge.* Londres: Routledge, 1999. p.48-56.

SELLARS, W. Presupposing, *Philosophical Review*, Durham, 63, p.197-215. 1954.
SHARVY, R. Things, *The Monist*, 53, p.488-504. 1969.
_____. Truth Functionality and Referential Opacity, *Philosophical Studies*, Springer Netherlands, 21, p.5-9. 1970.
_____. Three Types of Referential Opacity, *Philosophy of Science*, Irvine, 39, p.153-61. 1972.
_____. Reply to Wideker, *Philosophia*, Springer Netherlands, 3/4, p.453-5. 1973.
SHORTER, J. M. Facts, Logical Atomism and Reduction, *Australasian Journal of Philosophy*, Londres, 40, p.283-302. 1962.
SKYRMS, B. Tractarian Nominalism, *Philosophical Studies*, Springer Netherlands, 40, p.199-206. 1981.
SLEIGH, R. C. Note on an Argument of Quine's, *Philosophical Studies*, Springer Netherlands, 17, p.91-3. 1966.
SLOTE, M. A. *Metaphysics and Essence*. Oxford: Blackwell, 1974.
SMULLYAN, A. F. Review of Quine's "The Problem of Interpreting Modal Logic", *Journal of Symbolic Logic*, Nova York, 12, p.139-41. 1947.
_____. Modality and Description, *Journal of Symbolic Logic*, Nova York, 13, p.31-7. 1948.
SOAMES, S. Incomplete Definite Descriptions, *Notre Dame Journal of Formal Logic*, Notre Dame, 27, p.349-75. 1986.
_____. Direct Reference, Propositional Attitudes, and Semantic Content, *Philosophical Topics*, Fayetteville, 15, p.47-87. 1987.
_____. Substitutivity. In: THOMSON J. (ed.). *On Being and Saying: Essays for Richard Cartwright*. Cambridge: MIT Press, 1988. p.99-132.
_____. Truth, Meaning, and Understanding, *Philosophical Studies*, Springer Netherlands, 65, p.17-36. 1992.
_____. Introduction. In: HARNISH, M. (ed.). *Basic Topics in the Philosophy of Language*. Englewood Cliffs: Prentice Hall, 1994. p.493-516.
_____. *Understanding Truth*. Nova York: Oxford University Press, 1999.

SOMMERS, F. *Logic of Natural Language*. Oxford: Clarendon Press, 1982.

_____. The World, the Facts, and Primary Logic, *Notre Dame Journal of Formal Logic*, Notre Dame, 34, p.169-182. 1993.

SPERBER, D.; WILSON, D. *Relevance*. Oxford: Blackwell, 1986.

SPRIGGE, T. L. S. *Facts, Words and Beliefs*. Nova York: Humanities Press, 1970.

STALNAKER, R. Pragmatics. In: DAVIDSON, D.; HARMAN, G. (eds.). *Semantics of Natural Language*. Dordrecht: Reidel, 1972, p.380-97.

STERN, C. The Alleged Extensionality of 'Causal Explanatory Concepts', *Philosophy of Science*, Irvine, 45, p.614-25. 1978.

STRAWSON, P. F. Truth, *Proceedings of the Aristotelian Society*, 24, Londres, p.129-56. 1950a.

_____. On Referring, *Mind*, Oxford, 59, p.320-44. 1950b.

_____. *Introduction to Logical Theory*. Londres: Methuen, 1952.

_____. Reply to Mr Sellars, *Philosophical Review*, Durham, 63, p.216-31. 1954.

_____. Identifying Reference and Truth-Values, *Theoria*, Malden, 30, p.96-118. 1964.

_____. *Subject and Predicate in Logic and Grammar*. Londres: Methuen, 1972.

_____. Direct Singular Reference: Intended Reference and Actual Reference. In: NAGL, L.; HEINRICH, R. (eds.). *Wo Steht die Analytische Philosophie Heute*. Viena: Oldenbourg Verlag, p.75-81. 1986.

TARSKI, A. *Logic, Semantics, Metamathematics* Oxford: Clarendon Press, 1956.

TAYLOR, B. States of Affairs. In: EVANS, G.; MCDOWELL, J. (eds.). *Truth and Meaning*. Oxford: Clarendon Press, 1976. p.263-84.

_____. Truth-Theory for Indexical Languages. In: PLATTS, M. (ed.). *Reference, Truth and Reality*. Londres: Routledge & Paul, 1980. p.182-98.

TAYLOR, B. *Modes of Occurrence: Verbs, Adverbs, and Events.* Oxford: Blackwell, 1985.

THOMASON, R. Modal Logic and Metaphysics. In: LAMBERT, K. (ed.). *The Logical Way of Doing Things.* New Haven: Yale University Press, 1969. p.119-46.

TOOLEY, M. *Time, Tense, and Causation.* Oxford: Clarendon, 1997.

TRAVIS, C. Causes, Events and Ontology, *Philosophia*, Springer Netherlands, 3/2-3, p.201-46. 1973.

TRENHOLME, R. Causation and Necessity, *Journal of Philosophy*, Nova York, 72, p.444-65. 1975.

VAN BENTHEM, J. Determiners and Logic, *Linguistics and Philosophy*, Springer Netherlands, 6, p.447-78. 1983.

VAN FRAASSEN, B. Facts and Tautological Entailments, *Journal of Philosophy*, Nova York, 66/15, p.477-87. 1969.

_____. Extension, Intension and Comprehension. In: MUNITZ, M. (ed.). *Logic and Ontology.* Nova York: New York University Press, p.101-31. 1973.

VAN FRAASSEN, B.; LAMBERT, K. On Free Description Theory, *Zeitschrift fur mathematische Logik und Grundlagen der Mathematik*, Berlim, 13, p.225-40. 1967.

VENDLER, Z. Causal Relations, *Journal of Philosophy*, Nova York, 64, p.704-13. 1967a.

_____. *Linguistics in Philosophy.* Ithaca: Cornell University Press, 1967b.

WAGNER, S. California Semantics Meets the Great Fact, *Notre Dame Journal of Formal Logic*, Notre Dame, 27, p.430-55. 1986.

WALLACE, J. Propositional Attitudes and Identity, *Journal of Philosophy*, Nova York, 66, p.145-52. 1969.

WEDBERG, A. *Filosofins Historia: Fran Bolzano till Wittgenstein.* Estocolmo: Bonniers, 1966.

_____. *A History of Philosophy*, III: *From Bolzano to Wittgenstein.* Oxford: Clarendon, 1984.

WEINSTEIN, S. Truth and Demonstratives, *Nous*, Malden, 8, p.179-84. 1974.
WELLS, R. S. The Existence of Facts, *Review of Metaphysics*, Washington, 3, p.1-20. 1949.
WESTERSTÅHL, D. Determiners and Context Sets. In: BENTHEM, J. van; MEULEN, A. (eds.). *Quantiers in Natural Language*. Dordrecht: Foris, 1985. p.45-71.
_____. Quantifiers in Formal and Natural Languages. In: GABBAY, D.; GUENTHER, F. (eds.). *Handbook of Philosophical Logic*, v.iv. Dordrecht: Reidel, 1989. p.1-131.
WETTSTEIN, H. Demonstrative Reference and Definite Descriptions, *Philosophical Studies*, Springer Netherlands, 40, p.241-57. 1981.
WHITEHEAD, A. N.; and Russell, B. *Principia Mathematica*, v.I, 2.ed. Cambridge: Cambridge University Press, 1925.
WIDERKER, D. A Note on Sharvy, *Philosophia*, Springer Netherlands, 3/4, p.449-52. 1973.
_____. The Extensionality Argument, *Nous*, Malden, 17, p.457-68. 1983.
_____. Davidson on Singular Causal Sentences, *Erkenntnis*, Springer Netherlands, 23, p.223-42. 1985.
_____. Reference and Pronominal Descriptions, *Journal of Philosophy*, 88, p.359-87. 1991.
WIGGINS, D. ','Most' and 'All': Some Comments on a Familiar Programme. In: PLATTS, M. (ed.). *Reference, Truth and Reality*. Londres: Routledge & Kegan Paul, 1980a. p.318-46.
_____. *Sameness and Substance*. Cambridge: Harvard University Press, 1980b.
WILLIAMSON, J. Facts and Truth, *Philosophical Quarterly*, Malden, 26, 203-16. 1976.
WILSON, G. Reference and Pronominal Descriptions, *Journal of Philosophy*, Nova York, 88, p.359-87. 1990.
WILSON, N. L. Substances without Substrata, *Review of Metaphysics*, Washington, 12, p.521-39. 1959a.

WILSON, N. L. *The Concept of Language*. Toronto: University of Toronto Press, 1959*b*.

_____. Facts, Events, and their Identity Conditions, *Philosophical Studies*, Springer Netherlands, 25, p.303-21. 1974.

WITTGENSTEIN, L. Logisch-Philosophische Abhandlung, *Annalen der Naturphilosophie*, 1921; trad. por PEARS, D. F.; MCGUINNESS, B. F. como *Tractatus Logico Philosophicus*. Londres: Routledge & Kegan Paul, 1961.

YOURGRAU, P. Frege on Truth and Reference, *Notre Dame Journal of Formal Logic*, Notre Dame, 28, p.132-38. 1987.

GLOSSÁRIO

Princípios de inferência

PSEM. *Princípio de Substitutibilidade para Equivalentes Materiais*:

$$\frac{\phi \equiv \psi \quad \Sigma(\phi)}{\Sigma(\psi)}$$

PSTS. *Princípio de Substitutibilidade para Termos Singulares*:

$$\frac{\alpha = \beta \quad \Sigma(\alpha)}{\Sigma(\beta)} \quad \text{ou} \quad \frac{\Sigma(\alpha) \quad \neg\Sigma(\beta)}{\alpha \neq \beta}$$

PSEL. *Princípio de Substitutibilidade para Equivalentes Lógicos*:

$$\frac{\phi \vDash \dashv \psi \quad \Sigma(\phi)}{\Sigma(\psi)}$$

GE. *Generalização Existencial*:

$$\frac{\Sigma(x/\alpha)}{\exists x \Sigma(x)}$$

ı-SUBS. *Substituição-Iota (Princípio de Substitutibilidade para Descrições Definidas)*:

$$\frac{\imath x\phi = \imath x\psi \quad \imath x\phi = \alpha \quad \imath x\phi = \alpha}{\Sigma(\imath x\psi) \quad \Sigma(\alpha) \quad \Sigma(\imath x\phi)}$$

λ-CONV. *Ou Introdução Lambda ou Eliminação Lambda:*

λ-INTR. *Introdução Lambda:*
$$\frac{T[(\Sigma(x/\alpha)]}{T[(\lambda x\Sigma(x))\alpha]}$$

λ-ELIM. *Eliminação Lambda:*
$$\frac{T[(\lambda x\Sigma(x))\alpha]}{T[\Sigma(x/\alpha)]}$$

ı-CONV. *Ou Introdução Iota ou Eliminação Iota:*

ı-INTR. *Introdução Iota:*
$$\frac{T[\Sigma(x/\alpha)]}{T[\alpha = \imath x(x = \alpha \bullet \Sigma(x))]}$$

ı-ELIM. *Eliminação Iota:*
$$\frac{T[\alpha = \imath x(x = \alpha \bullet \Sigma(x))]}{T[\Sigma(x/\alpha)]}$$

Adaptações de *Principia mathematica*, *14

*14.01 $[\imath x\phi]\Sigma(\imath x\phi) =_{df} \exists x(\forall y(\phi(y) \equiv y = x) \bullet \Sigma(x))$
*14.02 $E!\imath x\phi =_{df} \exists x\forall y(\phi(y) \equiv y = x)$
*14.15 $(\imath x\phi = \alpha) \supset \{\Sigma(\imath x\phi) \equiv \Sigma(\alpha)\}$
*14.16 $(\imath x\phi = \imath x\psi) \supset \{\Sigma(\imath x\phi) \equiv \Sigma(\imath x\psi)\}$
*14.18 $E!\imath x\phi \supset \{\forall x\Sigma(x) \supset \Sigma(\imath x\phi)\}$
*14.3 $\forall f[\{\forall p\forall q((p \equiv q) \supset f(p) \equiv f(q)) \bullet E!\imath x\phi\}$
       $\supset \{f([\imath x\phi]G\imath x\phi) \equiv [\imath x\phi]f(G\imath x\phi)\}]$

SOBRE O LIVRO

Formato: 14 x 21 cm
Mancha: 27,5 x 49 paicas
Tipologia: IowanOldSt BT 10/14
Papel: Offset 75 g/m² (miolo)
Cartão Supremo 250 g/m² (capa)
1ª edição: 2016

EQUIPE DE REALIZAÇÃO

Capa
Estúdio Bogari

Edição de Texto
Amanda Coca – Tikinet (Copidesque)
Richard Sanches (Revisão)

Editoração Eletrônica
Vicente Pimenta

Assistência editorial
Alberto Bononi
Jennifer Rangel de França

Impresso por :

gráfica e editora
Tel.:11 2769-9056